广东省教育科学"十三五"规划2017年度中小学教师教育科研能力提升计划项目"教师专业发展指导实践体系的建构研究"（项目编号2017YQJK298）阶段性研究成果

席梅红 著

中小学教师专业发展实践指导体系建构

ZHONGXIAOXUE JIAOSHI ZHUANYE FAZHAN
SHIJIAN ZHIDAO TIXI JIANGOU

广东高等教育出版社
Guangdong Higher Education Press

·广州·

图书在版编目（CIP）数据

中小学教师专业发展实践指导体系建构/席梅红著. —广州：广东高等教育出版社，2018.6

ISBN 978 – 7 – 5361 – 6191 – 7

Ⅰ. ①中… Ⅱ. ①席… Ⅲ. ①中小学 – 师资培养 – 研究 – 广东 Ⅳ. ①G635.12

中国版本图书馆 CIP 数据核字（2018）第 123728 号

ZHONGXIAOXUE JIAOSHI ZHUANYE FAZHAN SHIJIAN ZHIDAO TIXI JIANGOU

出版发行	广东高等教育出版社
	地址：广州市天河区林和西横路
	邮编：510500　　营销电话：（020）87553335
	http://www.gdgjs.com.cn
印　刷	佛山市迎高彩印有限公司
开　本	787 毫米 × 1 092 毫米　1/16
印　张	13.75
字　数	254 千
版　次	2018 年 6 月第 1 版
印　次	2018 年 6 月第 1 次印刷
定　价	42.00 元

（版权所有，翻印必究）

前 言

"教师是基础的基础",教育大计,教师为本。有好的教师,才有好的教育。《国家中长期教育改革和发展规划纲要(2010—2020年)》提出将"严格教师资质,提升教师素质,努力造就一支师德高尚、业务精湛、结构合理、充满活力的高素质专业化教师队伍",给教师培养提出了明确目标。2014年教师节,习近平总书记在与北京师范大学师生的座谈会上提出,好教师要有理想信念、有道德情操、有扎实学识、有仁爱之心。2016年9月9日,习近平总书记到北京市八一学校看望慰问师生时强调,广大教师要做学生锤炼品格的引路人,做学生学习知识的引路人,做学生创新思维的引路人,做学生奉献祖国的引路人。

提高教育质量,关键在教师;促进教育内涵发展,关键在教师。当前,中国特色社会主义进入新时代,我国社会主要矛盾已经转化为人民日益增长的美好生活需要和不平衡不充分的发展之间的矛盾,各级各类教育事业的发展为教师教育改革发展提供了广阔空间,教育已从"有学上"转向"上好学",从"缺教师"转向"缺好教师"的新需求上来。加快教育现代化,实现中华民族伟大复兴,办好人民满意的教育,迫切需要一支坚实有力、高素质专业化的教师队伍。大力提高教师素质,促进教师专业内涵发展成为现阶段教师教育发展的重要任务之一。教师发展需要从数量至上走向质量优先,提升专业素质和修养,以适应新时代的发展和变化。

目前,学者们对教师专业发展概念的研究较多,有的从个体的角度,认为教师专业发展是通过系统的努力来改变教师的专业实践、信念,以及对学校学生的理解,强调教师个体知识、技能的获得以及教师生命质量的成长;有的从群体的角度,认为教师专业发展是指教师这个职业群体符合专业标准的程度。功能主义者认为教师专业发展是在复杂而多变的环境以及在一种强迫性的学习氛围中,教师所经历的正式和非正式的学习。解释社会学者认为教师专业发展是教师个体成为教学专业的成员并能够有效履行其角色的认知、情感和行为的变化过程。符号互动理论者认为教师专业发展是连续的、伴随着教师工作而进行的、贯穿职业生涯的学习过程。批判理论者认为教师专业发展是教师独自或与人一起检查、更新和拓展教学的道德目的，不断学习和发展优质的专业思想、知识、技能和情感智能的过程。① 综合各家观点，有学者将教师专业发展理解为"教师不断成长、不断接受新知识、提高专业技能的过程，在这个过程中，教师通过不断的学习、反思和探究来拓宽其专业内涵、提高专业水平，从而达至专业成熟的境界"②，强调教师的终身学习和持续成长，从选择教师职业直至结束教师职业为止的整个过程，不仅包括教师个体生涯中知识、技能的获得和情感的发展，还受广阔环境和社会因素的影响。

教师专业发展要求越来越高，并且日益为各国所重视，培养高素质专业化的教师成为国际教师教育改革与发展的目标。从国内外关于教师专业发展的研究来看，第一个趋势是认为教师职业是一门专业。1966年国际劳工组织和联合国教科文组织在《关于教师地位的建议》中提出要把教育工作视为专门的职业。1996年联合国教科文组织在日内瓦召开的第45届国际教育大会通过的第七项建议提出"专业化"是"一种改善教师地位和工作条件的策略"。在美国，1980年《时代周刊》发表《危急！教师不会教！》一文，对教师的关注开始从数量转为质量；1986年，卡耐基教育促进会的《国家为21世纪准备教师》和霍姆斯小组的报告《明天的教师》中明确阐明了教师专业化的概念；1990年，霍姆斯小组在《明日之学校》中提出教师专业发展学校的设想；1995年，霍姆斯小组在《明日之教育学院》中明确提出由大学和中小学合作共同提升教师质量，重新设计教师教育课程和创设专业发展学校，教师专业发展很快兴盛起来。在英国，20世纪80年代后期，教师专业化问题成为英国政府教育政策的一个重要议题；90年代以来，英国政府对教师应具备的教育胜任能力提出了更为具体的要求；2001年颁布的《教学与学习：专业发展战略》中，将专业发展置于学校改革的中心地位，强调给予教师更多相关的、集中的和有效的专业发展，以此提高教师的知识、技能、理解力和工作效率。2002年，英国教育标准局与教师培训署专门颁发了入职教师与在职教师的训练标准，以保证教师质量。③ 在日本，1987年颁布《关于提高教员资质能力的方策》；1988年通过了新修订的《教师资格法》；20世纪80年代，教师教育已经形成了教师培养、任用、研修三个阶段连续、完整的过程；90年代，为适应和满足教师专业发展的需要，形成了以"全

---

① 朱旭东，周钧. 教师专业发展研究述评 [J]. 中国教育学刊，2007（1）.
② 卢乃桂，钟亚妮. 国际视野中的教师专业发展 [J]. 比较教育研究，2006（2）.
③ 石少岩，丁邦平. 试论英国教师专业发展的理念、现状与变革 [J]. 外国教育研究，2007（7）.

面素质提高"为中心的"反思型"教师培养模式。日本教师教育特别强调未来教师和在职教师专业能力的自我提升，真正将教师视为在教育教学实践中持续不断发展的专业人员。相对来说，我国第一次在法律上确认了教师专业地位的是1994年1月开始实施的《中华人民共和国教师法》，它明确规定"教师是履行教育教学职责的专业人员"；1995年建立了教师资格证书制度，为教师专业化提供政策保障，开始积极发挥政府在教师专业发展进程中的主要作用。中小学教师专业标准明确指出教师是从事教育教学工作职责的专业人员，需要经过严格的培养与培训。教师职前培养和岗位专业能力提升是一个完整、连续的发展过程。

第二个趋势是教师职业被视作一种专门职业以后，以关注教师专业质量提升为核心的教师专业发展便成为重要的教育研究内容。教师要成为一个成熟的专业人员，需要经过不断的学习、实践，在拓展专业内涵的基础上，提高专业水平，从而达到专业成熟的境界。首先，教师的专业发展强调教师作为一个教育教学的专业人员，要经历一个由不成熟到相对成熟的专业人员的发展历程。其次，教师的专业发展要求教师应该学习教的知识和如何教授这些知识，所以要在师德、知识、能力等多个领域获得发展。此外，教师专业发展强调教师作为一个发展中的专业人员，其发展是长期的、持续性的甚至是终身的。教育领域有别于其他的专业领域，教育工作的规律性决定了教师专业发展的持续性。教师工作对象的可变性、发展性以及教育任务和责任的不断复杂化决定了教师在专业领域必须不断拓展。

在国内外，有许多学者从多个角度研究教师发展，提出了多种教师专业发展阶段理论。① 其中，影响较大的有卡茨（Katz）的四阶段理论、伯顿（Burden）的教师生涯循环发展理论以及费斯勒的教师生涯循环论。20世纪70年代，美国学者卡茨将教师的发展分为求生存时期、巩固时期、更新时期和成熟时期四个阶段。70年代末，以伯顿为首的一批学者，提出了教师求生存阶段、调整阶段和成熟阶段三个阶段生涯循环发展理论。美国亚利桑那州立大学的D. C. Berliner提出了教师教学专长发展的五个阶段：新手（novice）教师、熟练新手（advanced beginner）教师、胜任（competent）型教师、业务精干（proficient）型教师和专家（expert）型教师。② 国内也有人提出中学优秀教师成长的三个阶段：胜任阶段（职后1~3年），适应新的环境和教师工作，形成教育教学最基本的能力和技能；积累阶段（职后3~5年），是一

---

① 肖丽萍. 国内外教师专业发展研究述评 [J]. 中国教育学刊，2002（5）.
② 张学民，申继亮. 国外教师教学专长及发展理论述评 [J]. 比较教育研究，2001（3）：4-5.

个中期调整,以酝酿日后新的飞跃到来的过渡时期,是一个等待、积累的过程;成熟阶段(职后5年以后),相继进入成熟期的开端,开始进入研究和创新阶段。[①] 80年代,有较多的研究者参与教师发展阶段的研究,各种教师发展阶段理论层出不穷,采用生涯发展或时间序列的研究思路,将年龄作为主要参数和常模来将教师职业发展过程划分为不同阶段,承认教师发展过程中的个体差异,客观而完整地看待教师专业发展历程,认为其是一个漫长的、动态的过程,有高潮也有低谷。近年来,最有代表性的研究是波亚兹和科伯(Boyatzis & Kolb)以教师的职业追求、动机为研究对象,考察教师职业追求对教师专业发展的影响,并提出了教师生涯成长理论,将教师生涯成长模式由低到高分为完成任务模式、学习模式和发展模式。90年代,北京师范大学林崇德、申继亮等人最早在国外认知心理学新进展的基础上,通过实验研究,探明了教师知识、教师观念、教师监控能力等的形成过程与结构,形成了教师素质结构理论。华东师范大学叶澜及其学生从教育学、伦理学角度对教师专业发展进行了研究,探索从教育学角度构建教师专业化的理论框架。

撇开教师专业发展相关理论研究重审本体问题,"教师专业发展"强调教师是履行教育教学工作的专业人员,需要经历一个由不成熟到相对成熟的发展历程。笔者作为一线教师参与教育教学实践几年,深知一名教师在工作岗位上专业成长的重要性。但是,专业发展需要有方向,需要搭建发展平台并且给予正确的引导。因此,教师专业发展指导体系的建构显得尤为重要。教师只有将自身发展好,才能有更好的资质、更高的素质引领学生发展。因此,本研究试着从另一种实践的视角,试图为教师的专业发展建构一个系统的指导体系,从梯级专业发展内容设计、自主成长、校本发展到区域探索、乡村教师发展指导,最后过渡到全球化的视野,其目的是为了唤醒教师个体的自主意识,激发专业发展活力,鼓励教师实现自主专业成长,同时为学校和各级教育行政部门提供一些力所能及的政策性参考和建议,试图解决一些教师专业发展中存在的实际问题。

本书旨在建构教师专业发展指导体系,首先从问题研究入手,探索教师专业发展存在的比较突出的问题,诸如"教育家型教师"培养的问题、名师辐射效应的问题以及教师培训自身存在的问题等。教师的专业发展中存在这样一对尖锐的矛盾:一面是积极倡导教师在专业发展的途中努力追求成为教育教学名师、教育家型教师;一面是教育家型教师在教育教学实践中并不能充分发挥辐射效应。作为教师,应该正视教师专业发展,将教师专业发展作

[①] 张家祥. 中小学教师队伍建设与在职培训[J]. 上海教育学院报,1998(1).

为一种职业职责，追求教育的朴素回归，生存目标高远，做高贵的职业追求者，而非着眼于成为专家或名师。同时，教师继续教育常作为教师培训的代名词，教师培训本身内在的一些因素及问题也直接限制了教师专业发展的实际效果。探讨这些关键问题，并不意味着是为解决此问题而建构专业发展实践指导体系，而是在问题探究的基础上，在解决这些类似问题的基础上，进一步拓宽对教师专业发展内涵的研究，为教师探索适合的、广阔的教师专业发展路径，建构立足于实践、纵横贯通的专业发展指导体系。

教师专业发展不但存在诸多实际问题，而且在实践中还受其他多种因素的影响和制约。探索教师专业发展实践指导体系，还需要对一些关键因素进行澄清，在建构实践指导体系的过程中，要充分考虑到这些相关影响因素。从问题延伸到影响因素，教师愿不愿意、能不能够去积极追求专业发展都要受诸多因素制约。这些因素有负面的，也有正向的，当然，正向的影响因素如不积极利用，有时也会成为消极的负担。目前教师承受的工作负荷较重的问题，严重制约着教师参与专业发展的积极性。教师能不能主动发展受教师自身专业发展意识的制约。教师继续教育是教师专业发展的最有效途径，教师专业发展途径和平台的创设，则直接受教师继续教育的影响和制约。教育教学研究也是影响教师专业发展的重要因素，在教育教学实践中，教师能否积极开展研究也将直接影响其专业水平的提高，将教育研究与教学实践有机结合起来，是提升自我、彰显自我、发展自我的有效途径。

为了有效促进教师专业发展，需要建构有效的教师专业发展支持体系。首先，做好顶层设计，遵循一定的原则，设计有效的教师培训，解决存在的问题，从制度层面做好整体设计。其次，教师专业发展需要提供丰富、优质、适合的教师教育资源，搭建强大的、可共享的教师教育资源平台，让教师有选择性地开展专业学习。最后，教师是发展中的个体，专业成长一直在路上，需要有高水平的指导教师团队做支撑，建设高水平、专业化的教师专业发展指导团队，打造高素质的专业教师培训师队伍，给予教师及时的引导和帮助，引领教师专业持续健康发展。

教师的专业发展越来越倡导精准设计与建构。教师专业的具体内容包括专业理念和职业道德、专业知识及专业能力三个方面。不同的教师群体在这三个方面可能会有不同的需求。在这样的假设基础上，笔者通过问卷调查的形式，在一线教师中开展调研，了解不同教龄教师的专业理念和职业道德，以及专业知识、专业能力的发展现状，深入分析不同教龄教师的专业发展需求，并据此精准设置相应的专业指导体系，针对不同教龄教师的不同需要设计培训项目，科学安排培训内容，提供菜单式个性化课程，让教师各取所需，给予教师适合的专业支持与引导，在解决实际需求的基础上有针对性地促进教师的专业发展。

除了从内容上为教师建构教师专业发展实践指导体系之外，本书还从空间视角为教师搭建了一个条理清晰、架构鲜明的实践指导体系。

教师专业发展依靠外在的专业引领和内在的专业发展动力综合发生效力，而自我发展是不竭动力。教师是否拥有相当程度的自主决策权是教师专业化的一部分，也是衡量教师专业化水平的一项重要指标。[①] 教师是生命成长中的个体，有主动追求发展的意愿和需求，因此，我们应鼓励教师努力寻求自主专业发展的目标并为之积极行动，唤醒自主发展意识，挖掘自主提升能力，形成自主成长的生命历程。本书从教师本体的视角出发，帮助教师搭建自主专业发展和校本专业发展的指导体系，为教师的自主专业成长提供引导和支持，让教师充分认识到自己可以成为自身专业发展的主人。鼓励教师专业自主发展，是希望真正实现教师成为自身专业发展的主人，加强自身本体认识，对自身开展研究，对自我专业发展现状进行自我评价和认知，了解自我专业成长的局限或不足，反思自己的专业体验和经历，主动参与到校本研究中去，通过过去和当前自我的比较和与其他专业发展经验丰富教师的比较，正确选择适合自己的专业发展方向，确定个人的职业理想和奋斗目标，在认真做好规划的基础上，通过自主和校本的途径，有效促进自身的专业成长。

从自身专业发展和校本专业成长过渡到区域专业成长，在区域层面建构教师专业发展指导路径，也有非常重要的意义和价值。区域教师专业发展中有一些非常难得的、有效的经验可供参考和借鉴。在实践探索中，区域层面教师专业发展基地学校的创建，对盘活区域教师教育资源有极强的借鉴意义。国家近年来大力提倡的"县管校聘"，可动态管理区域资源，盘活地区师资，促进地区教师交流和合作，共同提升区域教师素质，是一个强有力的措施；多数省市开展的"强师工程"对解决教师资源不足的严峻问题起到了较大的缓解作用，而且为区域打造了一批优秀名及专家型教师，并积极发挥了他们的引领辐射带动作用。教师专业发展基地学校、"县管校聘"和"强师工程"为区域搭建教师专业发展实践指导体系提供了非常有意义的参考价值，对各地探求适合的专业发展路径具有较强的借鉴意义。

在教师队伍建设中，乡村教师队伍的建设是重中之重，党和国家也一直特别关心乡村教师的处境。乡村教师队伍的专业发展问题一直是教师队伍建设的重点问题，也是难点问题。因此，在探索建构教师专业发展体系的过程

---

① 石少岩，丁邦平.试论英国教师专业发展的理念、现状与变革[J].外国教育研究，2007（7）.

中，特别需要为乡村教师的专业成长开辟新的路径。教育均衡发展一直是我国教育需要突破的难题，教师的均衡配置也是难题。乡村教师生活条件差，其专业发展需要从公平和关心的视角给予关注。针对目前受城镇化进程影响，乡村教师"流失"比较严重的问题，我们要正确分析，从公平的角度认识这种现象发生的必然和合理性，同时看到其进步性。在制定乡村专业发展引领性政策的过程中，从关心关系的伦理学视角，真正关心乡村教师，制定乡村教师合理流动的补偿性政策，完善乡村教师流动及专业发展机制，鼓励乡村教师的正向积极流动，补充鲜活的教育资源，输入积极向上的先进思想和文化，促进整个农村教育水平的大力提升。教育行政部门需要通过认真倾听、交往对话和跟踪反应等途径，与乡村教师建立真正的关心关系，形成持续关心的专业发展政策支持体系，将优质教师教育资源向乡村倾斜，启动乡村教师素质提升专项计划，开展"关爱乡村教师生命"行动，让乡村教师体会到尊严感和价值感。

教师专业发展实践指导体系的建构需要放置在更为广阔的背景之下，以全球化视野去进行。未来的社会，全球化、国际化程度将会更高，国际竞争主要是人才的竞争，而教师是培养人才的关键。因此，培养教师不是为某个国家培养教师，而是为未来的世界培养国际化教师。经济合作与发展组织（Organization for Economic Co-operation and Development，OECD）早已行动起来，于2007年开始策划与实施以中小学教师为主体的跨国"教与学的国际调查"（TALIS），将教师专业发展放置在全球化、国际化的背景之下，关注全球教师的专业成长，凸显出较强的前瞻性和进步性。TALIS通过大数据揭示出全球教师专业发展的共性问题，如教师专业发展需求未能满足，专业发展缺少指导和支持，工学矛盾突出，教育教学研究重视不够，教师的教育信息技术素养需要进一步提升等，为全球教师专业发展创设了良好的国际化机遇。放眼世界，芬兰和美国的教师培养和专业发展有很强的借鉴意义。在芬兰，教师职业是非常有吸引力的，他们严格筛选优质生源从事教师教育专业学习，注重通过教学实习积累实践经验，重视培养教师的科研素养和思维品质，创设完善的专业发展体系。美国为了培养适应学生发展需求、适应美国民族振兴的优秀教师，通过一系列行之有效的激励机制，激发教师的专业发展积极性，促使教师产生自我提升的内在需求，培养高质量的教师队伍。建构教师专业发展体系，我们需要抓住机遇，拓宽视野，借鉴国际经验，关注教师实践需求，建立理解关系，立足本土实际，在国际化背景下预设教师专业发展的未来走向，建立国际化的教师专业发展机制，培养具有国际视野、能够充分应对未来挑战的专业教师队伍。

教师是生命成长的个体，关注教师生命成为教师专业发展研究的新视域，即首先满足教师的个体需要，在满足生存需要的基础上引导教师转向对真、善、美的追求，实现专业的、学术的、人格的共同发展。教师是生命蓬勃发展的个体，是情感、意志、认知的统一体，其生命潜能是无穷的，有一种不可遏止的永恒的冲动，不仅要满足其生存需要，还要满足其精神需要，要不停地超越自我，追问存在的意义。存在主义的创始人海德格尔说，"超越就是最本质的存在"①，教师的发展是一种不断向未来展开、未完成的存在，其内心有一种超越"自我"、实现"超我"的强烈欲望，在不断向未来敞开的过程中实现生命存在的价值。

教师职业的特点决定了教师需要具备强烈的责任意识，用爱呵护学生，引导学生最大限度地释放生命潜能。对责任的承担需要一种对被动性的承认，以及建立在承认基础上的自由主动的承担，恰恰是在对学生的付出之中，教师获得了一种教育的尊严。② 正是由于对责任的主动承担，教师才会树立坚定的职业信念，用积极的职业态度获得超越生命的发展动力，激励自己行走在专业成长的道路上。教师在日常教育教学中，需要将专业发展贯穿于教育教学全过程，不断学习，通过实践—反思—改进—理论提升—指导实践的路径，不断提高教育教学能力和专业水平，促进教书育人目标的实现。

从教师自身的角度而言，教师专业发展要求教师在师德问题上严守底线，加强师德师风建设，坚定理想信念，恪守职业道德，带头践行社会主义核心价值观，做好学生健康成长的引路人。教育行政部门要落实教师专业发展支持政策，切实保障广大教师各方面的待遇，真正关心基层教师，尊师重教，为教师专业素质提升提供更多的机会和保障，真正实现让广大教师安心从教、热心从教、舒心从教、静心从教。

针对教师专业发展的实践探索是一项艰巨的工程，本书只是努力在前辈研究的基础上进一步拓展。教师专业发展实践探索永远在路上，本研究在过程中也存在一些不足，只关注了一些关键问题，无力顾及所有问题，也不可能解决教师成长中的所有问题。因此，笔者还需要在未来的发展中，进一步总结，进一步创新，继续与一线教师同行，与教育专家为伍，共同深入探究，致力于寻求更为宽广的教师专业发展之路。人活着是要有理想的，引领教师专业成长也是要有理想的。笔者深信，未来能够真正实现"广大教师在岗位上有幸福感、事业上有成就感、社会上有荣誉感，让教师成为让人羡慕的职业"，在社会上出现优秀人才争当教师的良好氛围。

---

① 杜吉泽. 萨特：人的能动性思想析评 [M]. 东营：石油大学出版社，1993：87.
② 帕尔默. 教学勇气：漫步教师心灵 [M]. 吴国珍，译. 上海：华东师范大学出版社，2005：85-86.

目 录

第一章 相关问题思考 （1）
第一节 对"教育家型教师"的思考 （1）
一、对教师成为"教育家型教师"的期待 （2）
二、关于"教育家型教师"为悖论的多视角辨析 （3）
三、对"教育家型教师"的思考——教师职业的朴素回归 （5）
第二节 对名师示范效应的思考 （7）
一、名师示范效应的研究设计 （8）
二、系列名师专业发展的基本情况 （8）
三、系列名师专业成长与发挥示范效应的现状 （14）
四、发挥系列名师示范效应的对策建议 （15）
第三节 对教师继续教育的思考 （17）
一、"教师培训"是"教师继续教育"的代名词 （17）
二、"教师继续教育即教师培训"造成的误解 （18）
三、对"教师继续教育"的理性定位 （20）

第二章 影响教师专业发展的关键因素 （23）
第一节 工作负荷 （23）
一、教师工作负荷的内涵 （23）
二、教师工作负荷的基本情况 （24）
三、教师工作负荷现状及其对专业发展的制约 （27）
四、减轻教师工作负荷的对策建议 （29）
第二节 专业发展意识 （31）
一、教师专业发展意识的内涵 （31）
二、教师专业发展意识的表现形式 （32）
三、积极的专业发展意识对教师成长的促进作用 （33）
四、积极的专业发展意识的形成 （34）
第三节 教师培训 （38）
一、教师培训对教师专业发展的作用 （38）
二、教师对教师培训的期待 （40）
三、教师培训面临的困难和问题 （44）
四、教师培训的合理走向 （46）

— 1 —

  第四节 教育科学研究与教师专业发展 …………………（47）
   一、教育科学研究的目标取向 …………………………（48）
   二、教师参与教育科学研究的现状分析 ………………（49）
   三、教育科学研究促进教师专业发展 …………………（51）

第三章 教师专业发展支持体系 …………………………（55）
  第一节 开展有效的教师培训 …………………………（55）
   一、教师培训中实际存在的矛盾 ………………………（55）
   二、有效的教师培训遵循的原则 ………………………（58）
   三、开展有效性教师培训的策略 ………………………（60）
  第二节 建构有效的教师教育资源 ……………………（62）
   一、教师教育资源的分类 ………………………………（62）
   二、教师教育资源建设标准 ……………………………（63）
   三、优质教师教育资源体系的建构 ……………………（63）
   四、教师教育资源产生的途径 …………………………（65）
   五、教师教育资源平台设置 ……………………………（65）
   六、教师教育资源的体现形态 …………………………（67）
  第三节 建设专业教师培训师队伍 ……………………（69）
   一、从事教师培训工作的培训者面临的困境 …………（70）
   二、教师培训师产生的必要性 …………………………（70）
   三、教师培训师的角色定位 ……………………………（71）
   四、教师培训师的职责 …………………………………（72）
   五、教师培训师的职业标准 ……………………………（74）
   六、教师培训师的培养 …………………………………（76）

第四章 教师专业发展指导体系建构 ……………………（78）
  第一节 教师专业道德发展指导体系建构 ……………（78）
   一、教师的专业理念与职业道德现状 …………………（79）
   二、教师的专业理念与职业道德存在的问题 …………（82）
   三、教师专业道德发展指导体系的理性建构 …………（84）
  第二节 教师专业知识发展指导体系建构 ……………（86）
   一、教师专业知识发展现状 ……………………………（87）
   二、教师对专业知识的认知 ……………………………（89）
   三、教师专业知识发展指导体系的建构 ………………（90）
  第三节 教师专业能力发展指导体系建构 ……………（92）
   一、教师专业能力发展的现状 …………………………（92）

二、教师对教师职业专业能力的认识 ………………………………（ 96 ）
　　三、不同层级教师专业能力发展关注点 ………………………………（ 97 ）
　　四、不同梯队教师专业能力发展体系建构 ……………………………（101）
　第四节　教师专业发展指导体系的实施路径 ……………………………（102）
　　一、开展元认知教育，加强教师对教师专业标准的理解程度 ………（102）
　　二、以解决实践问题为导向，充分发挥专家型教师的示范带动作用……
　　　　………………………………………………………………………（102）
　　三、以教学研讨和带薪进修为主，开展多样化教师专业发展模式 …（103）
　　四、重点以课堂教学为载体，有效组织教师专业发展相关活动 ……（104）
　　五、根据教师的合理化建议，有效解决教师专业发展存在的问题 …（105）

第五章　教师专业自主发展 ……………………………………………（107）
　第一节　教师专业发展主观能动回归 ……………………………………（107）
　　一、人具有主观能动性 …………………………………………………（107）
　　二、教师专业发展主观能动性的缺失 …………………………………（109）
　　三、教师专业自主发展的理想状态——走向自由和自觉 ……………（110）
　第二节　教师专业自主发展 ………………………………………………（111）
　　一、功利主义召唤教师专业自主发展 …………………………………（111）
　　二、教师专业自主发展的过程 …………………………………………（112）
　　三、教师专业自主发展的具体策略 ……………………………………（114）
　第三节　校本教师专业发展 ………………………………………………（119）
　　一、校本教师专业发展面临的机遇 ……………………………………（119）
　　二、校本教师专业发展的实施路径 ……………………………………（120）
　　三、校本教师专业发展遵循的原则 ……………………………………（122）
　　四、校本教师专业发展的具体开展形式 ………………………………（123）

第六章　区域教师专业发展 ……………………………………………（128）
　第一节　教师专业发展基地学校——以深圳市为例 ……………………（128）
　　一、教师专业发展基地学校产生的背景 ………………………………（128）
　　二、教师专业发展基地学校的实践探索 ………………………………（130）
　　三、教师专业发展基地学校"鲜活"的实践意义 ……………………（131）
　第二节　"县管校聘"机制探析 …………………………………………（133）
　　一、实施"县管校聘"的背景分析 ……………………………………（134）
　　二、"县管校聘"的具体内容 …………………………………………（134）
　　三、实施"县管校聘"的积极意义 ……………………………………（136）
　　四、"县管校聘"实施过程中存在的问题 ……………………………（137）

五、进一步推进"县管校聘"的政策性建议 …………………… (139)
　第三节　"强师工程"经验推介 ……………………………………… (141)
　　一、广东省推进"强师工程"取得的突出成效 ………………… (142)
　　二、广东省实施"强师工程"的经验概括 ……………………… (146)
　　三、广东教师队伍建设存在的问题 …………………………… (148)
　　四、加强教师队伍建设的政策性建议 ………………………… (150)

第七章　乡村教师专业发展 …………………………………… (155)
　第一节　乡村教师"流失"的合理性探析 …………………………… (155)
　　一、乡村教师流失的现状 ……………………………………… (155)
　　二、乡村教师流失合理性的公平多元视角分析 ……………… (156)
　　三、引导乡村教师合理流动的补偿性政策探析 ……………… (159)
　第二节　乡村教师专业发展支持政策研究 ………………………… (162)
　　一、教育管理者和乡村教师之间的关心现状 ………………… (163)
　　二、教育管理者和乡村教师之间的关心关系未形成的表现 … (164)
　　三、教育管理者和乡村教师之间建立关心关系的过程 ……… (166)
　　四、建立形成持续关心关系的乡村教师专业发展政策支持体系 … (168)

第八章　国际典型的教师专业发展探索 …………………… (171)
　第一节　从"教与学的国际调查"审视国际化教师专业发展 …… (171)
　　一、TALIS 显现的前瞻性与进步性 …………………………… (171)
　　二、TALIS 揭示的教师专业发展的国际化机遇 ……………… (174)
　　三、国际化背景下预设教师专业发展的未来走向 …………… (177)
　第二节　美国教师专业发展激励机制探析 ………………………… (180)
　　一、美国教师教育激励机制 …………………………………… (180)
　　二、美国教师教育存在的显著问题 …………………………… (186)
　　三、美国激励政策对我国教师继续教育的启示 ……………… (188)
　第三节　芬兰教师教育经验借鉴 …………………………………… (192)
　　一、芬兰教师教育背景介绍 …………………………………… (192)
　　二、芬兰增强教师职业吸引力的有力举措 …………………… (192)
　　三、芬兰教师教育的经验借鉴 ………………………………… (196)

参考文献 ………………………………………………………………… (199)

后记 ……………………………………………………………………… (203)

 相关问题思考

教师专业发展通常要有一定的目标和方向。但是在现实中,教师专业发展也呈现出一些比较矛盾的现象。例如,教育界常常开展评选"教育家型教师"的活动,教师也将"教育家型教师"作为自身的成长目标,然而"教育家型教师"实则是在实践中自然生成的。有关部门评选各级名师,希望发挥名师的辐射效应,然而名师的示范作用却十分有限。教师培训是教师专业发展的有力途径,但其自身在实践中却存在一些严峻问题。当然,教师专业发展中存在的问题不仅仅是这些,我们从这些问题入手,开启对教师专业发展实践指导的探讨。

第一节 对 "教育家型教师" 的思考

目前,世界各国已经普遍认识到教师在改变儿童生活和建设可持续繁荣社会中的重要性。2015 年 10 月 5 日,第 21 个世界教师日主题为"为教师赋权,实现全纳的、可持续性的全球发展",呼吁为教师提供体面、安全和健康的工作环境,通过信任、职业自主和学术自由为教师赋权。我国需要更多的优秀教师启迪孩子的智慧,帮助孩子为实现更好的生活做好准备。然而,在我国的教育领域存在这样一种现象:大家都认为"教育大计,教师为本",要尊师重教,但教师群体却得不到社会应有信任和尊重。① 教师职业缺乏足够的吸引力,尊师重教在某种程度上还停留在口头上。为表明对教师成长的关注以及对教师的敬重,社会上喜欢给教师加诸一些"虚"的或者难以承受的"光环",鼓励教师争做"教育家型教师"即为其中一例。

---

① 顾明远. 教育领域里的悖论 [N]. 中国教育报,2016 - 01 - 26.

一、对教师成为"教育家型教师"的期待

教师决定着教育的未来。国家一直希望培养高素质的教师,为学生提供优质资源,让学生"上好学"。《国家中长期教育改革和发展规划纲要(2010—2020年)》(以下简称《纲要》)中明确提出:"倡导教育家办学。创造有利条件,鼓励教师和校长在实践中大胆探索,创新教育思想、教育模式和教育方法,形成教学特色和办学风格,造就一批教育家。"《纲要》中倡导教师成为教育家,鼓励教育家办学,提倡发挥教育家经验的引领及示范作用,尤其是对教育未来发展的思路和规划以及调控,其方向引导是非常可取的。然而,在政策的落实过程中产生的一些负面效应,也是我们应该警惕的。在互联网上,以"中国当代教育家"为关键词进行搜索,可以发现一些当今比较有影响力的一线教师摇身一变成了"教育家"。目前全国各地市正在进行"未来教育家"培养计划,投入资金,希望通过一定的措施,将一小部分教师培养成"未来教育家"。然而,这些"未来教育家"在未来真的能够成为教育家吗?现在学术界也出现了一种声音,质疑在我国目前的教育大环境中是否有真正的教育家。而将"教育家"这样光鲜的词语赋予教师身上,对教师专业成长的促进作用又有多大?

当然,对教育家的定位也有不同看法。有学者认为"一个有实践、有素质、有创造、有成就、有影响的教育者就是教育家"[1]。也有学者认为,教育家是"培养了大批人才,其中不乏杰出人才;具有长期的教育实践"[2]的教育者。还有学者强调,教育家应懂得教育教学规律,懂得人才成长和培养的规律,要对教育有一种执着的爱和忠诚;有独到的教育思想和系统的教育理论;有丰富的教育经验,能进行创造性实践;有较大的社会影响和较高的社会声望。[3] 这些看法都强调教育家来源于实践,有突出的教育成就。现实中,教育界对各种"教育家培养对象""未来教育家"的评选大多注重业绩,考查候选人获得的奖励、理论研究成果、代表作等,却偏离了教育的核心——对孩子心灵的引导和启迪。同时,对于教师在获得"教育家"头衔之后应当履行的职责是什么、怎样更大范围地辐射其影响,也没有具体要求。这类评选与美国年度教师的评比相对比,存在一些本质上的不同。美国国家年度教师每年只有一个,每个州的年度教师每年也只有一个,他们强调教师对学生身心发展的促进及对学生灵魂的塑造,特别强调其职责的履行,要求年度教

---

[1] 刘庆昌. 论教育家 [J]. 山西大学学报:哲学社会科学版, 2001 (5).
[2] 袁振国. 教育家是一个时代教育文化的象征 [J]. 江苏教育, 2007 (17).
[3] 眭依凡. 一流大学校长必须是教育家 [J]. 求是, 2001 (20).

师在获奖之后的一个学年，暂时从课堂教学中脱身出来，变身为全国教师的代言人，传播教师职业和教学专业的真谛。而我国身处教育一线的"教育家"或"未来教育家"等"名教师"，虽然也忙于出外讲学，到全国各地做讲座，传播自己的教育思想，但其主要倾向是在传播教育思想的过程中获得相应的经济回报，平时难以静下心来思考日常教学，更多的时间是在琢磨怎样利用"名教师""教育家"的"光环"将"名利"扩大化。

二、关于"教育家型教师"为悖论的多视角辨析

在全国范围内初步解决适龄儿童和少年"有学上"的问题，追求教育的内涵发展，努力让孩子"上好学"，为孩子提供高质量的师资是我们所追求的。但是为建设高质量的教师队伍，将教师努力成为"教育家"型教师作为一种目标追求，将一些工作突出的教师作为"教育家培养对象"或"未来教育家"，则是值得商榷的。在一定层面上，可以说鼓励教师成为"教育家型教师"是一种悖论。

（一）从政策导向来看，引导教师做"教育家型教师"有其功利性

在教师队伍建设的政策引领上，引导教师努力成为"教育家型教师"，其本身就有一种功利性。一些教师将成为"未来教育家""教育家培养对象"或各种"名教师"作为个人的目标追求，带有强烈的功利色彩。他们拼尽全力，通过各种途径，希望挤入此行列。而一旦挤进此行列，成为同行中的"成功者"，他们在个人成长道路上就停下脚步。同时，赋予少部分教师"未来的教育家""教育家培养对象"的称号，是在人为地制造竞争，削弱其他教师成长的积极性。教育界是否真的有那么多一线教师成了教育家？假如不是，那么是否说明其他未获得该称号的教师就没有他们优秀？或者说，这些被提名"未来教育家"的教师才有可能在未来成为教育家，而别的教师就没有可能？我们为什么去制造这种人为的界线，来表明这类教师就比别的教师成就突出，超出一般呢？

（二）从目标定位来看，教师做"教育家型教师"目标要求太高

"教育家型教师"的称号不是所有教师都能够承载得起的。《师说》中对教师的职业界定是"传道授业解惑"。教师只是一个普通的职业，他们为教育已经奉献了很多。目前，教师的工作负担较重，他们每天都在繁重的工作中喘息。在这样的情况下，如果我们还要求教师超脱世俗，要有远大的理想抱负，有成为教育家的追求，潜心教研科研，不断地有理论成果问世，那么，对于个人没有这种意向的教师而言，希望教师成为"教育家型教师"是不是变成了对教师的苛刻要求？退而言之，假如那么多教师都成了"教育家

型教师",那么面对这一人数众多、水平较高的群体,又有谁能够承担起对他们进行专业引领的重责?又该怎样引领他们的未来成长?

(三)从发展过程来看,"教育家"是在实践中生成的,而不是提前预设的

教育家的称号往往都是后世的事情,几乎很少听说一个人在当世就被称为教育家的。[①] 一个教师在实践中能不能成为教育家,应该是后人对他在教育领域的成就及影响的价值论断。我国的教育实践在未来有可能会造就一批教育家,但是我们不能在起步时就将造就一批教育家作为目标追求,更不能要求所有的教师都要争做"教育家型教师"。教师成为教育家是需要条件的,不是每一个教师都可以成为苏霍姆林斯基或陶行知。从另一个角度思考,无论是苏霍姆林斯基还是陶行知,在工作的最初,他们并不知道自己能够成为在国际上影响深远的教育家。他们只是普通的教师,在日常的平凡工作岗位上做着普通的事,脚踏实地,倾心奉献,赤诚地为学生传递着教育爱,是普通的实践丰富和成就了他们,使他们成为成果丰硕的教育家。假如一开始就以"教育家型"的目标束缚他们,可能反而没有伟大的苏霍姆林斯基和陶行知等教育家前辈的产生。简言之,"势利"的目标价值可能会湮没教师的才能、激情及创造性。

(四)从结果及影响来看,教师成为"教育家型教师",产生的辐射效应不太理想

有的教师一旦达到成为"名教师"的目标,便将其作为获取个人利益的一种手段,忙于出外讲学,将宣传自己的教育成果或思想与赚钱合二为一。然而,人的精力是有限的,一旦他们将精力过多地放在出外讲学上,投入到本职工作上的精力便会相应地减少。我们经常可以看到一些名师表现得很辛苦,经常趁别人休息的时候备课、批改作业。他们将自己的"主业"变成"副业",在业余时间匆忙备课,将大量的功夫和精力消耗在出外讲学的准备上,而分配到日常教学上的精力则微乎其微。这些教师本应该在工作岗位中更好地发挥他们的辐射示范作用,但他们却将获得的荣誉称号变成了追求利益的工具。出外讲学虽然也是一种辐射的方式,但前提是必须将主要的精力投入到本职的教学及研究之中。这类优秀教师忙于耕种别人的"田"却荒了自家的"园"的表现,对其他教师的工作和职业发展也产生了一定程度的消极效应。

---

① 高德胜."教育家办学"的冷思考[J].江苏教育学院学报:社会科学版,2011(4).

三、对"教育家型教师"的思考——教师职业的朴素回归

《庄子·天道》有云:"朴素而天下莫能与之争美。"朴素,指保持本色,不加修饰。教育是塑造孩子心灵的事业,应是朴素的、自然的。然而现在我们却难以静下心来办教育,教育现实喧嚣,学校以成为"名校"为目标,教师以成为"名师""教育家"为目标,这让学生从小就知道追逐"名"与"利"。教育原本就是为了成就理想和创造未来,有美好愿景当然是件好事,但是以教育为途径去追逐名利则会偏离教育的本质。作为教师,更应该回归朴素,远离"名利"诱惑,守住一颗朴素的教育心,精心规划自己的生命成长路线,带着对孩子真正的爱与情感投身教育。

(一) 放弃名利,让教师回归普通人的身份

近年来,教育行政部门经常通过各种评选活动评选出一些教学成就突出、教学实践经验比较丰富的一线教师,冠以"特级教师""优秀教师"或"名教师""名校长"等称号,有的习惯性地在前面加上"著名"两字,于是很多教师成了"著名"人物。是我们扩大了"著名"的范畴,还是这些教师真的如此"著名"呢?这一问题值得深思。此外,还存在名师泛滥的现象,省级名师、市级名师、区级名师、县级名师,层层累加,数量不菲,但产生的示范带头效应却不是非常理想。教育行政部门应引导教师正确认识自己的身份。教师可以成为"名师""教育家"及"未来教育家",但教师同时也是一个普通人,在平凡的工作岗位上做着平凡的事,走出不平凡的绚丽人生轨迹。"教书育人"乃教师的神圣天职,教师应把重心放在对学生人格的塑造和健康的指导上,努力摆脱名利诱惑,调节生命成长历程,形成对职业的信仰或追求,选择积极向上的生活状态,即便是在复杂的环境中也不随波逐流,不断为实现教育理想而努力奋斗,乐于面对和接受现实世界的各种处境,用坚定的信念战胜一切,粗放旷达,走好普通人的生命旅程。在各种政策引领及培养教师的活动中,我们应尽量减少一些"虚"的口号,减少各种"名师"及其他头衔的评选活动。能够获取这些头衔的教师毕竟是很小一部分,而我们需要做的是激发大多数教师的积极性和创造潜力。我们要重视基层教师群体的培养,给更多的教师提供发展的机遇,尊重教师群体成长的内在需要。

(二) 降低期望,为教师的专业发展创设开放的环境

2016年初,杭州拱宸桥小学校长、小学语文特级教师王崧舟离职到杭州师范大学教育学院任教一事引起热议。近年来,教育界的名师离职潮越来越热。这些"名师"纷纷离开公办学校,进入民办学校、教科研机构、培训机

构或大学从教,以获得更多的自由去实现自身的理想。目前教师最大的困扰是会议多、无效培训多、检查评比多,这些都束缚了教师的专业提升。北京教育科学研究院基础教育教学研究中心的《北京市小学教师专业素养现状调研与分析报告》显示,大部分从教十几年或几十年的教师认为自己的专业技能已经很久没有提升了,而教师们普遍认为"与教学无关的杂事太多"是影响教师成长的最大因素。教师本是一种神圣而单纯的职业,然而,目前受社会上复杂环境的影响,本来单纯的教师也开始变得浮躁,追求名利,索取价值。教师应该回归简单的宁静,留出更多的时间与学生相处,用更多的时间专心于教学、研究与专业成长。但是,从事繁忙的工作,响应做"教育家型教师"的倡导,发表论文,撰写教学反思,参加各种培训等,诸多的束缚让教师感到迷茫与辛苦。教师有没有兴趣做学术研究是教师自身的事,要让他们能够对自己的职业态度进行选择,没有必要一定要求教师从事深层次的教学研究,让很多一线教师提到"研究"就深感恐惧。目前中小学职称改革的进步之处在于将教师拉回到正常的轨道上,改变重视学术论文发表的倾向,注重教师师德、教学实践经历等。没有这种学术研究的任务式要求,教师反而可能会将研究作为自己的一种兴趣爱好。我们应该减少教师专业成长的束缚,创造一个能让教师简单地生活和工作,自由呼吸,自主选择更高、更切合实际的专业发展目标的环境。

(三)尊重实际,鼓励教师在实践磨炼中耐心成长

教育家是从教师中"结晶析出"的,教师的成长需要在教育实践的中不断检验和磨炼。教育界应该尊重实际,少一些夸大渲染,对教师的精神世界多一些关爱,让教师自由地徜徉在自己简单而平凡的岗位上。我们可以鼓励教师有教育家的情怀,让教师树立一种职业信仰,但不能用教育家的标准去要求教师、限制教师。教师可以树立崇高的理想,但不能急功近利,需要耐心地秉持教育规律,耐心地锻炼并等待自己的成长,同时按照自己对教育的朴素理解引导学生健康成长。一线教师通过自己的勤奋努力,或许可以成为"教育家",但这通常需要经过长期的实践锤炼。我们应鼓励一线教师远离各种名利诱惑,回归朴素、自然,激励教师勇于接受实践考验,在实践中积极探索,创新教育理念和教学模式,不断总结,形成自己的教学风格或教学特色。教育不能将教师捆绑起来,把教师变为工作的机器,剥夺他们与学生建立良好师生关系的时间,而是需要释放教师,给教师更多的时间和自由,让他们回归正常的师生交往,重新建立教师在人们心目中美好的形象和威信,更好地教学生做人。学者们强调,我们要增强对教师职业重要性的价值自觉和价值追求,教师要用正确的价值观引导学生求真、求善、求美。每一位教

师都要有"以天下为己任"的使命担当,做良好社会风尚的积极推动者。[1] 要推动教师追求职业价值,教育行政部门就需要创造有利的环境,让教师有心境去发现生活中存在的美,然后才能向学生传递自然和社会中的美。

(四) 增强职业竞争力,促进教师群体素质整体提升

教师队伍建设的目标不是要培养少量的"教育家",人为地制造竞争,通过少量的杰出教师去引领教育的发展,而是需要提高所有教师的素质,提高对教师整体的要求。我们可以借鉴一些教育先进国家的先进教育经验,如芬兰[2],提高师范专业高校门槛,严把教师入口质量关,"学而优则师",让最优秀的人从事教育工作,增强教师职业的竞争力。在当前福利待遇条件下,适度提高教师待遇,为教师过好普通生活提供良好的物质保证。这一点可借鉴美国的"单一工资制"制度[3],建立无竞争、公平的工资制度,少设置层级工资,同级教师拿相同的工资,而不是按中小学或职务划分档次。采用教师进修与获学位、加工资相结合的激励制度,同级别个体之间无竞争,同级学历拿相同的工资。在教师群体中,多鼓励合作,让教师在合作中理解自身与教育的关系、与学生的关系、与学校的关系、与社会责任的关系及与自身专业成长的关系。我们的社会应该为教师创造这样的氛围:教师能够自觉坚守精神家园,全身心沉浸在工作中,对学生传递浓烈的责任和爱,坦然面对各种问题,在平凡中永远保持一种平和的心态,摆脱功利心,带着对学生、对教育的真实情感投入到教育教学之中,踏踏实实地做一个有理想信念、有道德情操、有扎实知识、有仁爱之心的普通教师。

第二节 对名师示范效应的思考

有好的教师,才有好的教育。《纲要》明确提出,要提高教师业务水平,培养教育教学骨干、"双师型"教师、学术带头人和校长,造就一批教学名师和学科领军人才。在政策的引领下,各地教育行政部门采取了行之有效的措施,在一线教师中培养了一定数量的名教师、名校长、特级教师、骨干教师、学科带头人等高素质的教师(以下简称"系列名师")。但在实际工作

---

[1] 董奇. 中国特色教育体系的价值自觉与价值追求 [N]. 光明日报, 2014 – 11 – 19.

[2] 李萍. 芬兰学校教育:一场无人落后的"马拉松" [N]. 中国教育报, 2015 – 09 – 07.

[3] 上海师资培训中心课题组. 面向 21 世纪中小学教师继续教育的比较研究(上) [J]. 外国中小学教育, 1998 (5).

中，系列名师的专业成长状况，尤其是其辐射示范效应发挥得如何，是本应持续关注却很容易被忽视的重要问题。在教育教学实践中，系列名师示范效应的发挥与预设的目标是否一致？系列名师是否能够充分发挥他们对普通教师专业成长的示范引领作用？这些需要我们通过实践研究的相关论证来回答。

一、名师示范效应的研究设计

2016年3—4月，课题研究组采取分层抽样的方式对1 200名中小学教师进行了问卷调查，重点调查了名校长、名教师、优秀教师、特级教师、骨干教师和学科带头人专业成长状况及系列名师带教情况。调查问卷分为教师的基本情况和系列名师辐射示范效应两部分。基本情况包括教师的年龄、教龄等。辐射示范效应部分调查的是系列名师的带教青年教师成长情况、参与公开课示范课情况、辐射影响力情况、近五年参与课题研究情况、近五年公开发表论文情况等。共发放问卷1 200份，回收问卷1 200份，回收率100%，其中有效问卷1 139份，有效率为94.92%。统计数据采用SPSS 19.0进行处理。

在有效问卷中，有名校长或名教师7名，占0.61%；优秀教师70名，占6.15%；特级教师8名，占0.7%；骨干教师109名，占9.57%；学科带头人22名，占1.93%。系列名师合计为216人，占18.96%；普通教师923名，占81.04%。从数据中可以看出，系列名师所占比例比较符合我们预期的培养数量目标，即系列名师占教师总数的少部分，预设通过培养少部分的名优特教师、骨干教师及学科带头人，充分发挥他们的辐射带头作用，引领普通教师的专业成长。

二、系列名师专业发展的基本情况

（一）系列名师年龄与教龄分布情况

关于系列名师的年龄分布，系列名师的年龄结构合理，老中青比例协调，多处于35～54岁之间，35岁以上的占系列名师总数的71.3%，而35岁以下的则只占系列名师总数的28.7%（如表1-1所示）。35岁以下的普通教师分布较为集中，比例较大，占总数的68.4%，而35岁以上的则比较少，只占总数的31.60%。这一分布情况符合教师的成长规律，随着年龄的增长，经验积累越来越丰富，有大部分教师发展成为系列名师。

表 1-1　系列名师年龄分布情况

年龄	名校长或名教师		优秀教师		特级教师		骨干教师		学科带头人		合计	
	人数	百分比/%	人数	百分比/%	人数	百分比/%	人数	百分比/%	人数	百分比/%	人数	百分比/%
25 岁以下	1	14.29	0	0	0	0	3	2.75	0	0	4	1.85
25~34 岁	2	28.57	22	31.43	2	25	25	22.94	7	31.82	58	26.85
35~44 岁	1	14.29	26	37.14	3	37.5	49	44.95	10	45.45	89	41.20
45~54 岁	2	28.57	20	28.57	3	37.5	30	27.52	5	22.73	60	27.78
55 岁以上	1	14.29	2	2.86	0	0	2	1.83	0	0	5	2.31
合计	7	100	70	100	8	100	109	100	22	100	216	100

关于系列名师的教龄分布，系列名师的教龄大多处于 11~25 年之间，其中 10 年以上的占系列名师总数的 77.31%，而 10 年以下的只占名师总数的 22.69%（如表 1-2 所示）。与之不同的是，普通教师中教龄为 10 年以下的分布较为集中，比例较大，占总数的 64.4%，而 10 年以上的则比较少，只占总数的 35.6%。从数据中我们还可以发现一个很有意思的规律：系列名师数量随着教龄的增加呈现递增趋势，而普通教师随着教龄的递增则呈现递减趋势。这说明随着教龄的增加，一部分普通教师逐渐发展成为系列名师。

表 1-2　系列名师教龄分布情况

教龄	名校长或名教师		优秀教师		特级教师		骨干教师		学科带头人		合计	
	人数	百分比/%	人数	百分比/%	人数	百分比/%	人数	百分比/%	人数	百分比/%	人数	百分比/%
低于 5 年	1	14.29	3	4.29	0	0	2	1.83	1	4.55	7	3.24
5~9 年	1	14.29	10	14.29	1	12.50	24	22.02	6	27.27	42	19.44
10~14 年	0	0	20	28.57	1	12.50	30	27.52	6	27.27	57	26.39
15~24 年	3	42.86	21	30.00	4	50.00	33	30.28	6	27.27	67	31.02
25 年以上	2	28.57	16	22.86	2	25.00	20	18.35	3	13.64	43	19.91
合计	7	100	70	100	8	100	109	100	22	100	216	100

（二）系列名师近 5 年参与科研情况

1. 参与课题研究

如表 1-3 所示，从名校长或名教师、优秀教师、特级教师、骨干教师及学科带头人参与课题研究情况可以看出，系列名师普遍能够参与课题研究，近5年参与1项课题研究的占27.31%，参与2~3项课题研究的占34.72%，参与3项以上课题研究的占32.41%，参与2~3项以上课题研究的合计占67.13%，占5.56%的系列名师近5年内未参与任何课题研究。

表1-3 系列名师近5年参与课题研究情况

课题数	名校长或名教师 人数	名校长或名教师 百分比/%	优秀教师 人数	优秀教师 百分比/%	特级教师 人数	特级教师 百分比/%	骨干教师 人数	骨干教师 百分比/%	学科带头人 人数	学科带头人 百分比/%	合计 人数	合计 百分比/%
1项	2	28.57	17	24.29	1	12.5	29	26.61	10	45.45	59	27.31
2~3项	3	42.86	31	44.29	1	12.5	33	30.28	7	31.82	75	34.72
3项以上	2	28.57	21	30	6	75	36	33.03	5	22.73	70	32.41
没有	0	0	1	1.43	0	0	11	10.09	0	0	12	5.56
合计	7	100	70	100	8	100	109	100	22	100	216	100

2. 公开发表论文

从系列名师发表论文情况统计可以看出，系列名师很少将自己的实践智慧总结提炼，尽管他们普遍能够参与课题研究，但发表论文的积极性却不高。41.20%的系列名师近5年没有发表任何论文，45.37%的系列名师近5年发表1~3篇论文。只有13.42%的系列名师近5年发表论文数在4篇以上。也就是说，超过8成的系列名师在近5年公开发表论文在4篇以下（如表1-4所示）。因此，系列名师自身的专业发展也存在一定的问题，他们的实践智慧需要进一步提炼和提升。他们自身的专业发展和智慧不提升，其辐射示范效应将受到一定程度的制约。

表1-4 系列名师近5年公开发表论文情况

发表论文数	名校长或名教师 人数	名校长或名教师 百分比/%	优秀教师 人数	优秀教师 百分比/%	特级教师 人数	特级教师 百分比/%	骨干教师 人数	骨干教师 百分比/%	学科带头人 人数	学科带头人 百分比/%	合计 人数	合计 百分比/%
0篇	4	57.14	33	47.14	2	25	40	36.7	10	45.45	89	41.20
1~3篇	2	28.57	28	40	5	62.5	53	48.62	10	45.45	98	45.37
4~6篇	1	14.29	6	8.57	1	12.5	15	13.76	2	9.1	25	11.57
7篇以上	0	0	3	4.29	0	0	1	0.92	0	0	4	1.85
合计	7	100	70	100	8	100	109	100	22	100	216	100

（三）系列名师发展的侧重点

关于系列名师发展的侧重点，认为应该"对学生充满无私的关爱，启迪学生智慧和心灵，师生关系良好"的教师占49.47%，认为应该有"高超的讲课艺术"的占23.44%，认为应该具有"高水平的课堂组织能力"的占16.22%，而认为应该是"道德模范"的只占6.51%，认为应该"有较多的科研成果"的只占4.37%（如图1-1所示）。以上数据说明，广大教师认为系列名师的专业成长应该侧重于对学生的关爱，教书就是为了更好地育人，启迪学生的智慧成长，而对教育科学研究则不太重视。

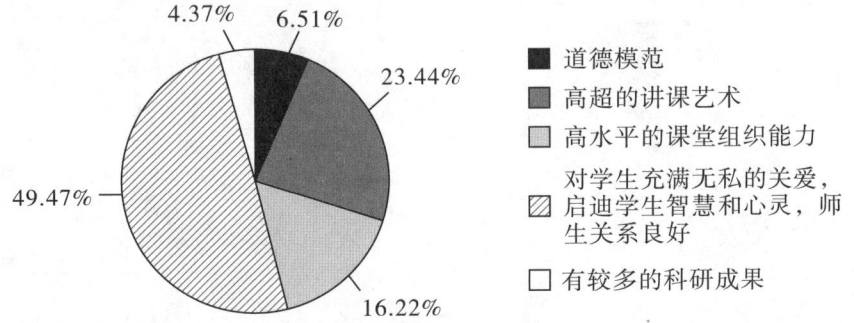

图1-1 系列名师发展的侧重点

（四）教师希望的培训组织形式

关于教师希望的培训组织形式，"观摩名师课堂教学"是多数教师所希望的，其次是"案例分析"和"实践指导"，而"理论讲授""说课评课"和"研讨交流"只是少数教师的选择（如图1-2所示）。由此可以推断，在教师的专业发展中，一线教师对系列名师的专业引领充满了期待，希望系列名师能够提供观摩的机会、相应的案例分析和实践指导。经卡方检验，$x^2=1119.312$，$p<0.01$，这说明各选项之间在人数频次上存在显著差异。

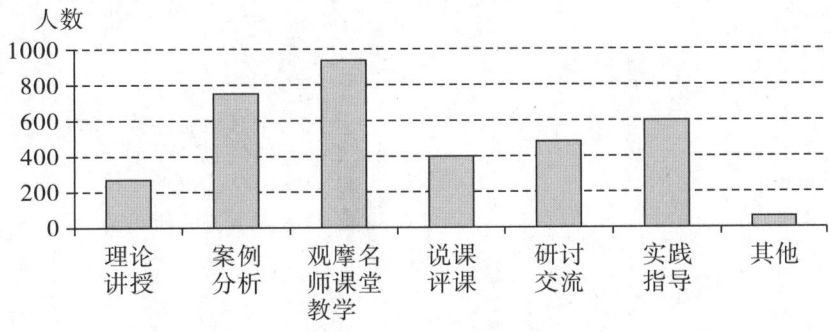

图1-2 教师希望的培训组织形式

（五）培训指导教师的选择

关于希望哪些人员担任培训指导教师，大多数教师对系列名师充满了期待，有56.53%的教师选择区内经验丰富的名教师、名校长及学科带头人担任培训指导教师，19.14%的教师选择知名教育专家，15.7%的教师选择经验丰富的同事；而选择高校教授和教育行政部门领导的比例则较低，分别占6.97%和1.68%（如图1-3所示）。可见，经验丰富的系列名师成为教师对培训指导教师的第一选择。

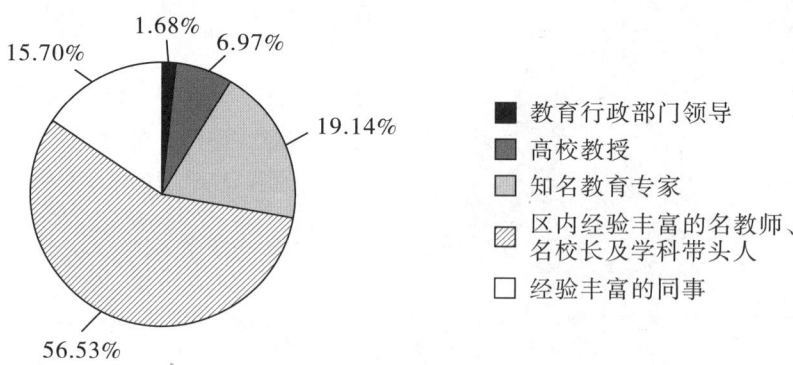

图1-3　培训指导教师的选择

（六）系列名师对普通教师的影响力

关于系列名师对普通教师的影响力，在回答"您遇到教学上的疑难问题时，通常向谁请教"时，教师选择"向本组其他有经验的教师请教"的占77.51%，选择"个人钻研"的占13.58%，选择"向区内名师请教"的占6.17%，选择"向区内学科教研员请教"的只有2.73%（如图1-4所示）。这说明普通教师在实践中遇到问题，通常是向身边经验丰富的教师请教，而较少向系列名师请教。

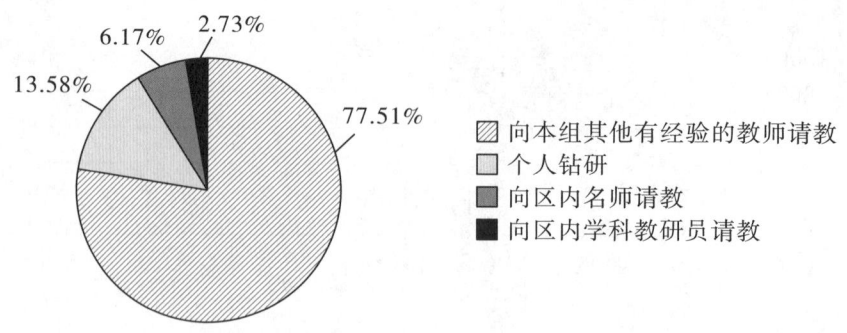

图1-4　系列名师对普通教师的影响力

（七）系列名师承担公开课、示范课情况

关于系列名师每年承担公开课、示范课的次数，承担 1 次的有 103 人，占 47.69%；承担 2~5 次的有 86 人，占 39.81%；承担 5 次以上的有 10 人，占 4.63%；没有承担公开课和示范课的有 17 人，占 7.87%（如表 1-5 所示）。可见系列名师在教学技能示范方面的表现一般。

表 1-5 系列名师每年承担公开课、示范课的次数

次数	名校长或名教师		优秀教师		特级教师		骨干教师		学科带头人		合计	
	人数	百分比/%	人数	百分比/%	人数	百分比/%	人数	百分比/%	人数	百分比/%	人数	百分比/%
无	2	28.57	5	7.14	1	12.50	8	7.34	1	4.55	17	7.87
1 次	5	71.43	35	50	3	37.50	50	45.87	10	45.45	103	47.69
2~5 次	0	0	27	38.57	4	50	44	40.37	11	50	86	39.81
5 次以上	0	0	3	4.29	0	0	7	6.42	0	0	10	4.63
合计	7	100	70	100	8	100	109	100	22	100	216	100

（八）系列名师带教情况

关于系列名师带教情况，没有带教的有 89 人，占系列名师总数的 41.20%；带教 1~2 人的有 89 人，占 41.2%；带教 3~5 人的有 27 人，占 12.5%；带教 6 人以上的有 11 人，占 5.1%（如表 1-6 所示）。从以上数据显示，系列名师带教年轻教师存在很大问题，没有带教的所占比重较大。名师不带教，或者带教较少，都难以发挥名师的示范带动辐射效应。

表 1-6 系列名师带教情况

带教人数	名校长或名师		优秀教师		特级教师		骨干教师		学科带头人		合计	
	人数	百分比/%	人数	百分比/%	人数	百分比/%	人数	百分比/%	人数	百分比/%	人数	百分比/%
无	3	42.86	31	44.29	5	62.50	38	34.86	12	54.55	89	41.20
1~2 人	1	14.29	25	35.71	3	37.50	58	53.21	2	9.09	89	41.20
3~5 人	1	14.29	10	14.29	0	0	10	9.17	6	27.27	27	12.50
6 人以上	2	28.57	4	5.71	0	0	3	2.75	2	9.09	11	5.09
合计	7	100	70	100	8	100	109	100	22	100	216	100

三、系列名师专业成长与发挥示范效应的现状

调查研究中发现,系列名师在自身的专业成长和示范效应发挥方面都存在一定问题,与我们预期的目标还有一段距离。

(一)系列名师经验丰富,然而缺乏发挥示范效应的智慧输出途径

专家型教师大多年龄在35岁以上,教龄在10年以上,实践经验丰富,教学成就突出,其多年积累的教学经验是丰富而有价值的。但系列名师发挥示范效应的智慧输出需要有途径。调查发现,系列名师每年承担公开课、示范课为1次的占47.69%,没有承担公开课和示范课的占7.87%,其承担公开课、示范课的示范效应发挥得不太好,教学技能示范方面表现一般。系列名师带教情况存在的问题更为严重:系列名师中没有带教的竟然高达41.2%,带教1~2人的也有41.2%。在访谈中,有80%以上的系列名师不愿意带教,他们认为带教将增加额外的工作负担。以上数据显示,系列名师不带教或带教较少,缺乏输出途径,导致其积累的智慧无法影响年轻教师的成长,示范辐射效应的发挥极其有限。

(二)系列名师对教育科学研究的重视不够,不能将经验转化为引领教师成长的教育智慧

系列名师普遍能够参与课题研究,但其中近5年参与1项课题研究的占27.31%,近5年未参与任何课题研究的占5.56%。如果说参与课题研究情况还难以反映系列名师对教育科学研究的重视不够,那么他们公开发表论文的情况则凸显了该问题。近5年,高达41.20%的系列名师没有发表任何论文,这个数据是惊人的,有45.37%的系列名师只发表1~3篇论文。也就是说,超过80%的系列名师在近5年公开发表论文数在4篇以下,平均每年发表论文还不到1篇。关于系列名师发展的侧重点,只有4.37%认为应该"有较多的科研成果",教师对在工作中有无科研成果很少关注,这一点揭示了系列名师近5年内没有公开发表论文的原因。系列名师对教育科学研究的重视不够,就不能通过课题研究对自己的实践经验进行深入挖掘,或通过撰写论文、反思的形式总结提炼,将其升华为教育教学理论或实践智慧,转化为青年教师学习的重要内容。

(三)教师对系列名师的专业引领充满期待,但系列名师产生的影响力需进一步提升

调查发现,教师普遍对系列名师的专业引领充满了期待,在回答"教师希望的培训组织形式"时,超过80%的教师选择"观摩名师课堂教学"。由此可以推断,在教师的专业发展中,一线教师希望系列名师能够给予较多的实践指导。对于希望哪些人员担任培训指导教师,有56.53%的教师选择区

内经验丰富的名教师、名校长及学科带头人。教师对于培训指导教师的期望更多是从教育教学经验出发，选择教学实践经验丰富的系列名师。但现实与理想往往是有差距的。调查系列名师对普通教师的影响力时，当问及教师在工作中遇到疑难问题向谁请教，只有 6.17% 的教师选择"向区内名师请教"；对"您是否经常参加名师工作室活动"的回答中，有 84.31% 的教师回答"不参与"或"很少参与"；有 53.92% 的教师认为系列名师的示范带头作用发挥得不好。这些都说明了系列名师的影响力还需进一步提升，在实际工作中，他们还没有真正成为普通教师专业发展的引路人。

（四）系列名师自身专业发展受限，其示范效应的发挥缺乏相应的政策支持

系列名师人数较多，他们的专业发展水平较高，针对他们未来的专业成长该如何设计与规划？又有谁能够引领他们的专业成长？这些都是需要解决的问题。许多教师拼尽全力，为"名"而战，而一旦挤进系列名师行列，便认为自己成了同行中的成功者，在专业成长上甚至出现停步现象。如以上数据所示，系列名师中有 7.87% 不承担公开课和示范课，有 41.20% 近 5 年未发表任何论文，有 5.56% 近 5 年未参与任何课题研究，有 41.20% 未参与带教活动等。尽管他们停步不前，但现有的管理体系也不能对他们怎么样，比如取消系列名师的荣誉称号，好像不曾有过。我们的政策引导通常重视系列名师培养，但对系列名师的专业成长跟踪指导和管理重视不够，缺乏相应的监督机制和考核机制，对系列名师成"名"后的责任要求相对较低，或者对他们根本不提履行职责的限制。在现实中，缺乏相应的机制激发系列名师去传递他们的智慧，也使他们自身的专业成长受到一定的限制，从而未能像我们期待的那样在教师的专业成长中充分发挥他们的示范辐射效应。

四、发挥系列名师示范效应的对策建议

针对调查研究的结果，我们应该结合实际情况，采取有效措施，合理策划并引导系列名师的专业成长，完善相关培养和管理机制，激励系列名师更好地发挥其应有的辐射示范效应，为提升教师整体素质做出贡献。

（一）减少系列名师再培养数量，提高系列名师培养质量

本次调查研究显示，有相当数量的系列名师未正常发挥其辐射作用。现实中，名师种类繁多，有省级名师、市级名师、区级名师、县级名师，层层累加，数量不菲，其质量也存在一定的问题。为提高系列名师培养质量，在各种政策引领中，我们应尽量减少系列名师再培养的数量，提高系列名师评选资格和条件，严格要求系列名师培养质量，让真正优秀的教师成为系列名

师。我们需要重视基层教师群体的培养，激发大多数教师的积极性和创造潜力，尊重教师群体成长的内在需要，真正地通过少部分卓越、杰出教师去引领普通教师的发展，提高教师队伍的整体素质。

（二）完善系列名师培养体系，搭建畅通的智慧输出平台

为了满足广大教师对名师示范引领的期待，解决系列名师示范带头效应不足的问题，我们要充分利用好现有的系列名师资源，完善系列名师培养体系建设，尊重系列名师的劳动成果，想方设法将他们辛苦耕耘积累的丰硕智慧成果辐射、影响到更多的教师。鼓励系列名师在实践中创新教育思想、教育模式和教育方法，形成自己的教学特色和风格，更重要的是通过撰写学术论文和教学反思，及时总结经验，形成个人的教学理论智慧体系。吸纳专家型教师担任教师培训师，开设专题讲座，充分挖掘他们多年积累的宝贵经验，让更多教师受益。建立由系列名师构成的"临床指导教师"队伍，让他们承担起新教师入职指导任务，制定相关配套文件，给予相应报酬，并折算相应的继续教育学时，鼓励系列名师积极参与。开展教育教学咨询活动，名师以学生学习、学生学习心理、教育教学方法、教师专业成长等为主题开展相关咨询服务活动，帮助普通教师解决日常工作和学习中遇到的问题。组织"名师名家教育经典分享会"，总结、提炼与交流、分享系列名师先进的教育教学智慧，组织教师参与，通过集体碰撞，产生新的教育教学智慧。

（三）建立管理新机制，释放系列名师示范新活力

美国年度教师的一些经验做法值得我们借鉴。为提高系列名师的培养水平，发挥他们的示范效应，促进其自身的专业成长，我们需要建立系列名师管理新机制，鼓励系列名师担负起引领教师专业发展的职责与任务，将引领年轻教师专业成长作为评价系列名师业绩的一个必要条件。如进一步明确系列名师职责，规定1位系列名师每年负责指导7~9名教师，每位系列名师每学年至少为本区教师展示3节示范课、公开课，必须主持或参与一项课题研究，每年至少发表1~2篇高水平的专业学术论文，总结自己的教育教学思想及经验。

（四）倡导"匠人"精神，鼓励教师在实践中成就卓越

教育是为了成就理想，创造未来，以教育为追逐名利途径则会偏离教育的本质。教师应该回归朴素，回归"教书匠"的普通身份，发扬真正的"匠人"精神，[①] 不仅一心想把事情做好，还认定自己所做事情的客观价值，

---

① 桑内特. 新资本主义的文化［M］. 李继宏，译. 上海：上海译文出版社，2010：154-155.

即使它并不会给自己带来任何好处。每一位教师都可能是卓越的,我们要鼓励所有教师的专业成长,鼓励他们在积极向系列名师学习的基础上,追求自我进步。教师的成长需要教育实践的检验和磨炼,需要教师耐心地秉持教育规律,耐心地锻炼并等待自己的成长。"人的存在不是现成的而是生成的,并且不会最终完成于某一确定的状态,而总是向未来、向新的可能性开放。"① 我们应鼓励一线教师遵循学生身心发展规律和认知特点,按照自己对教育的朴素理解去教育学生、引导学生成长。

第三节 对教师继续教育的思考

长久以来,我国一直特别关注教师的继续教育。20 世纪 70 年代中期以来,我国特别重视教师的学历提升教育,以补充中小学师资和提高师资队伍水平。进入 20 世纪 90 年代以后,国家对于教师的继续教育更加重视。1999年初,教育部公布"面向二十一世纪教育振兴行动计划",启动教师继续教育工程,为面向 21 世纪的教师专业发展开辟了一条有效途径。教师继续教育工作的大力推进,有力地促进了教师专业素质及水平的提升,为国家培养了一批批高素质的教师队伍。

然而,在大力推进教师继续教育工作的过程中,"教师继续教育"已经变成"教师培训"的代名词,凸显出一些问题,同时促使我们对中小学教师继续教育做进一步深入探讨。

一、"教师培训"是"教师继续教育"的代名词

在推进教师继续教育工作的同时,将教师继续教育视为教师培训已经成为大多数人的共识。从概念上来看,1990 年 12 月召开的全国中小学教师继续教育工作座谈会,首次从政府的层面对教师继续教育概念进行了明确的界定,指出"教师继续教育是指对已达到国家规定学历的教师进行以提高政治思想素质和教育教学能力为主要目标的培训,主要包括新教师见习培训、骨干教师培训和对部分骨干教师提高学历层次的培训"②。这一界定的典型特征就是用中心词"培训"来定义"教师继续教育"。从政策性文件来说,《教育部关于大力加强中小学教师培训工作的意见》(教师〔2011〕1 号)、《教育部关于开展示范性县级教师培训机构评估认定工作的通知》(教师函

---

① 张曙光. 生存哲学:走向本真的存在 [M]. 昆明:云南人民出版社,2001:8.
② 吴遵民,秦洁,张松龄. 我国教师继续教育的回顾与展望 [J]. 教师教育研究,2010(2).

〔2005〕4号）等，以"教师培训"代替"教师继续教育"；从相关刊物上来说，有《中小学教师培训》杂志刊载教师继续教育类文章；从机构上来说，基层设有区县级教师培训中心、培训中心或教师进修学校内设培训部、师资类高校内设师资培训中心等，从事教师继续教育管理工作。这些都已经促成了人们多年来对教师继续教育就是教师培训的认可。然而，静下心来理性地思索，我们将会发现一系列问题：教师继续教育难道就是教师培训吗？"培训"能作为"继续教育"的代名词吗？"培训"与"继续教育"两者真的能完全等同吗？"教师培训"能否涵盖"教师继续教育"的意义和内涵？

从基本释义来讲，"培训"在《现代汉语词典》中的解释是："动词，培养和训练（技术工人、专业干部等）。"① "培养"的解释是："动词，按照一定目的长期地教育和训练使成长。"② "训练"则是"有计划有步骤地使具有某种特长或技能。"③ 从词义辨析来看，培训侧重于技能程序性、重复性的操作化"训练"；而教师的继续教育不能局限于教学技能的程序化操作，重要的是其教学实践智慧、教学素养的内化与提升。从时间的延续性来看，培训多为短期的，且多为片段性的；而教师的继续教育则是随着职业生涯延续进行的，连续性强。从习惯用法来看，培训对培训对象来说多是被动的，如常说的企业培训、技术工人培训等，强调的是培训方对培训对象的强制施行；而教师入职后的继续教育则属于一种不断追求进步、自我提升的发展过程。有别于"培训"，教师的继续教育需求是自发的，接受学习是主动的，注重的是以自主学习为主、引导为辅的教育过程。因此，教师培训不能涵盖教师继续教育的所有内涵，不足以突出教师入职后的专业动态发展情况。我们关注的教师继续教育，是教师踏上工作岗位之后，在业务水平及职业道德水平等多方面的发展情况，而不是纯粹对教学技能的训练和掌握。即使是教学技能的训练和掌握，也不是依靠培训所能直接达成的，大多为教学实践智慧，对教育智慧的要求较高，必须通过教师的自我理解、内化与升华而达成。

二、"教师继续教育即教师培训"造成的误解

"教师继续教育即教师培训"这一常规认识，在实际的教师继续教育工作中造成了一定的误解，主要体现在教师继续教育从业者、教师继续教育参与者、教师继续教育组织机构之中。

---

①② 中国社会科学院语言研究所词典编辑室. 现代汉语词典 [M]. 6版. 北京：商务印书馆，2012：978.

③ 中国社会科学院语言研究所词典编辑室. 现代汉语词典 [M]. 6版. 北京：商务印书馆，2012：1 485.

（一）教师继续教育管理是琐碎的非专业性工作

从事教师继续教育的一线业务工作者时常能听到一些同仁抱怨："经常被拉出去做签到、维持会场纪律这样琐碎的杂活，有什么意思！"类似的话语只出现一次便罢，次数多了，就值得思考及探究：难道教师继续教育工作就应该是这样的？还是从业者没有找到自己的价值？等等。通过对基层的深入调研、走访和不断总结，我们逐渐明白，教师继续教育工作的性质之所以遭到误解，不是因为评价者的心态问题，也不是该工作真的琐碎，而是因为长久以来人们对教师继续教育工作的错误认识。在许多人，包括部分教师继续教育从业者看来，教师继续教育工作就是组织教师培训活动，包括联系场地、布置会场、邀请专家、活动考勤、维持会场秩序、后期的继续教育验证等琐碎的事务。这些教师继续教育从业者不是将教师继续教育工作作为专业性极强的工作来看待，而是习惯性地例行公事，完成上级交给的"培训"任务即可，并没有认识到它的重要价值，这恰是"教师继续教育"被认为是"教师培训"所造成的误解。

（二）教师继续教育是一种工作负担

对接受教师继续教育的主体——教师来说，参加继续教育是他们的义务，更是他们的神圣权利。但事实上，长期以来，教师将接受继续教育视为外界施加的"教师培训"，认为是教育行政部门及教师培训机构"逼迫"他们完成的任务。同时，因内容所限，继续教育的组织形式多以专家授课为主，结束后教师即可得到相应的学分和学时。教师们在百忙中抽出时间参加活动，却发现有些内容根本不是自己需要的，因而比较失望，于是渐渐地形成一种误解，认为参加教师继续教育活动就是为了完成上级规定的任务量，是自己的负担，因此应付了事，只求获得相应的继续教育学时量。

从另一个角度来看，教育行政部门为了提升教师的素质，硬性规定在职教师岗位培训"每五年累计培训时间不少于360学时"。一些地区为了督促教师参与，甚至将教师继续教育与教师的职称评聘挂钩，要求教师必须完成相应的任务量才能获得正常的评聘，这些都在形式上束缚了教师继续教育工作，导致教师认为参加"培训"只能是被迫的。"我国在推行中小学教师公开招聘制度、竞争上岗、择优聘用的同时，也使培训工作成了教师利益获得的过程。"① 从此种意义出发，教师将参与教师继续教育活动看成获得经济收益或工作岗位的途径，认为完成了上级下达的培训任务，才能保证正常的岗位聘任及晋升。这样看来，教师参与继续教育，已不是教师自我发展的需

---

① 曲中林. 公益性教师培训的现实与未来［J］. 教育理论与实践，2012（13）.

求，距离本意甚远。郭玲在《建立发展性教师继续教育评价体系》一文中提到："在调查中发现：广大的教师和校长在评价教师继续教育是否成功时，常常用两个指标来衡量，一是培训结束时的考试是否合格，是否能拿到一个合格证书；一是这个培训是否对自己'有用'，是否在教学、教育工作中能够立竿见影，这个合格证是否对评职、晋级有用。这种急功近利的思想和只重视证书的评价方式，使教师继续教育失去了它的真正的、原本的意义。"①

（三）教师继续教育成为一种创收来源

众所周知，"培训"多运用于商业，为企业的经济利益服务。教师继续教育被认为是培训，也导致一些不良势头蔓延，一些教师继续教育机构和组织者将开展"教师培训"作为创收的来源。笔者在市级层面调研走访教师继续教育机构时发现，他们所关注的重要问题是一致的，主要集中于教师继续教育费用问题，如他们开发了多少新的教师继续教育课程，投入了多少经费，可活动组织后收回的却不多，出现了"赔本"现象。为何大家首先关注的都是这类问题，而不是继续教育本身的质量问题呢？教师继续教育是应为教师的专业发展服务，还是为教师继续教育机构的经济创收服务？可以在考虑收益的情况下调动教师继续教育实施机构的积极性，但要把握适当的度。一些地方在分配教师继续教育任务及项目时不平均，顾及不到所有机构的利益，他们就认为对自己不公。教师继续教育本应该是无偿为教师提供的，是为教师的发展创造条件的，一旦沾染上商业化的"培训"性质，还能够致力于促进教师的专业提升吗？

三、对"教师继续教育"的理性定位

根据以上问题的辩证分析，在推进教师继续教育工作中，我们必须重新对教师继续教育进行理性思考，澄清其实质，挖掘其内涵，突出教师继续教育的价值和意义。教师继续教育的中心词是"教育"，无论何时开展的继续教育，都是一种教育。一个教师的职业生涯有多长？通常情况下，获得从教资格的师范本科教育为4年，学生毕业时多为22~23岁，待踏上教师工作岗位以后，以60岁退休来计算，将有37~38年完成教师的岗位使命。这30多年将怎样度过是至关重要的。没有新的知识、经验补充，教师将会出现疲倦和迷惘的感受。从这个角度而言，教师继续教育意义重大，关系到教师的职业生涯规划、自我成长及生命可能性的实现。在30多年的从教过程中，教师需要通过入职后的继续教育不断补充能量和动力。"从性质上看，教师

---

① 郭玲. 建立发展性教师继续教育评价体系 [J]. 成人教育，2005（3）.

继续教育应当是教师终身学习体系的一个有机组成部分，而不是外在于教师学习的工具；从目的上看，教师继续教育就是要为教师终身学习和持续发展提供支持。"[1] 教师继续教育应充分服务于教师的专业发展和个人成长，并以此为出发点。

（一）教师持续地接受继续教育是一种职业道德

教师职业及其成长轨迹的特殊性，决定了教师既是"授业者"，同时又必须是"学习者"。为了更好地胜任教学工作及实现自我成长，教师必须不断地接受教育，不断地学习。为此，教师的继续教育显得尤为重要，可以成为衡量教师职业道德的标准之一。罗伯特·哈钦斯在《学习社会》(The Learning Society) 一书中指出："教育作为个人权利和国家需要的观念已被迅速接受。"[2] 教师继续教育需要有资质的教育机构聘请专家或教师，按照一定的模式，有计划地确定目标和课程，有目的地传授学科知识、教学技能、教学经验和教科研能力等方面"知识"。教师不接受继续教育，就没有机会获取新的教学理念和教育前沿信息，将故步自封，感觉职业毫无挑战性，容易产生倦怠情绪。一些发达国家同样重视教师的继续教育，"美国2000年教育发展战略目标之一就是重视教师的继续教育及其专业性技能的开发，要求所有教师接受学习以更好地教育学生"[3]。教师只有通过不断教育和自我学习，不断补充精神食粮和正能量，尽可能地发挥自己的主观能动性，才能在教学中实现自己的价值。

（二）教师继续教育强调教师的自主发展

目前，有许多教师已经不再认为"培训是福利，学习是享受"。政府强调加大教师继续教育的经费投入，但是免费的继续教育不一定能促使教师积极参与学习。在教师继续教育中，主体是教师，教师是自主的、主动的学习者。继续教育强调的应是教师的自主学习，是为教师的自我发展创造条件，促进教师积极的自我建构，而不是理论知识的传授或某种操作性教学技能的提供。

新时代的教师已经摆脱了生存的困扰，开始追求更高层次的主体需要。他们"能够清醒意识并规划自己的专业目标与方向，具有主动更新专业结构的主观愿望；不仅能够把握自己与外部世界的关系，而且具有把自身发展当

---

[1] 潘岳祥. 建构主义视野中的教师继续教育改革 [J]. 中小学教师培训, 2005 (5).
[2] 转引自：吴遵民，秦洁，张松龄. 我国教师继续教育的回顾与展望 [J]. 教师教育研究, 2010 (2).
[3] 张文明. 当前国外教师继续教育特征及给我们的启示 [J]. 苏州教育学院学报, 2004 (1).

作认识的对象和自觉实践的对象，构建自己内部世界的能力，具有独立的自我意识和成熟的自我控制能力，是完全意义上的自我发展的主宰"①。教师通过继续教育，将学习从一种外在的压力变成一种自身的需求、一种内在的动力，通过自我学习和研究，不断地进行总结，将个人的体验、感悟、价值观融入一定的教育教学实践中，并内化为个人的教育思想观念，实现个体的成长。"在其他欧洲国家也出现了'自下而上'的教师培训模式。'自下而上'模式的基本假设是：教师对自己的专业发展负有主要责任，好教师永远在追求他们认为对工作有用的课程。"② 只有这样的学习才是有价值的，这是依靠教师自我发展的内驱力实现的，而不是依靠外界强制的"教师培训"执行的。教师的参与性极高，参与的时间与投入的精力可能远远超过每年法定的72学时任务量。因此，教师继续教育必须具有弹性，鼓励教师自我学习和探究，通过教师的研究成果和汇报来计算继续教育量。

（三）教师继续教育具有较强的专业性和价值性

"从现有的研究文章来看，关于教师培训后的管理和支持服务的较少……不管是教师培训的实际工作还是教师培训的研究工作，对教师培训后的支持研究很少，多数培训的管理与服务支持随着教师培训的结束而结束。"③ 教师继续教育机构是教师继续教育的主要基地，必须充分认识教师专业发展的连贯性与长期性，将培养现代的、高素质的教师作为自身的追求和光荣的事业，考虑到教师在职继续教育的统一性，努力实现教师继续教育的一体化，发挥其在教师继续教育工作中的积极作用。教师继续教育从业者和组织者应提高认识，将教师继续教育看成崇高的职业，积极为教师提供高质量的服务，以提高服务水平为目标，减少对从业回报或经济效益的关注，多关注教师继续教育价值本身。只有这样，教师继续教育工作才会大有前途。在教师继续教育的整体设计上，如何做好统筹规划？如何设计不同发展阶段教师的学习内容？采取什么样的学习方式比较合适？在课程设置上，如何创设科学合理的课程体系？怎样将学术性和专业性、教学理论和教学实践有效地协调起来，满足不同发展阶段教师的需求？等等。这些都是专业性极强的问题，需要承担教师继续教育的机构组织专家团队深入研究，开展相关的实践，从而提高教师继续教育的实效性。

---

① 李进．教师教育概论［M］．北京：北京大学出版社，2009：508．
② 张文明．当前国外教师继续教育特征及给我们的启示［J］．苏州教育学院学报，2004（1）．
③ 刘丽丽，戚雪．国内教师培训研究的定量分析［J］．继续教育研究，2010（3）．

影响教师专业发展的关键因素

教师专业发展受诸多因素制约，在这些因素中，有积极的，也有消极的。其中，积极的影响因素如果得不到充分利用，也会成为一种负担。因此，我们应该引导教师辩证地分析这些因素，采取有效措施，尽量消除消极因素的负面影响，增强积极因素的正面导向作用。

第一节 工作负荷

目前，教师普遍面临着工作时间长、压力大、任务繁重的事实，尤其是承担的行政事务繁多，对教师的专业发展和正常的教育教学研究造成严重束缚。教师工作中存在的职业倦怠有其原因所在。广大教师有发展自我的需求，而诸多外因形成的负荷则束缚教师的成长。其中教师工作负荷大是制约教师专业发展的首要因素。

一、教师工作负荷的内涵

工作负荷（workload）是指单位时间内人体承受的工作量，包括体力工作负荷和心理工作负荷两个方面。体力工作负荷是指人体单位时间内承受的体力工作量的大小，本章主要探究教师的体力工作负荷。教师的工作能力和精力是有一定限度的。工作量越大，教师承受的体力工作负荷强度越大。有的教师在工作中有明显的倦怠情绪，对未来感到惆怅与迷茫，整日流连于忙忙碌碌的琐事，不但累，而且无方向。但教师工作负荷的实际情况如何，需要进一步调查论证。对教师承受工作负荷的状况进行深入研究与分析，探究其对教师专业发展的制约，寻找相关的对策，既能保证工作量，又能防止教师超负荷工作，有效提高教育教学质量。结合教师的实际工作，有效探讨教师工作负荷与教师职业态度及专业发展的关系，能够帮助教师提高认识，明白尽管工作负荷大是事实，但这不应该是其产生工作倦怠感和失去进取心的主要原因，他们需要对自己的工作价值重新进行正确判断。

二、教师工作负荷的基本情况

对教师工作负荷的调查主要通过教师的工作时间及工作时间承担的工作任务两方面进行。

（一）教师每天的工作时间

关于教师每天的工作时间，选择"8~10小时"的教师占54.90%，选择"8小时"的占22.94%，选择"10小时以上"的占19.53%，而选择"6~8小时及以下"的只有2.63%（如图2-1所示）。从数据中可以看出，中小学教师工作负荷较大，有97.37%的教师工作时间累计达8小时及以上。以每日8小时的平均工作量计算，说明教师每天都在超负荷工作。

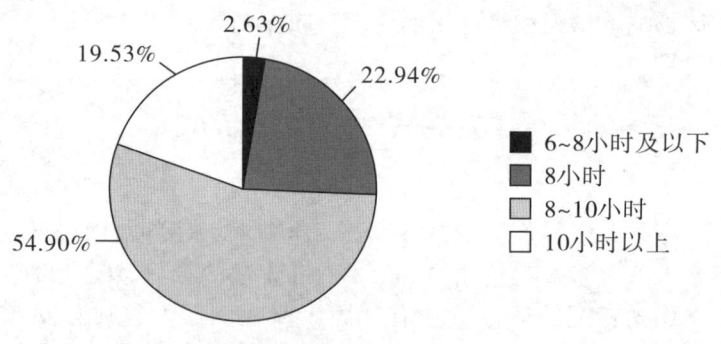

图2-1　教师每天的工作时间

（二）教师每天备课的时间

关于教师每天备课的时间，选择"1~3小时"的教师占58.97%，选择"0.5~1小时"的占23.36%，选择"3小时以上"的占15.57%，只有2.1%的教师备课所花时间在"0.5小时以下"（如图2-2所示）。占74.54%的教师平均每天备课时间在1小时以上，说明教师实际花在备课上的时间也比较多。

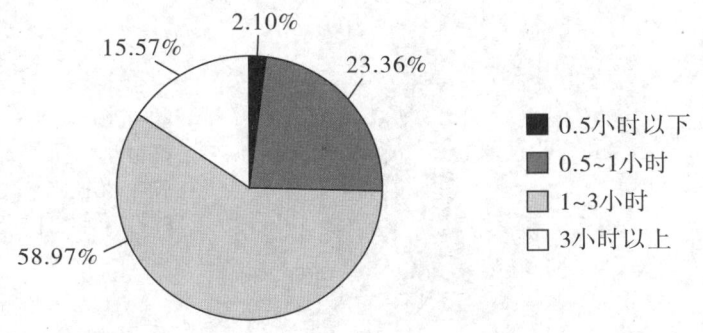

图 2-2 教师每天备课的时间

（三）教师每天批改作业的时间

关于教师每天批改作业的时间，选择"1~3小时"的教师占54.17%，选择"0.5~1小时"的占27.74%，选择"0.5小时以下"的占12.03%，选择"3小时以上"的占6.06%。每天批改作业时间在1小时以下的教师占39.77%，而1小时以上的占60.23%（如图2-3所示）。为了提高教育教学质量，对学生的成长负责，教师批改作业所花的心思也比较多。

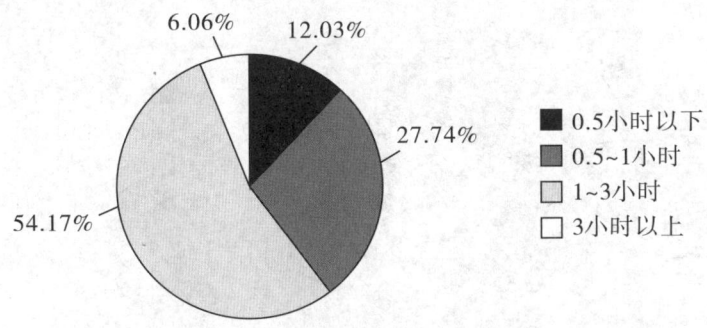

图 2-3 教师每天批改作业的时间

（四）教师每天管理学生、处理学生问题的时间

关于教师每天管理学生、处理学生问题的时间，选择"0.5~1小时"的教师占46.07%，选择"1~3小时"的占34.95%，选择"0.5小时以下"的占10.5%，甚至还有8.47%的教师管理学生、处理学生问题所花时间在"3小时以上"（如图2-4所示）。这说明教师每天必须有专门的时间管理学生，89.5%的教师每天要花0.5小时以上的时间来管理学生。

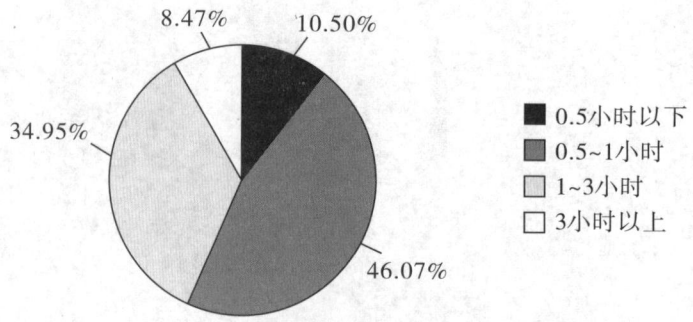

图 2-4　教师每天管理学生、处理学生问题的时间

(五) 教师每天读书的时间

关于教师每天除备课外用于读书的时间,选择"1~3小时"的教师占 45.69%,选择"1小时以下"的占 31.72%,选择"3~7小时"的占 17.49%,也有 5.10% 的教师每天花在读书上的时间为"7小时以上"(如图 2-5 所示)。教师每天平均读书时间在 1 小时以上的占 68.28%,这说明大部分教师每天能够抽出一定的时间用于读书,有自我提升的愿望和需求。

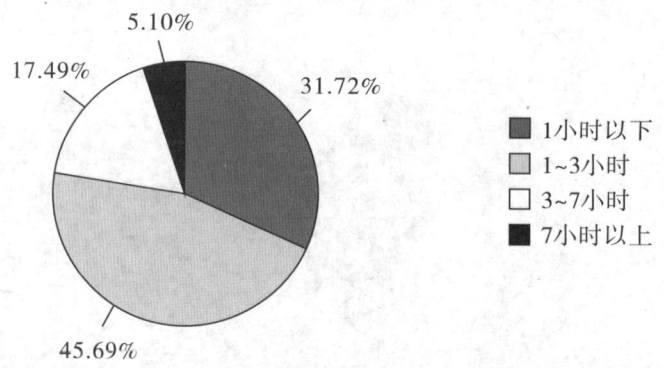

图 2-5　教师每天除备课外用于读书的时间

(六) 教师除备课、上课、批改作业之外主要完成的任务

关于教师在学校里除备课、上课、批改作业之外主要完成何种任务,"处理学生中出现的各种问题"的教师占 39.26%,"应付各种检查"的教师占 38.04%,"辅导学生"的教师占 14.42%,只有 8.28% 的教师是"开展科研"(如图 2-6 所示)。从以上数据可以看出,教育行政部门和学校管理层的管理理念需要进一步提升。

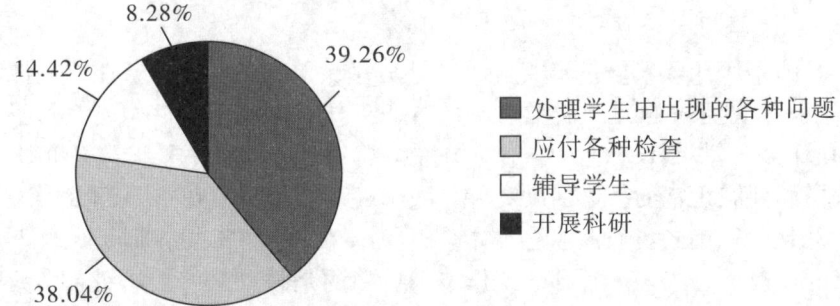

图2-6 教师在学校里除备课、上课、批改作业之外主要完成的任务

三、教师工作负荷现状及其对专业发展的制约

通过对一线教师的抽样调查,我们了解到教师的工作时间较长,工作负荷较大,成为教师专业发展的首要制约因素。

(一) 教师普遍工作时间长、压力大

中小学教师工作时间长是事实,有97.37%的教师工作时间累计达8小时及以上,按照每天8小时的工作标准计算法定的工作时间,当下几乎每一位中小学教师每天都在超负荷工作。在全部教师中,约70%的教师每周常规课程在10节以上,合计每天上课时间在1.5小时以上。除正常的上课之外,教师每天实际花在备课上的时间较多,74.54%的教师平均每天备课时间在1小时以上,其中有15.57%的教师备课时间在3小时以上;60.23%的教师批改作业的时间在1小时以上,其中有6.06%的教师批改作业的时间在3小时以上;教师每天还必须有专门管理学生的时间,89.5%的教师每天要花0.5小时以上的时间来管理学生。"中小学教师将大量个人时间奉献给工作,承担许多非教学工作任务,可量化的课堂教学时间占工作时长不足1/4。"[1] 许多中小学教师在加班加点中超负荷运转,我国教师的工作时间远远超过"国际平均值37小时"[2]。在学校里,教师在备课、上课、批改作业之外的时间还要处理学生中出现的各种问题、应付各种检查、辅导学生和开展科研等。教师面临的工作压力较大,在调查教师的工作压力时,有高达85.14%的教师认为自己的工作压力大或非常大,有75.23%的教师认为自己面临的考试升学压力比较大或非常大,只有14.86%的教师认为工作压力是可以承受的。

---

[1] 李新翠. 教师真的需要这样工作吗?[N]. 中国教育报, 2014-09-16 (6).
[2] 王钰巧, 方征. 芬兰基础教育教师高满意度的外在因素:基于TALIS 2013的数据探索[J]. 教师教育论坛, 2016 (3):86-91.

（二）教师需要应对的行政事务繁多

教师工作任务繁重是事实，但也只是存在于表象。教师备课、上课、辅导学生、处理学生问题等都是教师的本职工作，这些不应该构成教师叫苦叫累的原因。那些额外承担的工作，才是教师不愿意接受的。除维护正常的教学秩序和开展正常的教学活动之外，教师还要处理庞杂事务。调查中，在问及"您认为当前各种行政事务非常多"时，有50.26%的教师认为自己当前面临的行政事务较多。教师的工作本来更多的是教书育人，然而有半数以上的教师认为需要处理的行政事务较多，这些事务就构成了他们主要的工作负担。当问及"您认为上级教育行政部门各种教育评估检查非常多"时，有高达91.13%的教师认为当前学校迎接上级教育行政部门的各种教育评估检查非常多，让他们难以应对，在很大程度上加大了教师的工作负荷，这应该引起教育行政部门和教育督导评估机构足够的关注和重视。处理各种行政事务、应对各种检查，这才是教师觉得工作负荷大的原因所在，也是他们消极应对的原因所在。当问及"您常常觉得一天工作结束后疲惫不堪"时，有高达87.41%的教师认为自己一天工作结束后会感觉到疲惫不堪。这是教育决策者和教育行政部门尤其要关注的。

（三）工作任务繁重成为影响教师专业发展的突出困难

关于教师专业发展面临的困难，教师认为最大的困难是"工作任务繁重，压力大"，有高达74.85%的教师选择此项（如图2-7所示）。经卡方检验，$x^2=458.665$，$p<0.01$，说明各选项之间在人数频次上存在显著差异。教师工作负担重，工作安排经常与学习安排发生冲突，工学矛盾突出成为教师专业发展中面临的严峻问题。教与学的国际调查（TALIS）项目调查显示，教师参与专业发展的主要障碍中，排在第一位的是专业发展活动与教学工作计划之间存在冲突，教师缺乏时间，有超过一半的教师认为参与专业发展活动与工作时间冲突[1]，上海有59.6%的教师报告"专业发展和工作时间冲突"是参加专业发展活动的障碍[2]。参与调查的教师中有55.26%认为工学矛盾是培训面临的最突出困难。因此，教师的工作任务量和压力与专业提升之间矛盾比较突出，致使教师参与继续教育学习也成为工作负荷的一部分。

---

[1] 赵明仁. 国际视野中教师专业发展状况及对我国启示：基于TALIS 2013报告的分析[J]. 教师教育研究，2015（3）：100-106.

[2] 王洁，张民选. TALIS教师专业发展评价框架的实践与思考：基于TALIS 2013上海调查结果分析[J]. 全球教育展望，2016（6）：86-98.

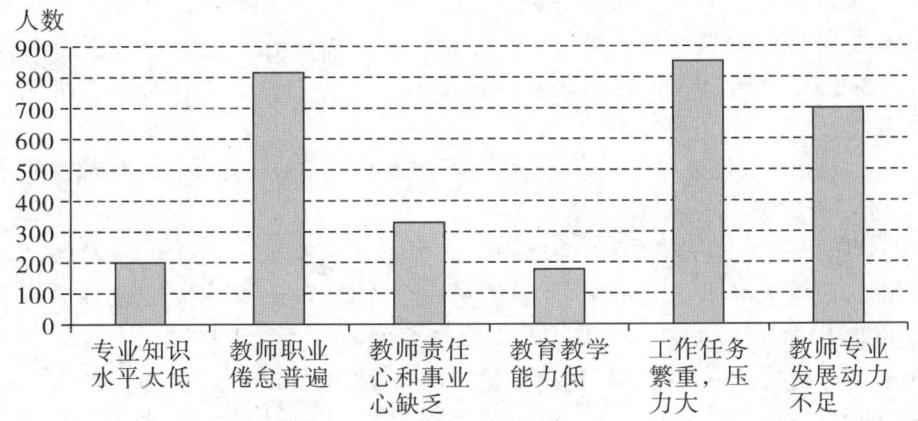

图 2-7 教师专业发展面临的困难

四、减轻教师工作负荷的对策建议

针对教师工作负荷大，严重影响其专业成长的现象，应该为教师合理减负，采取有效措施促进教师专业发展。

（一）教育行政部门应重视教师职业倦怠现状，营造真正关怀教师的大环境

教育行政部门应该充分重视教师职业倦怠现状形成的主要原因，认识到行政部门的干预是其部分诱因，"教师对形式化的行政工作非常反感，尤其对应付教育行政部门的各项检查，整理各种文字材料怨言颇多"[①]。教师希望自主教学，不希望政府过多地干涉。现在教育行政部门对学校教育教学工作的各种检查、评估层出不穷，"检查评比泛滥，且操之失度，则加重了教师不必要的工作负担，致使教师仅在应付频繁的检查评比方面便惶惶不可终日，至于那些根本不宜量化而非要量化的硬性指标更使教师疲于奔命、苦不堪言"[②]。在此种情况之下，建议教育行政部门尽量将办学的自主权部分返还学校，减少"无形的手"对学校教育教学的干预和影响，降低因行政干预给教师带来的工作束缚与负荷，避免安排过多与学校无关的行政工作分散教师的精力。教育行政部门要统筹安排各种检查和督导评估，重视重要项目的督导评估，如迎接国家义务教育均衡发展督导评估、推进教育现代化等重要项目。教育行政部门在开展一项督导或评估工作之前，要充分考虑到工作的实

---

① 李新翠. 教师真的需要这样工作吗？[N]. 中国教育报，2014-09-16（6）.
② 柳士彬，胡振京. 论"减负"背景下教师负担的减轻及其素质的提高[J]. 继续教育研究，2002（1）：64-66.

际意义和价值，同时将对学校正常教学工作造成的影响考虑在内，尽量减少让教师准备评估材料的负荷，将教师的时间解放出来，为教师安排与他们的能力相匹配的额外任务，营造一个真正关心教育、关怀教师的工作大环境。

（二）学校提高对教师专业发展的重视程度，按照教师需求为教师提供专业发展支持

当问及"您在教学中常会感到自己力不从心吗"，有60.69%的教师认为自己在教学中会感到有些力不从心或完全力不从心，希望自己的专业发展获得提升。68.28%的中小学教师每天平均读书时间在1小时以上，说明教师普通有自我发展的强烈愿望，尽量抽出一定的时间来读书。教师的工作负荷比较大，成为教师专业发展的主要束缚和困难。学校要根据教师的愿望为教师的专业发展提供积极支持。关于教师希望从学校层面提供的专业发展支持，40.86%的教师渴求学校能够提供业务进修机会，28.24%的教师希望学校能够帮助他们减少工作量，17.39%的教师希望学校能够为他们的专业成长邀请专家给予指导，8.30%的教师希望学校能够做好校本培训，5.21%的教师希望学校能够为他们提供参与课题研究的机会（如图2-8所示）。教师专业发展的实际需求是不同的，学校可以根据教师反馈的实际需求，为教师的专业发展搭建多条途径，提供多样化机会。

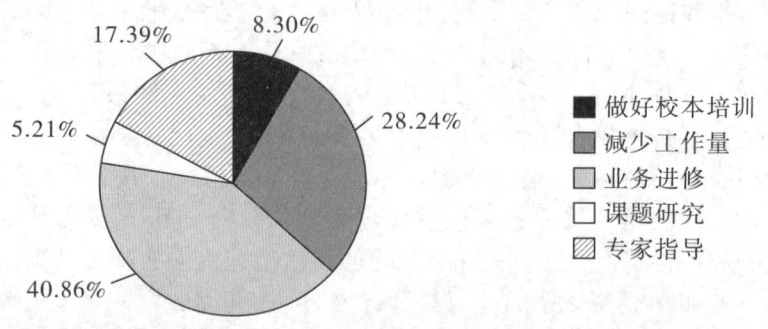

图2-8 教师希望学校为专业发展提供的机会或条件

（三）学校尊重教师生命的本体存在，从关注教师生命的角度促进教师专业发展

当问及学校对教师的专业发展促进方面存在的问题，67.72%的教师认为"学校忽视教师个体生命价值的提升"。调查教师的工作负担情况，有76.51%的教师认为学校对教师的要求过高，偏重于强调教师的片面付出。学校要尤其关注教师的专业成长，尊重教师生命的本体存在，让教师充分感受到被尊重的体验。学校与教师建立一种深层的理解关系，对教师生命的成

长负责，深入探究他们的工作环境和发展状况，了解教师在实践中面临的困境，走近教师，频繁地与教师开展深度对话，在充分理解教师的基础上建立减少教师工作负荷的特殊干预策略，尽量将教师不必要的工作量降至最低，从实质上减少教师负荷。

（四）教师用好"统筹方法"，做自身专业发展的主人

教师要系统梳理工作，做到自我减负，转向唤醒内源性动力，关注自身生命存在，学会对日常处理的事务进行合理归类，分出轻重缓急，根据工作与教育教学的相关性进行正确的取舍，有效调节时间，从统筹工作的角度解放自己。教师的专业成长是自我的成长，主体是教师，没有任何其他人能代替教师本人，所以教师要在自我成长的意愿下积极寻找专业成长的途径，将生命的价值充分体现在工作中和生活中。教师要将更多的时间和精力投入到提升个人核心素养及应对21世纪挑战的能力上，研究学生特点，钻研教材教法，巧用情感和智慧，变"量性敬业"为"质性敬业"，统筹时间，有效安排各项工作，用智慧提高教育教学质量。教师要加强本体认识，形成个人生命哲学，珍爱自我生命，自主选择生活状态，追求至上境界，为自我生命成长勇敢承担责任，获得发展自我的动力支撑，让生命重新绽放出夺目的光彩。

第二节 专业发展意识

从历史发展的总趋势来看，教师专业发展经历了由被忽视到逐渐被关注，由关注教师群体专业化到关注个体专业发展，由关注专业发展的"外部"环境和社会对专业地位的认可转到关注教师"内部"专业素质提高，由关注教师个体被动专业化到个体主动专业化的过程。[①] 教师专业发展是一个主动发展、自主建构、不断更新的动态过程。在这一过程中，众多的内因与外因起着不同的作用。其中，教师的专业发展意识与教师的专业发展培养密切相关，是对教师个体的成长起着重要制约作用的关键影响因素。

一、教师专业发展意识的内涵

最了解一个人的还是他自己。自我意识对人的发展起着重要作用，"因为，它意味着人不仅能把握自己与外部世界的关系，而且具有把自身的发展

---

① 叶澜. 教师角色与教师发展新探[M]. 北京：教育科学出版社，2001：203.

当作自己认识的对象和自觉实践的对象，人能构建自己的内部世界。只有达到了这一水平，人才在完全意义上成为自己发展的主体"，"独立的自我意识和自我控制能力的形成，它把个体对自身发展的影响提高到自觉地水平"。[①]

教师专业发展意识是指教师全面积极地了解自身专业发展的现状，根据教育发展和自身专业发展的客观需求，形成的对未来专业发展目标、思路、方法的自觉而明晰的认识。教师的专业发展意识是保证教师胜任工作岗位和促进专业发展的内在动力。教师的专业发展意识是教师对自己存在的教育世界、对自己与周围事物关系的全面而清晰的认识，强调教师在教育情境中、在教育工作中所表现出来的对自己及自己与学生、同事、领导、学生家长之间关系的认识与评价、情感体验和自我调控等特点。[②] 教师的理想、信念、价值观，对自己从业的幸福感、职业的认同度、人际交往关系、工资满意度、社会价值感，以及对从教的专业知识储备、教育教学技能水平的认识都会直接影响到教师对专业发展的追求。

二、教师专业发展意识的表现形式

教师对自身所处的教育环境有特殊的情感体验，伴随自己的情感体验将会产生自我内心的一种情感冲动与选择倾向。教师的自我体验将通过其行为具体表现出来。人的内心体验有积极的，也有消极的。因此，教师的专业发展意识也有两种状态：一种是积极的，如教师体验到"我很满意我目前的工作"，将对行为产生一种积极的影响，对专业发展起到的效果也会不同。积极的自我意识将支持教师正确地认识自我，以一种虚心和负责的态度审视自己的专业成长，对教育现实中要达到的专业发展水平有比较正确、积极的认识，有充分的心理准备。在专业发展的道路上，他们善于总结经验教训，善于进行积极的调节，保持谦虚谨慎、不骄不躁、乐观自信的心境，主动地改变旧我，努力寻找机会促进自己的专业成长，使自己的专业发展水平不断提高，使自己逐步成为经验丰富的"教育专家"。另一种是消极的，若教师对自己的工作满意度评价较低，将会认为自己的工作价值存在感不强，不能积极应对工作带来的新挑战，也不能客观地认识到自己工作中存在的不足，工作状态消极，职业倦怠程度较高，做什么事情都会较为被动，被动地接受工作带来的挑战，被动地接受组织安排的学习，对现实中的自我不满意，对自我的能力和水平产生怀疑，产生否定自我、压抑自我、拒绝接纳自我的消极

---

① 叶澜. 教师角色与教师发展新探 [M]. 北京：教育科学出版社，2001：240.
② 周萍. 谈教师的自我意识与教师的专业发展 [J]. 教育与职业，2005（30）：54 - 55.

心理倾向，降低自我要求水平，导致对自身发展潜力的怀疑，也将严重制约自己对事业的憧憬和专业发展的追求，更加不愿主动追求专业的提升。

在促进教师专业发展的过程中，在社会为教师专业发展创设良好的外部环境的基础上，教师自身的从业态度和专业发展意识起着非常重要的作用。不同状态的专业发展意识将会起到不同的作用，积极的专业发展意识对教师的专业成长起着很大的推动力，而消极的专业发展意识将会成为专业成长的阻碍。教师在工作中，要充分认识到积极的专业发展意识的积极作用，尽量克服消极的专业发展意识倾向，通过自我控制、自我调节，努力形成积极的专业发展意识。

三、积极的专业发展意识对教师成长的促进作用

专业发展自主是专业人员必备的专业素质。教师专业发展涉及教师个人如何主动地在日常的教学生活中具有自我专业发展的意识和需要，积极的专业发展意识能促使教师不断自觉地发掘专业发展的机会和条件，获得自我专业发展，成为专业发展的主人。

（一）充分发挥教师在专业发展中的主观能动作用

教师专业发展是教师自身的发展。具有积极自我专业发展意识的教师充分认识到自己生命成长的重要性，只有促进自身生命的成长，才能承担起引领学生生命成长的责任。他们能充分发掘教育生活中的一切有利因素，深入解读周围环境的教育意义，不断充实自我生命。只有具备专业发展意识的教师，才能在完全意义上成为自身专业发展的主体，把自我对自身专业发展的影响提高到自觉的水平，实现"理智地复现自己、筹划未来的自我、控制今日的行为"，使得"已有的发展水平影响今后的发展方向和程度"，使得"未来发展目标支配今日的行为"，使自己成为一个"自我引导学习者"（self-directed learner）。① 自主的教师专业发展意味着教师对自己的专业发展负责，教师不仅是专业发展的对象，更是教师专业发展的主人，根据自己的理想和愿望，自主建构理想的自我专业发展状态。

（二）形成专业发展的强大推动力

教师本人的专业发展意识是其专业发展的内因和动力源。教师专业发展仅靠外力推动是不够的，只有触发内在的动力，唤醒教师的自我意识，其专业发展提升的效果才更加明显。内在动力与外力的方向性引导和制度调控相

---

① 张立昌. 自我反思实践是教师成长的重要途径 [J]. 教育实践与研究，2001（7）：2-5.

结合，将取得相得益彰的效果。专业发展意识强的教师，自我控制能力较强，能够客观地分析自身专业发展存在的不足，有效抵制外界的消极因素，利用积极因素，根据自己的实际需求，制定清晰的专业发展目标，选择适合的学习内容，有意识地寻求与捕捉各种专业发展机会，积极主动地参加各种培训和教育教学研讨活动，通过主观努力积极稳妥地按照自己选择的专业发展方向迈进。

（三）使专业发展成为一种自觉的过程

教师在专业发展自我意识的支配下，能够形成良好的专业发展习惯，经过一段时间的积累和沉淀，发展自我的能力不断提升，能够根据自己的工作变化及发展主动调整专业发展方向和目标，促进自身不断提升，真正达到一种自觉的理想状态，形成螺旋上升的动态发展过程。专业发展意识强的教师能够保持开放的心态，敢于正视自己在教育教学及专业发展过程中面临的困难和问题，随时准备接受新的先进教育观念，积极应对教育环境变化及课程改革带来的新的挑战，产生强烈的专业发展动机，充分利用一切有用的专业发展资源，拓宽自己的专业视野，更新专业知识，提升专业技能。"正是教师的自我专业发展意识所扮演的对教师自身专业发展路线的调节、监控角色，才使教师专业发展构成一个动态发展的循环，促使它朝着积极的方向不断发展。"[①]

四、积极的专业发展意识的形成

现代教育理念强调"育人为本"。教师承担着教书育人、培养学生核心素养的重大历史使命。教师同时也是生命发展的个体，为了完成历史赋予的光荣使命，需要不断地学习和成长，关注自身的专业成长，遵循个人主观能动发展规律，自主参与、筹划自身发展，自主建构自身生命可能性，成为自我发展的主人。教师通过自主教育，唤起追求自身发展的内在需要和动机，主动向教育现实世界敞开，发现自身优势并自我肯定，形成明确而积极的专业发展意识，进入一种发展自我的"沉浸"意境，在教学实践中不断总结、提升，主动建构"超我"，实现自我生命存在的意义，最终达成自身专业的有效成长。

（一）敞开——形成自我发展意识

教师在教育现实世界中，被一些事务所"扰"，特别是挥之不去的升学、考试的压力，再加上一些行政干预，变得因循守旧，惧怕创新。尽管有时他

---

① 叶澜. 教师角色与教师发展新探 [M]. 北京：教育科学出版社，2001：240.

们也会做出一些改变，却不是自愿的，在工作中经常自我掩盖问题真相，逃避教育中存在的现实问题及困惑。教育现实世界是教师成长的摇篮，教师要经受实践的磨炼而逐渐成熟，积累丰富的教学经验，完善自身性格。"教师不能在集中培训时被灌输各自分离的知识、技能和价值观。教师的学习与他们的日常工作无法分开，他们平时的问题解决过程就是专业学习的一部分。"[1] 教育现实世界环境多变，不断为教师设疑，提供专业发展的机遇，促使他们自觉地学习。机遇摆在面前，教师不能无动于衷。课前备课，教师需要广泛了解未知知识；课堂授课，教师需要不断调动经验对课堂进行有效调控；课后指导，教师仍需要积极学习才能跟上学生的思维进程与知识视野。教师缺乏学习及有效提升将会令自己有一种内在紧迫感，力不从心。

教师自我发展的可能性受到社会、文化、环境等多种外部力量和自我塑造的内部力量的双重影响。这两种力量以或同或异、或矛盾或统一的动态方式作用于不同个体，使个体呈现出多种发展可能性。在多种可能性之中，教师需要通过自身的努力，才能实现一种自己较为理想的可能性。自主的教师继续教育，能够满足教师自我提升的渴望，激发教师强烈的求知欲，使教师积极地体验美好的生活，完全投入教育现实世界，了解教育教学现状，深入认识教学实践，思维经常处于反思状态。"反思是思维存在的高级形态，是自我构建的一种工具和范式。"[2] 知识的获得是一个不断领悟、反思的过程。"真正意义上的教师专业发展不是基于行为主义基础之上的教师能力本位的发展，而是基于认知情境理论的'实践智慧'的发展。"[3] 变动不居、充满诸多不确定性的教育现实世界，迫使教师进行教学反思，面向教学现实，向问题"困境"挑战，并不断寻求解决问题的办法，通过反思、灵感、顿悟不断获得新的实践智慧，促进自我提升，改变以往草率应付学习的态度，将自我从封闭中解放出来，从传统的经验思维中解放出来，获得自我重生。

（二）肯定——寻找自我发展空间

自主教育完全是出于教师的自愿，是教师实实在在的"我要发展"的内在诉求，它让教师重新审视自我，并为承担自身发展责任而付诸行动。被动学习的教师体会的是完成别人交付的任务，而自主教育使教师认识到接受再教育是自我发展必需的，产生自我提升的冲动，开始自觉树立目标及人生定

---

[1] 陈向明. 优秀教师在教学中的思维和行动特征探究[J]. 教育研究, 2014 (5).

[2] 王嘉毅, 程岭. 哈贝马斯交往理论对促进教师职业发展的启示[J]. 教育理论和实践, 2014 (13).

[3] 钟启泉. "教师专业化"的误区及其批判[J]. 教育发展研究, 2003 (4).

位,设定学习目标,决定学习内容、学习方式、学习进度,选择学习资源,并且自己为学习结果负责。"思想者十分注重与自己对话,给自己的人生定位,找到一个立足点,确证自己的存在,修己成人,负起自己生而为人的责任。思想者总是要寻根究底,思考着:我从哪里来?进而想象着:我到哪里去?他要冲破日常生活、周而复始的世界,而到一切可能的世界去遨游。"①

教师为自己树立目标,反观自身,发现自身的优点,给予自我肯定,形成自我发展意识和需求,这才是教师发展的真正动力。只要能够进行积极的自我肯定,发现长处并长久坚持,即可取得长足进步。魏书生说:"学习的目的是为了发展而不是抑制自己的长处。一个人有很多长处当然好。长处不多,只有一点儿,只要努力发展,同样能取得突出成绩。"② 教师不是将自我的成长目标预设为"名师"才有动力,所谓的"名师"是外加的,况且"名师之所以是名师,就在于他们展示了自己的特长,在发挥自己的特长中,形成了自己的个性化教育"③。通过自主教育,教师充分肯定自我,明白自己在做什么,能够做什么,将"自我"设定为目标,不与别人比,要与自己比,今天的"我"与昨天的"我"比,发现进步,体察不足,肯定成绩,及时补充不足,让自己不断有成就感。"嗯,今天能够做到这样,还是不错的,明天继续努力!"久而久之,形成自我进取意识,并付诸实际行动,充分体会到发展自我的幸福。"标志教师专业成长的首先不是骨干教师、把关教师、中高考命题成员等身份,不是优秀教师和优秀班主任等荣誉称号,也不是……而是教师对教育教学认识的提高与深化,是教师对教育情境的洞察,是教师专业生活的责任感和幸福感。"④

（三）沉浸——进入自我发展意境

沉浸理论是美国心理学家米哈里·希斯赞特米哈伊首次提出的,用来解释人们进行某些日常活动时为何会完全投入情境当中,集中注意力,并且过滤掉所有不相关的知觉。沉浸描述的是主体忘我的工作状态,不以牺牲自我为代价,主体通过完全投入情境进行自我肯定、促使主体产生积极的行为。自主教育由教师自主支配,能够促使教师进入"沉浸"意境,根据自己所需及兴趣自主选择学习内容,自己安排时间和地点,实现获取知识或技能的连

---

① 柳夕浪. 从"素质"到"核心素养":关于"培养什么样的人"的进一步追问 [J]. 教育科学研究,2014 (3).
② 魏书生. 班主任工作漫谈:献给年轻班主任 [M]. 桂林:漓江出版社,1993:37.
③ 李润洲. 定义自己的教育:教师专业成长的原点诉求 [J]. 教育科学研究,2014 (3).
④ 邓友超. 教师实践智慧及其养成 [M]. 北京:教育科学出版社,2007:5.

贯性，产生积极的情绪、情感，达到一种愉悦极限，减少人力、物力与时间的浪费，有效促进专业提升。"只有情感才是真正属于个体的，它是内在的、独特的，是人类真实意向的表达。"① 教师通过积极的情感，忘我地投入自主教育，充分协调教学中现实和所需的关系，充分理解教学情境，不断地向实践设问，通过及时的学习自我解决问题，自觉提升教学技能和知识。实践是检验真理的唯一标准，这种自我意识主导的学习提升将超过任何专家的引领。但是，有一点也是不能忽略的，教师是生活在纷繁复杂的世界中的普通人，性格有别、气质相异，与他们的教育对象学生一样，发展水平和动力也是有差异的，我们应该辩证地看待教师参加继续教育的水平。根据"公平"价值理论，教育学生允许"后进生"存在，同样，对教师实施继续教育也应该允许少数"后进师"存在，允许那种无论怎样都无法被唤醒的教师存在。尽管教师有发展自我的内需，但他们是社会人，处于复杂多变的社会现实中，针对一些负面信息和诱惑，某些时候需借助意志来克服，方可达到教学沉浸状态。获得知识的过程本身是痛苦的，毕竟不是任何学习内容都具有很强的吸引力。如何激发教师将学习作为一种自觉行为，并依靠个体意志来坚持，是教师继续教育研究的新课题。"沉浸"于自我教育是教师坚强意志和毅力的具体表现，更是主体寻求教师专业发展的积极外显表现，因为它能够加速个体与教育现实世界的有效融合。

（四）超越——实现自我发展价值

存在主义的创造人海德格尔说：超越就是最本质的存在，超越表示主体的本质，表示主观性的基本结构。② 教师作为一种本体存在，在踏上教学工作岗位之后，将不会甘于维持已有的现状，总是希望自己变得更好，尤其希望不断超越，寻求超我的实现，开展自觉自律的行动。魏书生谈及教育，"一直建议把教书放在第三位，把育人放在第二位，把自强放在第一位"③。教师在教学实践中，根据教学所需意识到自己的不足，根据情境不断产生"焦虑"或不平衡状态。适度的焦虑情绪促使教师产生学习需要，构成教师不断学习的源泉和动力。正是由于处在焦虑状态中，教师要不断超越自我。为了寻求超越的能力，教师在教学中不断提升自己的教学实践智慧，塑造自己的形象，通过自我认识不断调控和改造自我，实现上位的自我教育。自主教育最终帮助教师完成超我的实现，根据自身实际，不断地自主建构，进行重组，形成新的自我。"教师学习及专业发展成功与否首先取决于他自己。

---

① 朱小曼，梅仲荪. 儿童情感发展与教育 [M]. 南京：江苏教育出版社，1998：6.
② 杜吉泽. 萨特：人的能动性思想析评 [M]. 东营：石油大学出版社，1993：87.
③ 魏书生. 自强不息 [J]. 人民教育，2006（1）.

但是，关节点在于教师如何理解本己的责任，并赋予其作为此在的基本状态。由此引出的关键所在是，教师个人对其生活负责的持续状况的形成。"① 人最大的敌人是自己，将自己的工作疏通了，就不存在什么困难了。自主教育过程，是一个长期循序渐进的自我体验过程。教师通过自觉的积极建构，不断实践、不断反思、不断改进、不断完善，保持职前教育与职后教育的连贯性，使自己成为一个自觉教育者，激励自我不断成长与成熟。

第三节 教师培训

1999年9月13日，教育部颁布了《中小学教师继续教育规定》，明确提出"参加继续教育是中小学教师的权利和义务"，"中小学教师继续教育原则上每五年为一个培训周期"。这标志着我国的教师在职培训走上了法制化的道路。教师的在职培训能够有效提高教师职业道德、更新教师专业知识、提升教师教育教学技能，是教师专业发展的最有效途径，因此也是教师专业发展的重要影响因素之一。

一、教师培训对教师专业发展的作用

教师培训被认为是促进教师专业发展的最有效的外部因素和实施途径，对教师的专业发展起着重要的促进作用。

（一）教师培训帮助教师树立崇高的职业道德和强烈的责任意识

无论在教师队伍建设还是在教师专业发展中，教师的师德都是首要关注的问题。教师是一种特殊的职业，肩负着呵护学生心灵的责任，因此，教师需要具有追求职业理想的信念，有强烈的责任意识，并且凭借坚定信念和高尚师德践行职业理想。教师的责任意识表现为对学生生命的呵护，引导学生最大限度地释放生命潜能。对责任的承担需要一种对被动性的承认，以及建立在承认基础上的自由主动的担负，恰恰是在对学生的付出之中，教师获得了一种教育的尊严。② 正是由于对责任意识的主动承担，教师才会树立坚定的职业信念和高尚的师德，用积极的职业态度获得超越生命的发展动力，激励自己行走在专业成长的道路上。对学生的责任意识是成为合格教师的前

---

① 朱晓宏. 重新理解教师的境域与习惯：基于生活世界现象学的理论视域[J]. 教育研究，2014（5）.
② 帕尔默. 教学勇气：漫步教师心灵[M]. 吴国珍，译. 上海：华东师范大学出版社，2005：85-86.

提，它包含着对教育事业的认同、信念与热忱，包含着对教育终极价值的理性认识与积极的肯定。① 根据中小学教师专业标准，教师培训将教师的专业信念和职业道德作为首要内容，设置为必修课程，从教师对职业的理解与认识、对学生的态度与行为及对教育教学的态度与行为三个方面引导教师，帮助教师正确地认识自己从教的职业，热爱自己的职业，了解并尊重学生身心发展的客观规律，为每一个学生提供适合的教育，形成崇高的职业理想和责任意识。教师的职业理想和责任意识成为生命中寻找自我价值的内源性动力，使教师树立崇高的职业信念，形成积极的职业态度和价值观念。

（二）教师培训为教师提供广博的专业知识储备

教师在参加工作岗位以后，主要通过自学的形式学习。但自我学习有一定的局限性，教师是实践性较强的职业，教师在实践中形成的宝贵的教育教学智慧，尤其是集体积累的教育教学实践智慧具有更广泛的传递价值。教师培训为扩大教师的知识视野、提供更为丰富的专业知识创造了条件。教师培训为教师提供丰富的学科内容和渊博的专业知识，不但包括教师自己了解到的学科知识，还包括教师没有机会或未曾了解和涉及的专业知识、学生身心发展及健康干预方面的相关知识，使教师能更好地理解学生的愿望、兴趣和能力，根据学生身心发展特点，帮助学生完成学习目标。教师培训为教师提供先进的学科教学知识。学科教学知识往往是教师较容易忽视的，教师认为自己拥有了精深的学科知识，就足以教好学生了，殊不知教师职业是专业性较强的职业，需要有先进的学科教学知识作支撑，需要教师掌握先进的教学方法、技能及现代教育技术知识，迎接技术更新及社会发展带来的挑战，综合运用自身积累的广博知识引导学生保持科学探究兴趣。教师培训能够集中集体智慧，为教师传递丰富的知识，集中时间为教师建立专业知识体系，帮助教师储备较精深的教育基本理论知识、教育科研专门知识和其他跨学科理论知识，如教育学、心理学、教育统计学、教育测量学、教育评价学、元认知等方面的知识，帮助教师收集、整理各种宝贵资料、信息，配合教师创造性地开展教育教学工作，有效促进自我专业提升和教育教学质量提升。

（三）教师培训帮助教师提升应对复杂情境的教学智慧和专业技能

教师的职责最终要落实到教育教学实践中，体现为在具体情境中，怎样将教育教学目标与方法、规范与艺术、现实与理想合理地统一起来。在复杂的社会背景中，教师需要冷静地思考政治、经济等的改革发展对教育教学产生的影响，将自己置于对话所展示的生活场景之中，根据学生的成长规律、

---

① 张桂. 卓越教师培养的目标取向与价值内涵［M］. 教师教育学报，2015（3）.

教育教学规律和经济社会发展规律去领悟教书育人和教育教学问题。教师应对复杂教学情境时需要具有较强的应激能力，受特定情境激发，调动积累的智慧资源，与具体情境建立互动关系，对资源进行重组，妥善解决问题。教师的教学实践智慧是可以传递的，教师培训是比较合适而理想的途径。教师培训通过提供一些鲜活的教育教学实践案例，使教师在认真学习、观察与领悟的基础上培养问题意识，根据具体的教育教学情境，观察及领悟授课者对课堂教学问题的发现及处理技巧，结合自己在教学中碰到的问题深入思考，结合授课者提供的经验智慧积极主动地分析自己在教学中遇到的特殊问题，寻找问题症结所在，找到解决问题的路径和方法。教师在日常教育教学中，将教学实践智慧贯穿于教育教学全过程，不断研究教育教学的成败得失，总结经验教训，通过实践—反思—改进—理论提升—指导实践的不断循环，结合自己的教育教学实践，有效提升教育教学实践智慧和教育教学质量，促进教书育人目标更好地实现。

二、教师对教师培训的期待

在现实中，教师有追求专业成长的愿望，也珍惜教师培训提供的平台和机会，但不是所有形式的教师培训都能得到教师的认可。教师对教师培训有一定的愿望和需求，只有在某些方面满足了，才能更加有效地促进教师的专业发展。一线教师对教师培训的以下几个方面怀有期待。

（一）教师对培训组织形式的期待

目前大型的教师培训的主要形式是专家理论讲座及教学研讨交流，但这些形式是否受教师欢迎，还需要教师自己来回答。在参与调研的教师群体中，有83%的教师选择"观摩名师课堂教学"，67%的教师选择"案例分析"，约一半的教师选择"实践指导"，也有41%的教师选择参与"研讨交流"，而选择"理论讲授""说课评课"的教师较少，尤其是"理论讲授"是最不受教师欢迎的，只有22%的教师选择（如图2-9所示）。而当前教师培训中，因组织上的便利，理论讲授则成为重要的组成部分。经卡方检验，$x^2 = 1119.312$，$p < 0.01$，说明各选项之间在人数频次上存在显著差异。教师普遍认为"观摩名师课堂教学""案例分析""实践指导"和"研讨交流"是比较有效的学习方式，这种期待给教师培训提供了具体的参照。在组织教师培训时，应尽量提供一些与教师教育教学实践密切结合的名师教学展示、案例分析、具体实践指导和教学研讨交流等形式的培训，少组织理论讲授。但是，这里有必要提到的是，并不是教师不选择理论讲授，就不需要理论讲授了。如图2-10所示，从逾3成教师认为"专家讲座"也是有效促进

专业成长的方式之一可知，教师培训还是需要精心安排培训内容，通过灵活多变的形式为教师传递经典的教育教学理论。

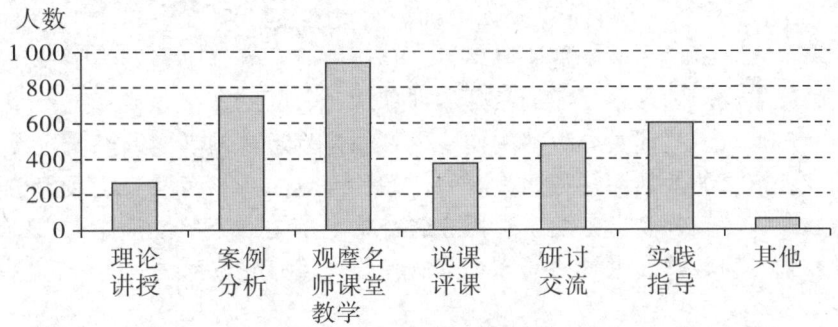

图 2-9　教师希望的培训组织形式

更加具体一点，在调研何种活动形式最能促进专业成长时，教师的选择具有明显的倾向性，有74%的教师选择"上课、听课、评课"，64%的教师选择"专题教学研讨"（如图2-10所示）。这两种形式远远超过别的任何形式，成为多数教师心目中认为最能促进专业成长的途径。经卡方检验，$x^2=476.082$，$p<0.01$，说明各选项之间在人数频次存在显著差异。结合以上的培训模式期待，再根据教师需求，多开展"上课、听课、评课"和"专题教学研讨"之类的培训活动。

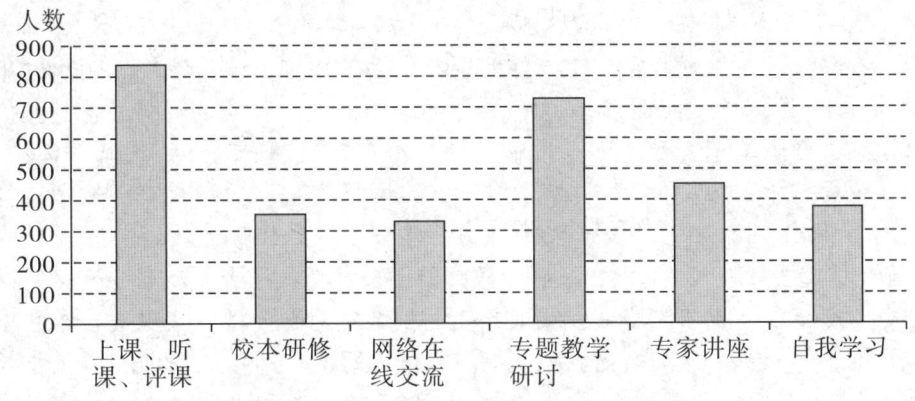

图 2-10　何种活动形式最能促进专业成长

（二）教师对培训指导教师的期待

教师培训选择什么样的教师做培训教师，一线教师对此有自己的期待。在参与调研的一线教师群体中，对于希望哪些人员担任培训指导教师，56.53%的教师选择区内经验丰富的名师、名校长及学科带头人，19.14%的教师选择"知名教育专家",15.7%的教师选择"经验丰富的同事"。选择"高校教授"和"教育行政部门领导"的分别只占6.97%和1.68%（如图2-11所示）。然而，目前的教师培训项目大多委托高校来具体执行，尤其是国家级和省级培训的高端研修项目，具体由高校实施，指导教师显然多由高校教师组成。因此，目前的教师培训现状与教师的期待存在一定差距。事实上，教师对于培训指导教师的期待更多的是从教育教学实践经验出发。基层的经验丰富的教师深受欢迎，因为他们的经验更具参考性和实践价值。教师培训应该从教师需求出发，选择一线经验丰富的专家型教师作为教师培训指导教师，为教师提供鲜活的成长范例，传递经典的教育教学实践智慧。

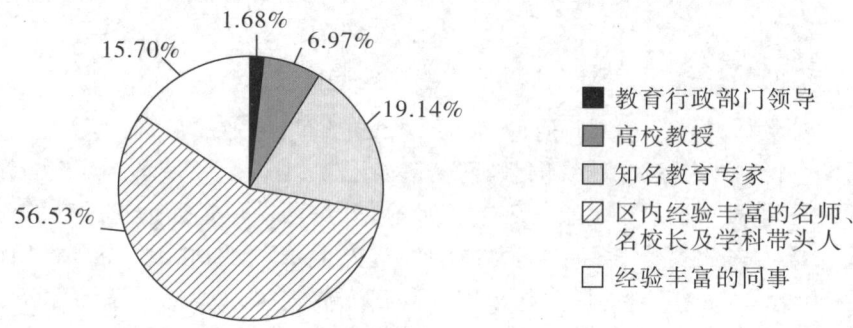

图2-11　教师希望哪些人员担任培训指导教师

（三）教师对培训方式的期待

在现实中，教师经常纠结于如何选择合适的培训方式：参加远距离的集中面授培训没有时间、距离又远；参加网络培训，内容缺乏吸引力。究竟何种形式的教师培训方式才更为教师所期待？在参与调研的一线教师群体中，有54.16%的教师选择"各种培训结合，以网络为主"，18.05%的教师选择"面授培训"，15.43%的教师选择"网络培训"，12.36%的教师选择"校本研修"（如图2-12所示）。显然，教师希望多种方式结合，既有面授又有网络，既有集中又有个体培训。线上和线下相结合的混合型方式更适合中小学教师的工作需要。以网络培训为主的方式可以解决教师参加培训的"工学矛盾"，尤其是山区及边远地区的教师，他们经常参加远距离的集中培训一定存在较大困难。然而，即使在培训方式上迎合了教师需求，也不一定能够为教师提供满意的培训。教师培训让教师满意的关键是培训的内容。因此，教师培训应在采用"各种培训结合，以网络为主"方式的前提下，精心设计培训内容，为教师传递高水平的教育教学理论及实践智慧。

而关于喜欢何种类型的业务学习，选择参加"教学观摩及研讨"的教师人数最多，占74%；选择"带薪进修"的教师次之，占67%；选择"参加

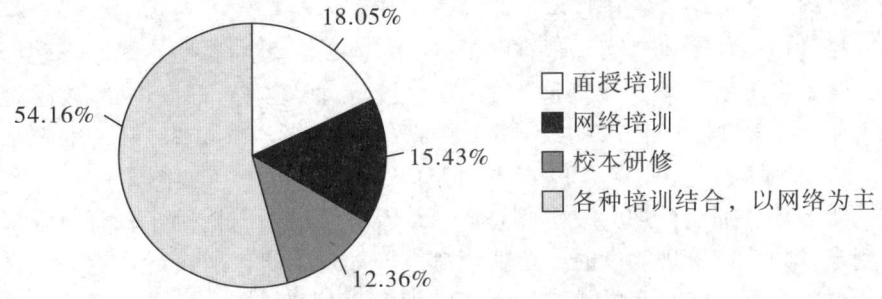

图 2-12 教师希望的教师培训方式

培训"的居于第三位,占47%;选择"校本研修"的则占第四位(如图2-13所示)。选择参加"学历提高""自我学习"的教师人数较少。经卡方检验,$x^2=454.562$,$p<0.01$,说明各选项之间在人数频次上存在显著差异。根据教师的主观选择,可以清楚地了解到一线教师更喜欢"教学观摩及研讨""带薪进修""参加培训"和"校本研修"。因此,组织具体的培训时,应当结合教师的意愿,选择教师喜欢的学习方式。目前教师培训较多采用的类型是"教学观摩及研讨""参加培训"和"校本研修",而教师工作通常是"一个萝卜一个坑",因此参加"带薪进修"较为困难。在未来的教师培训中,可以根据教师的教龄,给工作5~10年的教师安排三个月的"带薪进修",教师自主选择学习的高校和专业,从各综合院校及师范院校选择优秀师范生顶岗置换,辅助教师完成"带薪进修"。

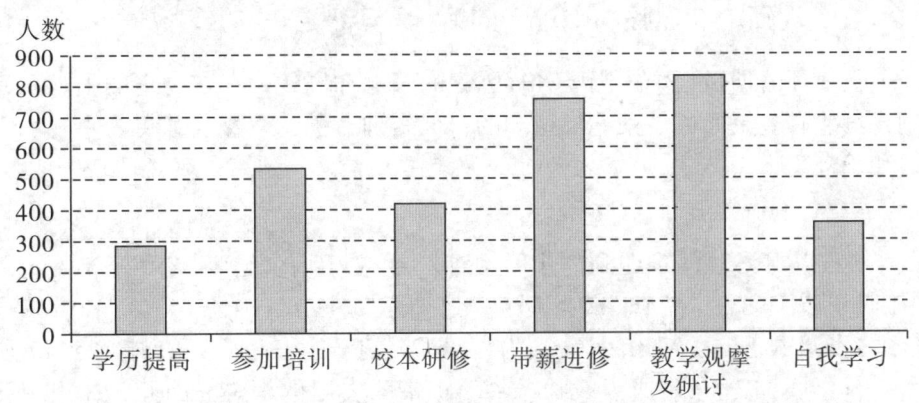

图 2-13 教师喜欢何种类型的业务学习

(四)教师对校本研修所占比重的期待

学校是教师教育教学实践的主阵地,也是教师专业发展最好的场所。教育界也常呼吁转移教师培训的主阵地,将重心下移至学校。在每年72学时的继续教育任务中，关于校本研修应占的比例没有一致的要求，在一定程度上安排的比例较少。其实，根据教师的工作性质，教师更期望能够不耽误教学，足不出户就能够得到高质量的学习机会。现实中，32.95%的教师希望校本研修安排24学时，27.40%的教师选择安排36学时，25.46%的教师选择安排12学时，只有14.19%的教师选择12学时以下（如图2-14所示）。这说明多数教师期待加大校本研修在继续教育学时中的比例。教育行政部门在制定教师培训管理制度时，可适当考虑增加校本研修所占的比例，综合教师的群体意见，将每年的校本培训调整为占72学时的24学时，这样既方便学校组织，又易于形成常态化机制。

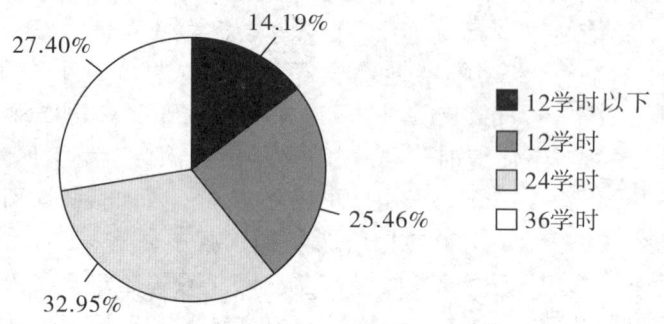

图2-14　教师期待的校本研修学时

三、教师培训面临的困难和问题

在教师培训过程中，因受各种因素的影响和制约，存在一定的困难和问题，虽然有些是通过观察能够感知的，但培训对象的直接反馈更为直观、具体和符合实际。

（一）教师参加培训遇到的困难

关于教师参加培训遇到的主要困难，参与调研的教师中有55.26%认为"工学矛盾突出"，有13.42%认为"培训学时难以完成"，有10.18%认为"学习资源匮乏"，有10.09%认为"升学、考试压力大"（如图2-15所示）。可见，工学矛盾成为教师参加培训最为突出的困难。因此，在组织教师培训的过程中，应合理安排时间，可以每年集中安排教师参与培训，建立"每周教师继续教育日+暑期教师继续教育周+其他学术活动"的教师继续教育新体系，通过制度的形式，在不过多占用教师节假日的基础上帮助教师集中完成教师培训任务，避免与教学工作相冲突，有效解决工学矛盾。

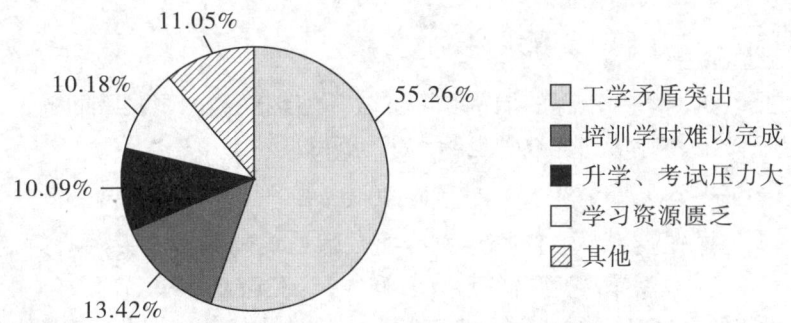

图 2-15　教师参加培训遇到的困难

（二）教师认为培训中存在的问题

教师对目前实施的教师培训并非非常满意，他们认为培训存在一些具体问题，与他们的期待也有一定的距离。在对"目前教师培训存在的问题"的回答中，68%的教师认为"课程设置针对性不强"，52%的教师认为"培训时间安排不合理"，49%的教师认为"授课教师与参训教师缺少互动"（如图 2-16 所示）。"课程设置针对性不强""培训时间安排不合理"和"授课教师与参训教师缺少互动"成为教师认为的教师培训存在的主要问题，而"缺乏评估考核""授课教师水平有限"和"培训项目不完善"只是少部分教师的选择，证明这些问题并不是主要问题。经卡方检验，$x^2 = 458.665$，$p < 0.01$，说明各选项之间在人数频次上存在显著差异。根据教师的主观反映，设置培训项目时要精心设计课程内容，合理安排培训时间，强调授课教师与参训教师的有效互动，增强教师培训的有效性和针对性。

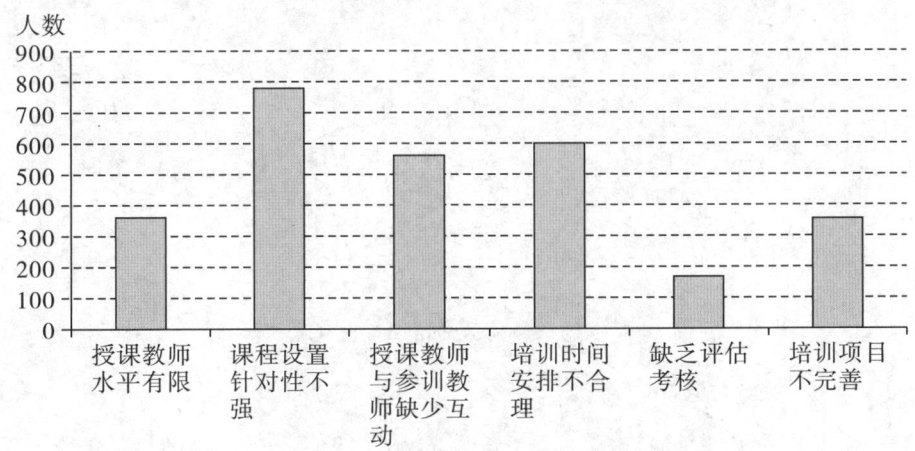

图 2-16　目前教师培训存在的问题

四、教师培训的合理走向

根据教师对教师培训的期待和参加教师培训面临的困难及问题，对于怎样设计有效的教师培训，教师也给出了他们的建议。

（一）有效解决当前教师培训存在问题的策略

对于怎样在政策要求教师必须参加教师培训的基础上设置有效的培训，从而让一线教师接受，教师们有自己的呼声。在调研解决当前教师培训存在问题的策略时，68%的教师认为应该"根据教师需求培训"，61%的教师认为还需要"提高针对性和实效性"，55%的教师认为要"科学安排培训课程"，也有55%的教师认为"培训者深入基层，对教学实践进行切实指导"，还有44%的教师认为培训要"理论联系实际"（如图2-17所示）。而"严格培训管理"只是少数教师的选择。经卡方检验，$x^2 = 290.495$，$p < 0.01$，说明各选项之间在人数频次上存在显著差异。根据教师的建议，教师培训在未来的走向中要充分调研教师的专业发展需求，根据教师的实际需求组织培训，精心设计、科学设置培训课程，并且遵循理论联系实际的原则，让培训者深入基层对教师的教学实践进行切实指导，有效提升教师培训的针对性和实效性。

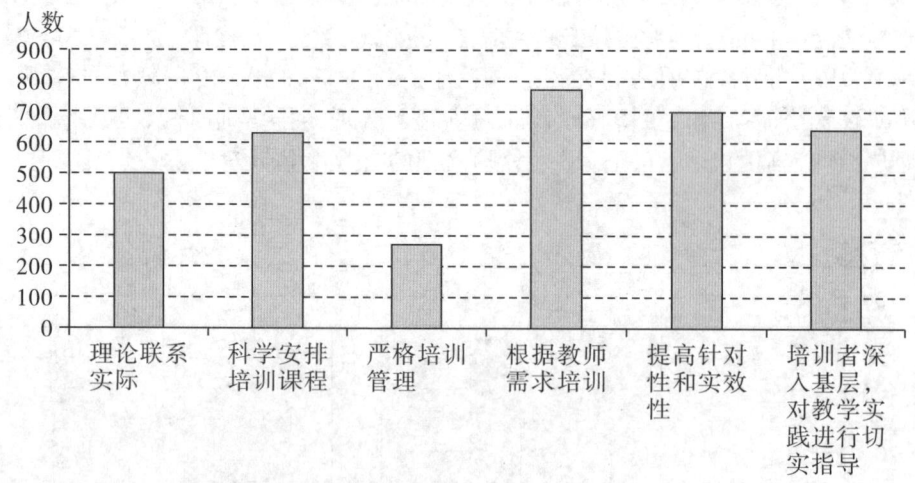

图2-17 解决当前教师培训存在问题的策略

（二）科学开展教师培训评价

什么样的培训是有效的，某次培训的效果如何，都需要用科学的评价手段进行检测。教师培训结束后，应采用一些简单实用的评价方式，跟踪其培训效果。对于教师培训考核评价方式的回答，35.68%的教师选择"根据培训课程完成相应的作业",28.46% 的教师选择"填写满意度调查表",18.33%的教师选择"提交教学案例或现场说课",选择"提交论文或撰写培训心得"和"考试"的分别只占13.48%和4.05%(如图2-18所示)。教师培训考核评价方式的选择结果说明大多数教师更倾向于简单实用的考评方式。事实上,跟踪培训效果是一个非常困难的监控过程,利用这些简单易行的评价方式尽管也能够起到一定的参考作用,但也存在一定的局限性,只能反馈教师对评价本身的看法,而评价对教师的专业成长所产生的效果,则不能清晰反映出来。参加完培训后,教师的专业发展水平是否有所提升,需要对教师主体进行跟踪,也需要通过一些过程性的指标反馈出来。因此,如何更加科学有效地评价教师培训,或者精细地评价教师专业发展水平,是未来需要进一步探究的重点和需要克服的难点问题。

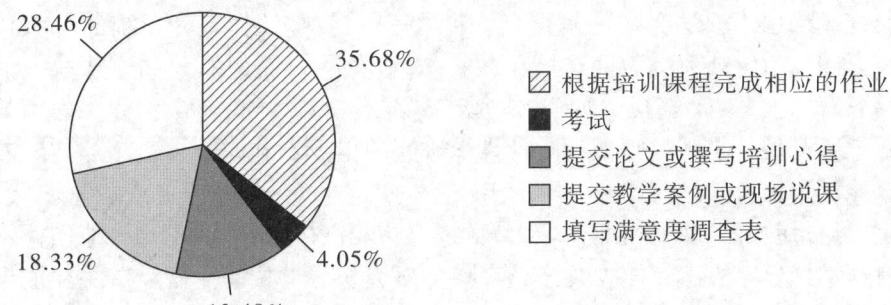

图 2-18 对教师培训进行考核评价的方式

第四节 教育科学研究与教师专业发展

教育科学研究与教师专业发展相辅相成。教育科学研究是运用多学科理论与方法,遵循一定的科学研究程序,对教育现象与事实的解释、预测和控制,进而揭示教育发展规律的一种认识活动。[①] 教学和科研是有机的统一体。一个优秀的教师应该同时是一个积极的教育科研工作者。正如布鲁贝克所言,"教师在教学和科研中只能兼顾一方面的两难说是虚设的"。[②]

---

① 李建辉. 教育科研与中小学教师专业发展:基于福建省三市(区、县)的调查 [J]. 教育研究,2015(7):150-158.
② 布鲁贝克. 高等教育哲学 [M]. 杭州:浙江教育出版社,1987:108.

一、教育科学研究的目标取向

积极参与教育科学研究是促进教师专业发展的最佳方法之一。研究的目标取向不是要教师发表多少篇文章、参与多少项课题研究，而是通过研究促进教师深入思考，学会对教育中出现的问题深入探究，寻找更好的解决问题的方法，通过思考感受工作的乐趣。苏联著名教育家苏霍姆林斯基曾经说过："如果你想让教师的劳动能够给教师带来一些乐趣，使天天上课不至于变成一种单调乏味的义务，你就应当引导每一位教师走上从事研究这条幸福的道路上来。"①

为了了解广大教师参与教育科学研究的目标取向，笔者对一线教师进行了深度调查。关于开展教育科学研究的兴趣点，60.82%的教师认为"如何将研究成果用于教学实践"是重点，14.29%的教师选择掌握系统的"教育研究方法"，10.96%的教师选择"教育叙事研究"，而选择"如何选题"的教师只有7.1%，而选择"如何撰写研究报告"的教师只有6.84%。教师的实际意愿反映，多数教师参与教育科学研究的出发点和归宿是希望从实践着眼，能够更加有效地将研究成果运用于教学实践，更好地服务于教学实践。但是，通过教师反映的情况也看出教师参与教育科学研究的不足，他们并不太重视掌握研究方法，较少关注教育科学研究报告的撰写。研究应关注成果对实践的指导和服务，这一目标性和方向性是完全正确的，但深入想来，怎样出高水平的研究成果、怎样梳理研究成果，这些也是至关重要的。因此，教师也应该关注教育科学研究的过程，关注教育科学研究的方法，并能够系统梳理教育教学实践研究成果。

教育科学研究能够帮助教师保持一种思维的习惯和科学的精神。"只有对研究持有一种正确的信念，才能完全投入到研究中去，而且在这个过程中，自我也得到提升"，"研究的目的不是为了获得外在的声誉与效用，而是为了在研究的过程中培养一种科学精神，而且希望教师在这种精神的影响下能够具备一种自在的权威"②。教育家第斯多惠说："思想懒惰的人往往靠别人为他自己去思考和研究问题，而一个思想活跃的人却终身都在孜孜不倦地独立思考，独立研究问题。"③ 教师参与教育教学的过程就是研究的过程，善于运用科学的方法对教学实践进行全面、深刻的剖析，主动寻找问题，勇于

---

① 苏霍姆林斯基. 给教师的建议 [M]. 修订版. 北京：教育科学出版社，1984：494.
② 杨克瑞，邢丽娜. 雅斯贝尔斯 [M]. 北京：北京师范大学出版社，2012：131.
③ 第斯多惠. 德国教师培养指南 [M]. 袁一安，译. 北京：人民教育出版社，2001：37-38.

发现问题，敢于思考和创新，深入分析问题根源以及其中的各种关系，时刻保持思考的状态，将主动思考变成工作和生活方式，坚持将教育教学实践与思考探究有效融合。

二、教师参与教育科学研究的现状分析

在教育现实中，教师在一定程度上都认识到参与教育科学研究的重要性，他们不是不乐意参与教育科学研究，而是在参与过程中存在一定的困难和问题。在调查一线教师的反馈中，只有4.68%的教师对教学科研缺乏正确的认识，认为"教学科研意义不大，是负担"。现实中教师缺乏内在研究动机和必要的教育科学研究意识，也受多种因素制约。关于开展教育科学研究的主要困难，有44.26%的教师认为是"教学任务重"，可见教学负担重是制约教师参与教育科学研究的重要影响因素；同时，有31.10%的教师认为是"缺乏科研素质和能力"，有15.02%的教师认为是"缺乏资金和可供参考的资料"，还有4.95%的教师认为是"学校不够重视"（如图2-19所示）。

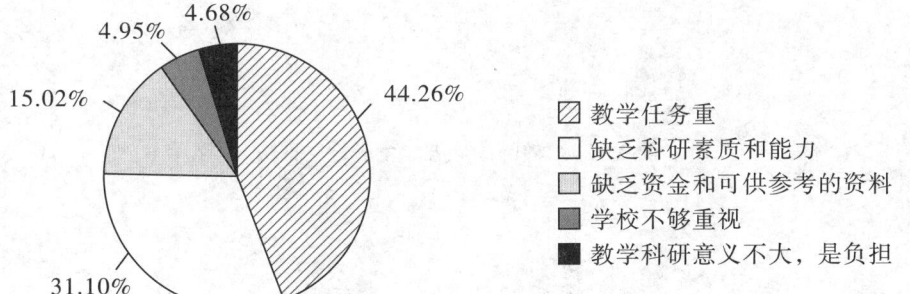

图2-19 教师开展教育科学研究时遇到的主要困难

教师参与教育科学研究，将对教育教学实践的思考通过发表论文和参与课题研究的形式再现出来是比较好的方式。然而，教师教学任务重，自身科研素养不高，在学校不能提供研究资金和参考资料的情况下，参与教育科学研究的实际状况一定不会令人乐观。在参与调研的教师群体中，有63.29%的教师最近五年没有发表过论文，31.29%的教师只发表过1~3篇论文，发表4篇以上论文的教师只占5.42%（如图2-20所示）。当然，教师发表论文较少，也受中小学教师考评体系的制约。中小学教师考评主要聚焦于教育教学实践，对于科研普遍重视不足，导致教师不愿意反思和创新性地开展教学活动。关于开展课题研究的情况，有53.29%的教师最近五年没有主持或参与校级及以上课题研究，27.87%的教师主持或参与1项，16.30%的教师

主持或参与 2~3 项,只有 2.54% 主持或参与的教师 3 项以上(如图 2-21 所示)。同样的群体中,63.29% 的教师最近五年没有发表过论文,53.29% 的教师最近五年没有主持或参与校级及以上课题研究,也就是说,超过半数的教师没有积极参与到教育科学研究中,说明教师不重视研究,也不愿意对自己的教育教学实践进行深入思考和梳理。从"中小学教师对教育科学研究中不端现象和行为的态度"的调查结果看,虽有 96.33% 的教师持"恪守学术尊严"的态度,90.17% 的教师持"保持师德尊严"的态度,但也有一些教师认为司空见惯或"为了评职晋升,不得而为"。① 因此,教师对参与教育科学研究的兴趣和能力都有较大的提升空间,需要进行合理引导,创设有利的环境和氛围。

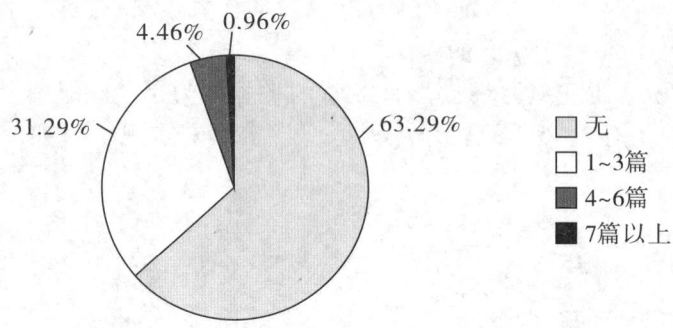

图 2-20　教师最近五年发表论文情况

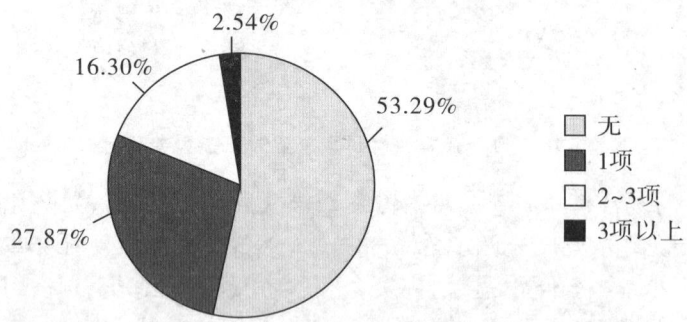

图 2-21　教师最近五年主持或参与校级及以上课题研究情况

---

① 李建辉. 教育科研与中小学教师专业发展:基于福建省三市(区、县)的调查 [J]. 教育研究,2015(7):150-158.

三、教育科学研究促进教师专业发展

教师积极参与教育科学研究，包括两个方面的作用：一个作用于内因，帮助教师形成正确的观念和意识；另一个作用于外因，为教师参与教育科学研究创设一种良性环境。

（一）通过内因形成正确的观念和意识

在教育教学实践中，教师需要保持积极的研究态度，改变自我观念，形成问题意识，培养积极思维，以研究者的心态沉浸于教育教学情境，像重视教育教学那样重视研究，使教育教学与研究彼此促进，通过研究提升自我、彰显自我，努力成为"学思合一""教研合一"的研究型教师。

1. 改变传统观念

态度决定行为。传统观念在一定程度上影响了教师参与教育教学研究的积极性和主动性。本来，中小学教师对从事教育科学研究的认识存有误区。"以前人们往往错误地认为，只有学者才配读书，才配研究学问，至于普通老百姓，包括国民学校教师（遗憾得很，教师也算在内）只配学习，只配使用自己的一点知识。"[①] 教师认为教育科学研究与教育教学实践在时间、精力上会存在冲突，做研究就是变相地增加负担，一提起"研究"二字，就将之与高度抽象化联系在一起，认为研究不是他们的事，而是高校教师、专门教育研究机构研究人员的事。教师通常将教育教学与研究视为截然独立的两项活动，且遵循一种简单的加法规则：教师的工作时间＝教学时间＋研究时间。[②] 现在多数教师仍有此观念，认为教育科学研究增加了他们的工作时间和负担，对工作性质认识模糊，对教学中的问题缺乏系统思考和整理，不能进行深入钻研与拓展。"人不仅在控制中学会了顺从、衍生了奴性，逐渐丧失了独立思考的能力，而且丢弃了反思、质疑、批判等思想品质，失去了宝贵的思想自由。"[③] 受传统观念的制约，教师不参与研究，也将失去宝贵的专业自主成长的机会。

教育理论与教育实践的相互循环与转化为教师创造了良好的参与教育科学研究的先决条件，从某种意义上说，教师的教学实践活动就是一种科学研

---

① 第斯多惠. 德国教师培养指南 [M]. 袁一安, 译. 北京: 人民教育出版社, 2001: 38.
② 冯宇红. 论研究型教师 [J]. 成人教育, 2005 (5).
③ 王中男. 教师伦理道德: 失范与复归——基于"个体·社会"框架的一种分析 [J]. 教育理论与实践, 2015 (34): 34-38.

究,"教师的科研是教师自身专业成长的一种必然"①。因此,教师要改变传统观念,对自己的角色和工作性质形成正确的认识,意识到开展教育科学研究的必要性和重要性,努力提升进行教育科学研究的基本素养,加强教育科学研究方法、教育统计学、教育测量学、教育评价学等方面的学习,培养具有丰富的专业知识和科学的方法论、符合时代要求的教育科研素养。教师是最佳的教育科学研究者,与其他研究者相比,教师在对教育教学行为反思、改进和提高方面具有绝对优势,他们提出的策略或建议往往更能直指问题的关键。教育问题是从具体情境中产生的,最知情者莫过于教师,因此教师参与研究具备获取第一手材料的优越条件。从表面上看,中小学教师参与教育科学研究是增加了教育教学任务,但深入探究,参与研究将促使教师深入思考,拓宽知识视野,产生"教研相长"的结果,变昔日的"量性敬业"为"质性敬业",在有限的时间内取得更为理想的教学效果。

2. 加强问题意识训练

问题意识是促进教师参与教育科学研究的内在动力。问题意识,就是能自觉地、主动地意识到问题的一种能力,是主体在认识活动中通过对认识对象的深刻洞察、怀疑、批判,产生认知冲突,经过深入思考后仍困惑不解时,出现强烈的探索真实问题或想做出发现式创新的心理状态。这种心理状态驱使主体不断地积极思维,直至问题解决。② 教师需要根据具体的教育教学情境自觉产生困惑、焦虑、探究的心理状态,积极思索,多侧面、多角度、全方位地研究、分析问题,勇于对工作改进和创新,形成发现问题、分析问题、解决问题的策略和过程。教育教学活动是复杂的创造性活动,蕴含着各种各样的矛盾和问题,这些矛盾和问题制约着教育教学质量的提升,如果教师不能清醒地意识到这一点,实施有效教育教学就无从谈起。我们经常鼓励教师做"研究型教师",在实践中开展研究,不断探索,就需要教师主动地对教育教学策略和过程开展批判性思考,发现缺点、不足及原因,由问题引发对教学设计、教学过程和教学结果的系统思考,提供不断认识自我、发展自我、超越自我的机会,掌握专业发展的方向,实现专业自主成长。

3. 形成系统思维加工路径

教师的成长离不开思考,鼓励教师积极参与教育科学研究,就是希望以研究作为手段,训练教师形成良好的思维品质。美国心理学家波斯纳提出了教师成长的公式:成长 = 经验 + 反思。在日常教育教学中,教师要不断地思考,将思考和探究自然贯穿于教育教学全过程,可以开展课前、课后反思,

---

① 杨克瑞,邢丽娜. 雅斯贝尔斯 [M]. 北京:北京师范大学出版社,2012:135 – 136.
② 房寿高,吴星. 到底什么是问题意识 [J]. 上海教育科研,2006 (1).

也可以开展随堂反思,自觉将教育目标、教学过程和教学结果作为研究对象,通过实践—反思—理论提升—指导改进实践的路径循环,积极利用思考促进对问题的理解和加工能力的提高,将自身塑造成为一个在思维上训练有素的人,促进教育教学能力和水平不断提高。"所谓训练就是具有运用自如的能力;能支配现有的资源,以实现所从事的行动。"① 教师要训练良好的思维品质,在教育教学情境中始终保持思考状态,形成对教育教学问题较高的感知度,遇到问题及时关注并有效提取。教师若能够自觉、自如地调控教育教学实践过程,运用反思对问题进行经验加工、改造与重建,便能够形成系统的思维加工和教育科学研究路径。教师的专业特性存在隐形的研究路径,只是有些教师没有清晰地去认知。教师的研究场所是以校(主要是课堂)为本的。教师在学校中所研究的问题是教育教学实际中存在的问题。教师的专业性特征决定了教师教育科学研究存在着各种紧密联系:第一是学习基础性专业知识和理论,掌握先进教育理念及学科教学理论体系,具备学科教育和教学基本能力;第二是根据教育教学实践,查找工作中存在的具体实际问题;第三是对问题进行探究,运用掌握的基础性教育科学理论分析和解决学科教学具体问题,形成的研究成果用来指导教学实际,提高教学水平和教育质量,同时形成问题思索路径,积累明晰的研究方法。

(二) 通过外因创设良好的研究氛围

教育行政部门或学校需要创设一种氛围,积极引导教师参与教育科学研究。

1. 实施教育科学研究能力提升工程

引导教师理解学术研究在专业发展中的重要作用,打破中小学教师教学与研究的二元对立,创设开放的教育科学研究氛围。健全中小学教育科研机构和教育科学研究制度,将教育科学研究作为教育发展的重要推动力。开展教育科学研究特色项目建设,构建面向不同层次教师的教育科学研究体系,依托教育科学研究有效促进教师专业发展。鼓励教师立足自身专业成长及学科发展,针对教育教学情境中遇到的具体问题深入思考,寻找解决的有效途径,从系统层面开展多样化研究,实现教学和研究共生共荣。建好并充分利用好教育科学研究规划项目,为中小学教师参与科研创设平台。建立校级教育科学研究合作小组,实施"一学科组一研究课题",以学校学科教研组为单位,围绕教学中的共性及个性问题深入探究,拓展研究空间,实现对教育教学问题的精致化研究,形成人人参与研究、人人有内容研究的局面。开展

---

① 杜威. 民主主义与教育 [M]. 王承绪,译. 北京:人民教育出版社,2001:142.

优质高端人才专业成长研究，形成引领中青年教师成长的典型经验，促进教师在实践中研究，在互动中成长。

2. 提升教学研究引领力

教研员是教师专业成长的指导教师。教研员不但要指导学科教研，还要勇于承担引领教师专业成长的职责。各省市应加强各级教研员队伍建设，将教研员发展纳入教师队伍建设体系，建立教研员专业发展扶持制度，将教研员的培训进一步纳入省培计划、市培计划、县培计划，影子培训和海外研修也要将教研员作为重要的培训对象，在安排教师系列培训工作时，安排教研员队伍的专项培训，每年分配专项经费。教研员的培养既要立足于学科，又要跳出学科局限，拓宽教研员视野，组织跨学科、课程改革、教育科学研究方法、信息化教学指导等方面的培训，努力建设一支教学观念先进，理论视野高远，乐于走进一线课堂，符合信息时代特征，能够高端引领中小学教师成长的专业教研员队伍。我国应健全各级、各类学校教研制度，建立常态化教学研修指导机制，使研修指导贯通网上学习与线下研讨的全过程；用好教研员队伍，引导各层级教研员顺利转型，鼓励教研员承担起学科教研和引领学科教师专业成长的双重任务，既要组织好教研活动，又要做好学科教师培训，将教研活动作为促进教师专业成长的重要组成部分，有效整合教育科学研究的优质资源。

 教师专业发展支持体系

教师的专业成长需要教育行政部门提供有效的支持，从形式、内容和师资上建构功能齐全的支持体系，包括开展有效的教师培训、提供内容丰富的学习资源、创建专业的教师专业发展指导团队。

第一节 开展有效的教师培训

在政策的大力支持下，我国中小学教师培训取得了一些显著成绩。但是，当前教师培训正处于一个关键的转型期，也凸现出一些矛盾或问题。

一、教师培训中实际存在的矛盾

相关文献大多从外延的宏观角度论述教师培训的不足，如认识不到位、管理体制不健全、督导机制缺乏、培训条件不健全、培训经费不足、工学矛盾突出等。但教师培训存在的问题远非如此简单，除上述不足之外，其内涵层面也存在不足。

（一）政策性要求与教师专业发展需求之间的矛盾

2011年，《教育部关于大力加强中小学教师培训工作的意见》（以下简称"2011年《意见》"）中明确提出，"当前和今后一个时期中小学教师培训工作的总体目标是：以实施'国培计划'为抓手，推动各地通过多种有效途径，有目的、有计划地对全体中小学教师进行分类、分层、分岗培训。今后五年，对全国1000多万教师进行每人不少于360学时的全员培训；……"对比2011年《意见》与2004年《教育部关于加快推进全国教师教育网络联盟计划，组织实施新一轮中小学教师全员培训的意见》（以下简称"2004年《意见》"）的工作任务目标，不难发现一些问题。尽管从2004年到2011年，

时间过去了七年,但是2011年《意见》并没有太大变化,只是在2004年《意见》的基础上增加了"选派1万名优秀骨干教师海外研修培训",将"实施100万骨干教师培训"的层面明确为"进行国家级培训",将五年的全员在职培训任务量由240学时增加为360学时。不从质上追问,仅从量上考究,自2004年《意见》制定以来,每个在职教师五年的培训任务量是240学时,但全国1 000多万名教师是否全部完成,完成得怎样,真正完成了学时量的教师其专业素质有没有获得提升,等等,这些都存有疑问。这一规定本身就存在一对矛盾,即国家在政策层面上要求教师必须完成360学时,缺少实地考察,不知教师是否需要那么多的培训,其规定与教师需求不相适应。假如1 000多万名教师五年240学时的培训任务能顺利完成,那么在"十二五"期间将培训任务量提升为360学时尚在情理之中,而假如未跟踪落实情况就将学时从240学时提升为360学时,这种做法则值得商榷,仅凭"大力加强中小学教师培训"制定顶层设计的条件是不充分的。

(二)教师培训形式与实效之间的矛盾

各培训机构为努力完成上级交给的培训任务,不得不尽力在形式上追求创新,力争通过新颖的形式激发教师参与培训的积极性,从内容上看,有些培训只是为了培训而培训,搞形式主义,走过场,而不是立足于解决教师的困惑。[1] 各种教师培训模式不断涌现,使教师培训出现"二少一脱离"的现象,即涉及教育教学科研的内容较少,涉及的学科前沿发展情况少,部分培训内容脱离一线教师的教育教学实际。[2]

培训结果评价也存在严重的形式主义问题。培训组织者通过满意度书面调查来评价培训的效果,而参训者熟知组织者的意图,在培训伊始或还未接受培训的情况下,已将对培训的评价填入满意度反馈表中,且多数为满意。笔者常深入培训现场,了解到这一现实:有些大型的集中培训活动,一个报告厅容纳400多人,组织者在进场时分发培训证及匿名反馈表,结束时收取。培训组织者还加强过程性监控,如中间不休息,或声明提前退场的教师不计学时等。培训结束时场内剩余的人数约为入场人数的1/2,但收取到的反馈表的数量却与入场人数相差不大,且在反馈表上填选"满意"的人数仍可达到入场人数的90%以上,在意见栏中,半数以上的教师建议"这样的培训效果很好,我很喜欢,希望以后多安排一些这样的培训"。组织者辛辛苦

---

[1] 李泽宇,冯丽. 中小学教师培训中存在的问题与对策探究 [J]. 中小学教师培训, 2008, (11).

[2] 胡艳. 影响我国当前中小学教师培训质量的因素分析 [J]. 教师教育研究, 2004 (6)

苦地为教师提供学习的机会，参训教师则试图应付过关。培训的形式与内容实质相差甚远。

(三) 教师教育理论与教师培训实践的矛盾

组织者未能根据学员的整体情况选择适宜的课程内容，培训内容在设计上随意性比较大，缺乏实用性和针对性。为了完成上级安排的教师继续教育任务量，组织者将所有教师不分差异地编排在一起"一锅烩"。多年来，教师培训在培训内容上，或重理论轻实践，或重实践轻理论，在理论与实践之间博弈，但缺乏明确的指导。有些教师培训机构为了提升培训层次，聘请高校专家，开设专家讲座，注重理论讲授，但缺乏解决实际问题的方法指导；有些教师培训机构则过于迎合教师的实践需求，以无明确理论指导的案例研修、参与式研修为主，"从各地的培训（包括送培下省）的情况来看，几年来培训内容明显向实践偏移。越来越多的一线教师，被邀请用切身的体会来述说对新课程的理解，……"① 但是这类培训往往偏离了培训的方向，培训目标模糊，缺乏对教师教育先进理念、职业道德等方面的引导。

(四) 教师培训质与量的矛盾

从根本上讲，教师培训的价值在于培训的质量，其目的是促进教师专业化水平的提高。但是，当今的教师培训却成了行政政策拉动的产物，培训的质量和专业化水平的提高往往让位于政策能否落实。② 目前，各地教师培训机构组织培训的重要参考依据是政策的规定量，努力追求量的达标，而不是从质的方面研究教师培训的实效与价值。培训"目标指向紊乱"，出现比较严重的局限性，各级各类教师培训机构，只能根据教育行政部门的总体性要求，凭着自己的经验，确立每一次短期培训的具体目标。③教师培训像打游击战一样，打一枪换一个地方，今天觉得礼仪培训好，组织一场，明天又发现演讲口才比较重要，再举办一次，不管什么主题，都随便找几个专家讲讲了事。碎片式的拼凑最终使教师培训偏离了内在的质的价值取向，使课程成为无关联的不同主题的集合体。教师参加培训的直接目的也成了完成本阶段的继续教育任务量。另外，因要满足1 000多万名教师的学时量，国家没有那么多专业从事教师培训工作的培训师，于是转向市场，委托有资质的机构组织教师学习，使教师培训成为一种竞争型行业。然而，这种机构大多以盈利

---

①③ 金美芳，肖化，张军朋. 新课程教师培训存在的问题及对策 [J]. 当代教育科学，2009（19）.

② 徐士强. 教师培训券：构建一种新的教师培训制度 [J]. 中小学教师培训，2005（5）.

为目的，对教师培训的质量造成了一定的不良影响，"一些机构将教师培训作为创收来源，多者关注收益，少者关注质量。教师培训和校长培训走向开放也带来了质量问题，……但从短期看，由于这些机构原先缺乏培训经验，加上有些机构只是把校长培训作为创收的工具，培训质量有所下降"①。

（五）师资匮乏与教师培训基数大的矛盾

随着中小学办学规模的扩大，每年都要补充一定量的中小学教师。1 000多万名中小学教师的培训基数，使中小学教师培训成了一项艰巨的工程。初步统计，按照每年每位教师72学时计算，1 000多万名教师每年需要接受7亿多学时的继续教育。然而，中小学教师培训的师资却相对匮乏，"培训的师资无论从数量上还是质量上已无法满足教师培训的要求，为数不多的培训人员面对基数很大的待培训教师犹如杯水车薪，很难使教师培训得到大范围的普及"②。

二、有效的教师培训遵循的原则

从以上分析的实际存在的问题出发，教师培训需从内涵层面精心谋划，坚持以下几项原则。

（一）不过分局限于教师需求

开展教师培训的指导理念是满足中小学教师的专业发展需求，因此，了解教师最感兴趣的内容，"投其所好"，是决定培训有效的关键。但是，并非只有满足教师需求的培训才是有效的，其前提是教师的需求必须是正当的。教师培训的开展不能被教师的需求所束缚，必须把握好方向，方向对了，才能把握住实质。大多数教师认为自己不需要学习那么多内容，也无须学习高深的教育理论。调查显示，县区教师培训机构外派高校的中小学教师高级研修班中，有80%以上的教师认为不要安排过多的理论学习，以免浪费时间，收获也不大，应多安排一些教学实操技能的培训，给他们提供清晰的操作方法，让他们回去能够照着做。殊不知，教师的理念是需要逐步更新的。因此，"按'需'分配的过程效率来判断培训资源的分配具有一定的局限性。教师认为自己不需要的培训，并不表示他们不应该接受这样的培训"③。教师培训需满足教师的需求，但是又不能完全局限于教师的需求，应从教师的合

---

① 褚宏启. 论教育发展方式的转变［J］. 教育研究，2011（10）.
② 李泽宇，冯丽. 中小学教师培训中存在的问题与对策探究［J］. 中小学教师培训，2008（11）.
③ 王传毅，熊英武. 公平与效率：中小学教师培训资源配置的实证分析——基于武汉市口区的教师问卷调查［J］. 教育理论与实践，2011（1）.

理需求出发，精心安排培训课程、调整教师教育理论知识与实践操作技能的比例。

（二）不过分拘泥于形式

教师培训要力争摆脱形式的束缚，不要大谈形式主义；不是追求形式的不断创新，而是要从内容上寻找突破。培训形式过于花哨，容易让人感到肤浅，一阵风过后痕迹全无，缺乏实质内容，无针对性。形式化的培训容易让教师心生疲惫，形成刺激疲劳，每次参与仿佛在浪费时间，于是习惯采用应付的态度以应之。成功的教师培训不应追求形式的唯美与多样化，而应追求内容设置的科学合理性，真正调动教师参与学习的积极性。为了有效组织教师培训，教育部必须加大统筹力度，做好顶层设计，组织专家团队制定详细周密的教师培训大纲，即课程标准，进一步明确教师培训目的及内容，根据实际工作需要，以问题为中心设计培训课程，为教育从业人员提供最有价值的知识，使教师培训的设备、教材逐步完善，为教师培训提供丰富的资源[1]，通过内驱力和外驱力的综合作用及政策的引导点燃教师学习的热情，把更多的教师从敷衍完成任务引入追求自身发展的新境界。这是今后教师培训的努力方向。

（三）不单一追求政策规定任务量的实现

教师培训机构应尽力协调好教育行政部门要求的全员培训任务量与教师需求之间的关系。教师培训的服务对象是教师，应该在教师时间允许的基础上规定任务量。在一个低水平目标尚未实现的基础上提出的高水平目标，其落实将障碍重重，"并不是所有教师都需要培训，并不是所有教师都需要在政策规定的时刻接受培训。当教师屈于政策的压力接受培训时，其积极性显然无法调动"[2]。因此，制定政策时不能将目标聚焦在量的实现上，而应注重教师素质的提高。

教师培训的目的是促进教师的专业发展，应真正以教师为主体，追求质的内涵，提升教师教学技能，将学习作为促进教师成长的一种鼓励性措施，激发教师教学的热情和积极性。可以仿效发达国家制定阶段性带薪研修制度，如英国规定的正式教师连续工作满七年者可带薪进修一学期[3]，将学习真正地变为教师的一种福利。阶段性研修提升了教师的专业水平，最重要的

---

[1] 褚宏启. 论教育发展方式的转变［J］. 教育研究，2011（10）.
[2] 徐士强. 教师培训券：构建一种新的教师培训制度［J］. 中小学教师培训，2005（5）.
[3] 徐今雅. 论新时期中国教师培训政策体系的构建［J］. 教育探索，2005（5）

是为教师提供静心思索的时间，使教师有足够的时间重新调整工作状态，养精蓄锐，储存能量以备投入下一阶段的教育教学。

三、开展有效性教师培训的策略

教师培训若想取得突破性进展，应当在坚持以上原则的基础上，从内涵层面出发，探究其有效措施和途径，有效提高教师参与学习的热情，激发教师自我提升的积极性。

（一）合理确定教师专业发展需求

开展教师继续教育，要以教师教育需求为核心，着眼于服务教师个人的成长规划，考虑教师的学习地位，"教师是主体，有充实的内在价值需求，教师继续教育必须充分满足这种需求"①。合理确定教师专业发展需求是实现有效培训的首要任务。教师培训机构需要建立为广大人民教师服务的意识，调研一线教师最迫切的培训需求、职业认同的需求等，建立开放互动的培训平台，多以讨论、合作、交流的形式了解教师之所需，根据教师所需，按科目设计培训课程，实现培训的专业性。

（二）设置科学的教师继续教育课程标准

在所有的课程资源中，最核心的当属各学科的课程标准。课程标准反映的是国家对教师学习结果的期望，是教材编写、教学和考试、评价的依据，是国家管理和评价课程的基础。课程标准中对"课程目标"和"课程内容"有着明确而具体的规定，是教师选择与确定学习内容最终的判定标准。因此，促进教师专业发展，应该首先在国家层面，根据校（园）长、中小学教师专业标准确定教师在职教育的专业课程标准。在教师教育课程资源建设中应统筹管理，充分整合优质教师教育资源，避免各地重复开展资源建设，造成人力、物力、财力的浪费。由于教师教育课程资源建设的标准在一定程度上缺乏可操作性和统一性，各地建成的课程资源分类不统一、不合理、不规范等，一些资源开发者也没有依据相关标准建设课程资源，因此课程资源的通用性较差。各地教师继续教育管理机构和实施机构对照各学科课程标准审定教师教育课程资源，以确保教师教育内容的准确性与方向性。有了课程标准，教师教育课程资源的整合与共享就可以建立在规范的标准建设基础之上。有了规范性指导，相关部门就可以在课程资源库的建设过程中融入标准化管理思想，建立相应的课程资源准入机制，从资源开发阶段入手，为教师教育课程资源建设做好准备。

---

① 杨启亮. 在职教师继续教育的价值取向［J］. 教育研究，2000（4）.

(三) 构建科学合理的教师培训课程体系

构建科学合理的教师培训课程体系是确保教师培训有效的基础性工作。在培训课程研制中，应促进教师继续教育理论研究与实践相匹配，"应加强研究的实践应用性。这不仅是解决继续教育实践问题的需要，也是教师教育学科建设和发展的需要。如何适应新时期社会发展的需要，如何指导并服务于实践"①。在培训课程设置上，应灵活地组织、挑选、设置一些贴近一线教师的培训课程资源，尊重受训教师已有实践经验的分享，组织优秀的教师"现身说法"，以"经验"为基础，交流先进的教学理念、教学策略及方法等。

在国家制定的教师培训课程标准中，明确将教师培训课程体系划分为三级：一级是国家层面的必修课程，为教师培训的内容确定基本方向，将一些基本内容确定下来，比如师德修养、教育基本理论等方面的内容，作为教师培训的必修课程，将其比例设置为 72 学时的三分之一，无论教师愿不愿意学，都须不断研修，增强教书育人的责任感，提高能力水平。必修课程确定后，可由区县教师培训机构具体负责实施。二级是区域层面的地方选修课程。区县教师培训机构根据区域教师的实际需求，征求各方面专家的意见，自主设置形式灵活的培训课程，比例为 72 学时的三分之一。三级是学校层面的校本课程，以本校教育教学内容为资源，自主设置为 72 学时的三分之一，主要采用案例研修、参与式培训等形式，开展校内教师自主学习。成功的校本培训将是教师专业发展的重要而有实效的途径。

(四) 打造高水平的教师培训师资队伍

为了满足不同岗位教师继续教育的学时要求，亟须培养大批事业心强、业务能力扎实、素质较高的教师培训师，为教师继续教育提供专业服务。为了进一步明晰教师继续教育从业者的工作性质，教育行政部门可制定相关的制度，由教育部组织相关教师教育专家或国培资源库的教师组成专家组，对中小学教师培训工作开展深入研究，像制定中小学教师资格证书一样，制定教师培训师资格认证制度，吸收一些热衷于从事教师培训工作的经验丰富的培训者，为中小学教师培训提供有力的智力支持。在受过系统教师教育教学专业训练、理论知识扎实的高校教授及专家，教师继续教育管理机构管理人员，教研员及经验丰富的一线中小学教师之间构建教师培训师共同体，加强培训者主体之间的深度合作，取长补短、互通有无，建设一支专兼结合、素

---

① 胡红梅，周波，黄恩亮. 近十年中小学教师继续教育研究述评 [J]. 中国成人教育，2010 (23).

质过硬的教师培训师队伍。

（五）有效整合优质教师培训资源

教师培训在追求开放的市场化的今天，要摒弃小家子气的思想。具有培训资格的各个教师远程继续教育机构要加强沟通与联系，避免重复建设，造成严重的经济上和人力上的资源浪费。众多有资质的机构，各自拥有自己的课程制作专家团队，国家可以要求有关部门有机协调，汇集各种资源，建设一个能够容纳全国 1 000 多万名教师的专题继续教育系统网站。因为缺乏明确的方向性指导，现在各个教师培训机构自己做自己的，同时唯恐自己的资源被别的机构所盗用，经济利益受到损害。目前，全国各地开发的教师继续教育系统不计其数，有国家级的、省级的、区级的，甚至县级的，而且各个系统追求特色，以区别于其他机构。教育部可将这些资源有效整合，将优质的资源变成全国教师共享的资源，同时将节省的经费更多地投入到教师继续教育中。

第二节 建构有效的教师教育资源

要想实现教师专业发展的有效提升，建构有效的教师教育资源很重要。如何合理开发和整合优质教师教育资源，也是教师专业发展探究和亟待突破的瓶颈。只有向教师提供优质、适合的教师教育资源，才能真正促进教师的专业成长。

一、教师教育资源的分类

各地教育行政部门设立教师教育资源建设中心，组织各地教师形成教师教育资源研发团队，积极研发符合本地教师发展需求、可供本地教师共享的教师教育资源，构建符合本地教师生命成长优质教师教育资源体系。

第一类是生存类教育资源。生存，是人类的一种本能需求。课程对有关人类生存的身体健康条件的关注和改善，使得教师获得生命存在的良好基础。为教师开发的"心理健康指导""中医药文化体验"等生存类教育资源，让教师根据自身条件及时调节，保证教师拥有健康的身心。

第二类是生活类教育资源。人类在有了生存的基础后，就有了生产、物质享受和文化活动，即"生活"。形体锻炼、艺术鉴赏、生活礼仪、书法、绘画、棋类等生活类教育资源，可以拓展教师的业余爱好，缓解高强度工作的压力，提升教师的审美素养，提高教师的生活能力，让教师获得精神上的鼓励和支持，过有品位的人生。教师只有调节好生活，才能舒心、尽心地工作。

第三类是生命类教育资源。促使生命成长与完善是课程的最大价值。人的生命是完整的，追求生命的成长与完善是每个生命个体的本能。教师教育资源建设中心要为教师的生命成长提供机会和养料，不仅为教师设置学科学习内容，提供学科前沿进展情况、先进的教学技能、现代教育信息技术，以及教育学和心理学基础理论，还需要拓宽教师的学术视野，为教师开设丰富的教育哲学、教育人类学、教育社会学、教育统计和测量等课程，帮助教师补充跨学科的知识，从而拓宽教师的思维和视野，让教师在广阔的专业背景下思考教学，研究教育，达到自然提升基本素质和内在涵养的目的。

二、教师教育资源建设标准

第一，必须着眼于"新"。建设教师教育资源的目的是服务于教师的学习，让教师通过新知识、新理念、新方法等的学习，促进专业能力的提升。提供的学习内容必须是"新"的，需要紧紧围绕国家教学改革发展的新形势、新任务和新要求，把握学科发展的前沿，积极探索教学方法的创新，拓展新的教学观念和新的教学理论，使教师教育资源建立在具有前瞻性、紧跟改革发展节奏的基础上。

第二，必须着眼于"精"。纳入精品共享范畴的教育资源必须是整个学科教学过程中的精华部分，即内容关注的重点与焦点，以及能够充分体现教育资源自身优势与特点的部分。"精"体现在几个方面：一是优中选优。在兼顾学科知识的覆盖面的基础上，集合教师教育资源的优势，充分整合优质教育教学资源。二是突出重点。每个教师教育资源的建设都应该围绕学科的重点、难点与亮点展开，资源的收集与积累，要充分兼顾知识的广度和深度。

第三，必须着眼于"用"。建设教师教育资源是为了提供给教师做参考，让他们通过学习或借鉴改进或解决他们在教育教学中存在的问题。因此，必须保证教师教育资源的实用性，即与教师的教育教学实际紧密联系。教师花时间学习，是希望能够在教育教学能力上获得提升。教师教育资源是从教师中来、运用到教师中去的优质资源，必须要有针对性、实用性，能够帮助教师解决实践中存在的问题。而教师通过学习，能够将资源转化为新思想、新知识或新能力。

三、优质教师教育资源体系的建构

教师教育资源建构体系涵盖所有学科、所有学段。首先需要按学科分类,如果学科范围很大,则可以再次细分,如细分到专业,通过学科的分类可以确定适用人群,便于教师快速、准确地定位到研究的学科。每门学科收集各类教学资源,如媒体素材、试题库、教学用例、教案、课件、实验数据等,按资源类型,为每个学科资源建立相应的资源库,便于资源建设和共享。① 课程资源体系具体包括以下内容。

(1) 教学文件资料库,包括各种经典专家讲座摘要、精品教学案例过程记录、备课笔记、精品教案设计、教学反思和参与课题研究的教学论文、研究报告等。教学文件资料库提供各种经典的文字材料,教师可根据自己的兴趣爱好自由选择学习资源。

(2) 声像资料库。声像资源比较形象直观,让教师学习变得简单方便,也不至于太枯燥。声像资料库可以以学科为单位,收录各区一线教学名师的精彩课堂教学实录,深受教师欢迎的专家讲座视频,国家"一师一优课、一课一名师"活动优秀课例,各类省级教师教育技能大赛获奖的优秀教案、优秀课堂教学课例、优秀说课案例等。

(3) 专业教师资源库。将一些特级教师、优秀教师、学科带头人等教师资源收录在内,为每位名师制定工作目标和责任,给予相应的奖励,规定其定期传送自己指导的课例及点评的课例,以发挥各级各类优质教师资源的引领辐射作用。

(4) 资源管理和评估体系资料库。成立优质教师教育资源建设开发小组,加强对教师教育资源建设的研究,结合当地教师专业发展实际,制定与之相配套的优质教师教育资源建设规划。由当地教育行政部门根据工作实际,指定专门机构强化优质教师教育资源建设的过程管理及平台管理,制定优质教师教育资源建设管理办法评估指标体系,有计划、有步骤地开展教师教育资源建设。对于资源评价体系,可以设计成在线统计的形式,通过教师点击查看、下载和观看的次数等在线生成网络排名。建设教师教育资源的主要目的是方便教师学习,促进教师专业提升,不需要经过复杂的形式去评价,主要考虑资源的推送及教师接受的程度、使用的频率。在评价与交流体系上,设置讨论交流平台,开展留言、私信、群组讨论,增强学习的针对性,扩大讨论与共享范围。加快优质教师教育资源的推广应用,组织教师积极利用网上教育资源在线学习,通过教师广泛的应用,发现和查找不足,积极对教师教育资源进行更新和维护,不断完善。教师学习在很大程度上是自主的,只要教师积极学习这些资源,在充分使用资源的基础上,其专业发展

---

① 王鑫,赵俊岚. 基于云存储的课程资源共建共享模式研究 [J]. 内蒙古财经大学学报,2015 (6):135 - 138.

内化的程度一定会提高。可考虑建立资源评价反馈机制,广泛地听取使用者的意见和建议,从使用者的需求出发不断地改进和完善,才能全面提高资源共建与共享。寻找各种收集资源使用者反馈信息的途径,多形式收集资源使用者的意见和要求,不断完善资源共建与共享。①

四、教师教育资源产生的途径

在资源集聚方面,教育资源中心以融通共享的方式,充分调动多方力量,从学校、地区、高校和科研院所引入各种优质教师教育资源,实现优质教师教育资源的统筹利用,为实现优质资源共享提供实践平台,形成教师专业成长深度联盟。

第一,学校资源的整合。为最大限度发挥学校资源的育人功能,教育资源中心将多种教育资源纳入统一管理,向教师全面开放,使每一位教师都能够享受到优质的教师教育资源。

第二,地区资源的引入。地区内的学校有着众多优秀教师资源。教育资源中心在师资队伍建设中,可以通过"联动模式",以学科为单位,整合本地区优秀的教师教育资源。

第三,高校、科研院所资源的引进。教育资源中心聘请科研单位和高等院校的专家为教师成长提供智力支持,与一些对教师专业发展有深入研究的高校、科研院所建立长期合作关系,为教师提供拓展性教育资源,通过高校、科研院所的专业引领,提升教师的专业发展水平。

五、教师教育资源平台设置

教师教育资源中心在面向全体教师的基础上,坚持实施公平的思路,为不同地区、不同层次的教师设置可供自由选择的优质教师教育资源。

(一) 建立专业的教育资源建设队伍

建立以省、市、县(区)三级教研员为主体的学科资源建设队伍、高校教师和中小学教师共同组成的拓展性教育资源建设队伍、信息技术人员队伍。在教研员的推荐、组织下形成省、市、县(区)三级教师学科教育资源建设团队,充分发挥各级优秀师资优势。学科资源建设需要发挥教研员的优势。教研员是教师的教师,他们不仅担负着指导教研的任务,还应该担负起促进教师专业发展的任务。拓展性教育资源的提供需要依靠高校教师,因为

---

① 王天虎,刘延胜,高小军. 现代远程教育课程资源共建共享运行机制研究 [J]. 中国成人教育,2014 (19):137-139.

高校教师对这些领域的研究比较深入，但仅靠高校教师也是不够的，需要有中小学教师的实际参与，这样才能设计出符合一线教师需求的教育资源。作为教育资源开发的实践者，中小学教师参与教育资源研究是基于现实需求，即在新课程改革实施过程中，教育资源作为一个新生事物被提出来之后，工作在一线的中小学教师在资源开发与利用方面的要求越来越高，于是，一部分中小学优秀教师结合自己所在学校及所任教学科特点，介绍自己的观点、总结课程改革经验。① 信息技术人员在资源平台建设上承担着重要任务，资源呈现的形态、能否被教师接受与信息技术人员的水平和设计能力息息相关。

（二）开发教师教育资源

学科教育资源的开发应由各级学科教研员牵头，招募学科内的优秀教师组成团队，了解各级教师的实际需求和急需解决的问题，围绕备课、上课、说课及学科内容的研读等各个环节以及习题和试题库，或提供过程性指导，或提供精彩课例，精心打造，反复打磨，开发出学科优质教育资源。组织高校教师和中小学教师共同开发拓展性教育资源，由中小学教师提供实际需求，高校教师根据教师需求与中小学教师共同协作设计教育资源，开发出各类精品拓展性教师教育资源。无论是学科类教育资源，还是拓展性教育资源，其开发过程中都要有信息技术人员的实际参与，注重数字化教育资源整体设计，做到资源层次清晰、相互映射。以往在教育资源开发过程中，信息技术人员经常是在后期导入平台环节才参与，只在技术上进行处理，并不了解资源设计者的初衷，因此在设计过程中难以实现设计者的意图。开发教育资源可以招募优秀教育技术教师做志愿者，负责教学视频的拍摄及后期制作、教育资源维护、内容刷新等信息技术支持工作，为资源共享、资源建设提供技术保障，同时，还要提供全面的在线技术支持和学习支持服务，防止部分学习者因不熟悉远程技术或远程学习系统而产生各种顾虑及消极情绪，影响最终学习效果。

（三）设置提供菜单服务的教师教育资源服务平台

科学的教师教育资源服务平台是教师教育资源整体质量的重要保证。平台功能特别是互动和评价方面是否完善，将直接影响教师教育资源的整体质量。教师教育资源服务平台在设计的过程中最重要的是要体现灵活性和自主性，最大限度地尊重教师的自我选择权利。学习是教师自己的事，选择适合

---

① 赵莹. 课程资源研究的现状分析与思考：基于CSSCI（2005—2014）的数据［J］. 教育理论与实践，2016（1）：61-64.

的学习资源更是教师自己的事。教师教育资源服务平台所做的是要分层分类地为教师推送高质量的学习资源。教师教育资源服务平台处理资源时，以"菜单式"方式设置资源内容，最大限度地实现资源的共建共享，让教师根据自我需求自主选择，充分保障教师自主选择的权利和空间。通过资源共建共享平台，系统地、规范地、有序地向中小学教师提供优质教师教育资源服务，渗透现代信息技术在教学中的应用方式，通过教育与现代信息技术手段的结合，优化现有教师教育资源，拓展潜在教师教育资源，最终达到优质教师教育资源的全覆盖。

六、教师教育资源的体现形态

为了实现共享的目的，便于广大教师学习，教师教育资源主要通过网络在线服务平台以数字化资源的形式推送给教师。教师教育数字化资源的整合与共享规划对实践具有显著的导向及调控作用。教师教育数字化资源作为一种教育资源形态，其整合与共享受资源的内容、类型及网络化程度等多个方面制约。目前，教师教育数字化资源存在着一些问题：经济发达地区资源种类繁杂、分类不统一；经济欠发达地区可用的资源有限、已有的资源网络化程度低。构建有效的教师教育数字化资源的整合与共享是一项系统工程。将教师教育数字化资源的整合和共享纳入到教师专业发展规划之中，分阶段、分步骤地推进各项工作，是避免盲目建设、推动教师教育资源共建共享工作有序开展的关键。根据资源的内容及开发情况，可以将以在线课程的形态具体呈现，分为精品课程、云课程和微课程等。

（一）精品课程

建立从国家到地方的教师教育精品课程。国家应该承担起建设国家精品教师教育课程资源这个重任，为全国教师提供优质的教师教育资源。从国家层面招募专家、开发精品教师教育课程不是一件难事，不论是从专家的组织程度还是从课程建设的高度及深度来说，都会比地方组织得好。因此，国家层面可以组织高校教师、全国知名的教育专家、一线优秀教师等，组成课程建设专家团队。这样的团队建构既有理论上的高位指导，又有高水平的实践指引。高校教师有着较高的教育理论素养、较强的科研意识和能力，能够为中小学教师开展科研提供科学的指导和帮助。一线优秀教师有着丰富的实践经验。这些实践经验经过提炼上升为实践智慧，并在高校专家的共同合作研究中转化为理论智慧，被打造成优质教师教育资源。国家层面组织专家团队开发教师教育课程标准或课程指南，并在课程标准或指南的指引下，分学科、分学段研发引领教师专业成长的精品课程，建立中国教师学习资源平台。精品课程每年都进行修改、补充和完善。在这样的基础上开发成熟的精品课程资源，可以避免各地在组织教师继续教育时造成的人力、物力及财力的浪费，可以将之作为推送共建的公共资源，就像高校精品课程一样，通过一个稳定、高效的平台推送给全国各地的广大教师。各地区可以参照国家级教师教育精品课程建设的方式，打造地区精品课程群。以单门课程建设为核心，带动专业其他课程的精品化。课程建设的重点集中在单门的课程上，但是课程建设的出发点却是要通过单门课程的精品化建设，带动本地区、本学科或其他课程资源的建设，建立本地区精品课程群，充分发挥优质教师教育课程资源的优势。

（二）云课程

云课程是建立在云技术（云计算）、智能移动等新技术基础之上的新课程形态。具体来说，它是以云平台为课程载体，以育人目标、学科知识、相关课程资源及预期教学活动方式有机协调、统整起来的资源为课程内容，以正式学习与非正式学习、集中学习与个性化学习相结合为课程实施主要方式的一种新的课程形态。[1]"云课程"以云计算技术为基础，实现了资源整合、服务共享和个性服务。云平台具有多样性和复杂性，一方面可以随时更新与补充课程资源；另一方面可以为教师提供个性化的服务。"云课程"打破了传统课程难以更新、短缺、低效的障碍，通过统一开放的网络平台，把学科知识、教案、练习库、测试题、素材库等整合在一起，面向所有学习者，随时随地为其提供所需要的内容，为教师参与正式学习与非正式学习、集中学习与个性化学习提供了条件。[2] 云课程最大限度地展示出计算机、网络以及其他多媒体技术所带来的优势。

（三）微课程

在我国课程资源建设中，微课程（以下简称"微课"）比较流行及被教师接受。微课最早见于美国北爱荷华大学 LeRoy A. McGrew 教授 1993 年提出的 60 秒课程以及英国纳皮尔大学 T. P. Kee 1995 年提出的一分钟演讲。[3] 2008 年，美国新墨西哥州圣胡安学院的高级教学设计师、学院在线服务经理戴维·彭罗斯提出 Micro Lecture 的概念，目的是让教师把教学内容与教学目

---

[1] 潘新民. "云课程"：特征、意义与问题. [J]. 课程·教材·教法, 2013（12）：3.
[2] 彭婷, 何茜. 最优化发展："云课程"价值意蕴透视 [J]. 教育理论与实践, 2015（23）：45-47.
[3] 梁乐明, 曹俏俏, 张宝辉. 微课程设计模式研究：基于国内外微课程的对比分析 [J]. 开放教育研究, 2013（2）.

标紧密地联系起来，以产生一种"更加聚焦的学习体验"。① 国内最早引进并提出"微课"概念的学者是胡铁生，他认为微课是指按照新课程标准及教学实践要求，以教学视频为主要载体，反映教师在课堂教学过程中针对某个知识点或教学环节而开展教与学活动的各种教学资源的有机组合。② 从字面意思来理解，"微"乃小的意思，微课就是一些短小精悍、内容高度集中的课程。有研究显示，微课的时长以 0~10 分钟为主，在调查的微课中，小于 10 分钟的约占 83.3%③。微课吸引力强，比较有针对性，既有用摄像机录制的视频，也有用一些软件制作的视频，还有用 flash 等软件编辑的视频，学习内容形象生动。目前，教师在接受微课的基础上，对微课也有一些错误的认识，简单地认为微课建设就是制作一个教学视频。事实上，微课的制作是一个极其复杂的过程，体现精致的教学过程设计、优质的教学支持资源、教学反馈等，必须具备一套完整的、结构化的教学设计，包括课程设计、开发、实施、评价等环节。④ 微课在制作的过程中更应当追求质量，课程资源建设者和信息技术人员应严格把守每一个微课的质量关，使其达到最佳的效果。建设课程资源，可以将系列微课组成专题的微课程，将专题内容的课程分解为多个微课，既能够体现教学内容的系统，又保留微课自身的优势，弥补了它自身带来的问题。⑤ 同时，精致、细微地设计教学内容，降低了学习者的学习和选择难度，在一定程度上能提高教师参与学习的积极性。

第三节 建设专业教师培训师队伍

教师的成长关系到国家的未来，党和国家高度重视教师继续教育工作。1999 年 9 月 13 日，教育部制定《中小学教师继续教育规定》，强调"参加继续教育是中小学教师的权利和义务"，开始在全国范围内开展分层次、分类别、多形式的中小学教师继续教育。随着时代的发展，由谁做培训者、培训者自身的发展等问题都面临着前所未有的困境。

---

① 梁乐明，曹俏俏，张宝辉. 微课程设计模式研究：基于国内外微课程的对比分析 [J]. 开放教育研究，2013 (2).
② 胡铁生. "微课"：区域教育信息资源发展的新趋势 [J]. 电化教育研究，2011 (10)：61-65.
③ 王建军. 个别差异与课程发展中的通用设计 [J]. 课程·教材·教法，2014 (11).
④ 胡铁生，黄明燕，李民. 我国微课发展的三个阶段及其启示 [J]. 远程教育杂志，2013 (4).
⑤ 于淑娟. 学校微课建设的问题与反思 [J]. 教学与管理，2015 (3)：32-35.

一、从事教师培训工作的培训者面临的困境

为了有效推进中小学教师继续教育工作，教师培训者的专业发展问题已经成了教师培训必须面临的一个严峻问题。这里讲述一个真实的故事：一位教研员谈到，四年前，他的一位"徒弟"郑重地问他："主任，将来我评什么专业的职称呢？"他茫然地不知该如何回答。最终他的"徒弟"选择离开了教师继续教育岗位，因为他还年轻，要发展。这个问题让那位经验丰富的教研员心里受到深刻的触动：做教师培训的培训者，有自己的"专业"吗？

上面的故事反映了教师继续教育工作中存在的一个非常严峻的问题：培训者也要追求专业发展，但是选择什么专业，是语文、数学，还是英语？培训者参加职称评审可以选择什么学科？事实上，培训者的工作性质与中小学学科教师职称评审所要求的条件是不符的。职称评审强调实际的中小学教学，而教师培训者的教学对象是中小学教师，他们负责的是培训工作的组织与管理。在这种情况下，教师培训者如何能与中小学学科教师同台竞技呢？相对来说，专职从事培训工作的培训者评定职称要比实际教学岗位的教师困难。而职称评不上，会带来一系列问题，岗位聘任原地不动，收入水平也受到明显影响。对此，谁又能指导培训者从迷雾中走出来呢？

二、教师培训师产生的必要性

随着时代的发展，教师培训的从业者在自身发展方面面临着一些问题。为了解决这些问题，完成中小学教师培训任务，提高教师培训的实效性，促进教师培训的规范化、常态化发展，亟须产生一类新的职业——教师培训师，为教师培训提供有力的智力支持。

（一）促进中小学教师继续教育规范化、常态化

当今教师培训师资储备不足，每举办一次教师培训，均要考虑师资问题。确定培训者之后，又要被培训者的时间安排所牵制，一旦约定的培训者有些许变化，整场培训活动都要受到影响甚至改期。教师培训管理者在组织教师培训时，经常为难以寻找到合适的培训师资所困扰。中小学继续教育工作已历经十几年，在未来的发展中，应该通过总结经验，储备大批稳定的教师培训师。只有配备稳定的师资，才能为中小学教师培训规范化、常态化发展提供必要的保证。

（二）满足中小学教师继续教育的要求

2011年，《教育部关于大力加强中小学教师培训工作的意见》中明确提出："当前和今后一个时期中小学教师培训工作的总体目标是：以实施'国

培计划'为抓手,推动各地通过多种有效途径,有目的、有计划地对全体中小学教师进行分类、分层、分岗培训。今后五年,对全国1 000多万教师进行每人不少于360学时的全员培训;……"教师岗位培训任务量由1999年9月13日《中小学教师继续教育规定》提出的五年"累计240学时"提高到"十二五"期间的五年"360学时"。随着中小学规模的扩大,每年都在新增一定量的教师充实中小学师资。中小学教师继续教育是一项艰巨的工程,关系到1 000多万名中小学教师的专业成长。初步统计,按照每年每位教师72学时计算,每年1 000多万名教师就需要提供7亿多学时的继续教育。为了满足不同岗位教师继续教育的学时要求,亟须培养一批事业心强、业务能力扎实、素质较高的教师培训师,为教师继续教育提供专业服务。

(三)解决从业者的专业发展矛盾

我国中小学教师继续教育的发展在教育行政部门的指导下取得了一定成效,然而,在日趋成熟之后,仅凭"管卡压"是不够的,必须寻找新的出路,将从事继续教育工作的教师与他们的专业成长统一协调起来,产生一门新的职业——教师培训师,通过教师培训师提供适合教师实际需求的专业培训,以增强培训的实效性。教师培训师产生后,其专业确立为教师培训,将有效解决培训者面临的自身发展困惑。这样,不但能保证培训者无后顾之忧,而且能够促使他们全身心地沉浸于教师培训,不断推陈出新,将培训工作推向新的水平。

三、教师培训师的角色定位

要做好教师培训工作,必须有优秀的教师培训师作为保证。2012年2月,教育部在《关于加快发展继续教育的若干意见(征求意见稿)》中,明确提出要"加强继续教育教师队伍建设和管理。按照专兼结合、分类发展的原则,加强各级各类继续教育机构高素质教师队伍建设,以教学质量和教学效果为考核重点强化动态管理,推进师资共享。"从事培训工作的教师队伍的素质结构制约着教师培训的质量。教师培训师乃致力于教师培训工作,具有教师教育的先进理念、专业知识、专业技能、职业信仰及丰富的实践经验,促进教师专业发展的专职从业人员。教师培训师不同于中小学教师,亦不同于大学教师及科研人员,他们既是培训的设计者,又是培训的实施者,拥有多重身份。他们责任重大,不仅能够根据中小学教师培训发展需要合理谋划培训工作,还要具备教师培训的专业精神、专业知识及能力。当今教师继续教育的重中之重,乃是建立一支专业化的教师培训师队伍,为高水平的教师继续教育提供智力支持。

四、教师培训师的职责

教师培训师需要全程参与教师培训工作，从工作的筹划到实施、过程监控、效果检验，缺一不可，承担多重责任，履行多项职责。

（一）确定教师专业发展需求

确定教师专业发展需求是教师培训师的首要职责。开展教师继续教育，要以教师教育需求为核心，着眼于服务教师个人的成长规划，考虑教师的学习地位。"教师是主体，有充实的内在价值需求，教师继续教育必须充分满足这种需求。"① 每次在组织大规模的培训活动之前，教师培训师都要深入学校，通过座谈、问卷调查、访谈等形式，了解、聆听一线教师的意见和建议，收集他们在教育教学中遇到的实际问题；或通过征求中小学校长的建议，了解到教师们希望开展哪些方面的专业培训。在多方人员的参与下，在充分尊重中小学教师需求的基础上，教师培训师从教师的发展需求出发，量体裁衣，制定适宜的培训方案，使开展的培训尽可能地符合教师个人实际的专业成长计划，使每个教师的潜能得到最大程度的发挥。

（二）高层次筹划、设计培训项目

高层次筹划、设计培训项目是教师培训师应该具备的核心专业能力。教师培训师应根据前期调研的教师需求，清晰、详细而周密地制定培训方案，包括举行培训的时间及培训持续时长、目标研制、课程设置等，其中重点是目标研制及课程设置。

在培训目标的研制中，应促进教师继续教育理论研究与实践的匹配，"应加强研究的实践应用性。这不仅是解决继续教育实践问题的需要，也是教师教育学科建设和发展的需要如何适应新时期社会发展的需要，如何指导并服务于实践"②。目标设计以"问题解决"为中心，聚焦教育教学"难题"，发挥问题优势，提升参训教师解决实际问题的创造性思维能力。问题应"带有一定的普遍性，但问题产生的原因比较复杂，很难依靠教师任职学校自身的力量加以解决，有些问题也很难在专家的指导下及时得到解决"③。

在培训课程设置上，采取政府购买、组织开发、引进等方式，形成多样化的优质培训课程资源，尤其是通过灵活地组织、挑选、设置一些贴近一线

---

① 杨启亮. 在职教师继续教育的价值取向［J］. 教育研究，2000（4）.
② 胡红梅，周波，黄恩亮. 近十年中小学教师继续教育研究述评［J］. 中国成人教育，2010，（23）.
③ 谭兆敏，段作章. 国外教师在职培训模式的比较研究与启示［J］. 继续教育研究，2006（1）.

教师的培训课程资源，尊重参训教师已有实践经验的分享，提升教学实践智慧。例如，通过教学大赛、公开课等活动，推选优秀教师进行随堂教学录像，经过编辑处理，设置相应的监控程序，将之转变为教师培训网络课程，供教师学习交流；或组织优秀教师"现身说法"，以经验为基础，交流先进的教学理念、教学策略及方法等。

（三）严密组织、监控实施过程

教师培训师也是培训课程的实施者和完善者，包括选择适合的培训方法与策略，合理地安排培训流程及有效地组织与管理。目前各级教师培训工作都在艰难中前行，存在着严重的工学矛盾，教师参与培训的积极性不足，而组织培训的教师为了顺利推进培训，采取一些僵化的调控手段。例如，为了避免参训教师中途退场，采取找几个教师在培训场地各守一门的"值岗"方式，通过监视强制教师留下。"程序和规范是有价值的，但切记不要让他们成为学生的负担。"① 如果教师培训师利用智慧有效调控培训过程，吸引教师的注意力，那么，采取僵化的"值岗"方式则根本没有任何必要。若使用管制孩子的方法培训教师，其结果将是失败的。每一次"值岗"，不仅剥夺了教师的自由，更重要的是一次次降低了教师参与教师培训的积极性，让教师感到每一次参与培训都在"被监视"。

"基于外部干预性学习对教师行为改进效果不够理想，教师培训设计应以开展自主学习为主线，尊重学员自我的发展规划，关注如何培养学员持久的自主学习能力。"② 在组织培训过程中，教师培训师要充分利用智慧，根据自身的实践和经验，将理论解读与案例剖析融为一体，将知识授予同实践智慧相互对接，将经验交流与互动对话有机结合等，促进教师积极参与。"格尔特兰德指出，'在课堂控制中，应有95%依靠动机与兴趣。如果满足了他们的需要与兴趣，学生就会积极、认真地学习；……'"③ 参训教师和学生是一样的，应该给他们提供自主学习的空间，坚持开放性原则，强调优质培训资源共享，大力开展合作性学习，通过激发教师的继续教育动机调控教学过程。

---

① NAKAMURA R M. 健康课堂管理［M］. 王建平，等译. 北京：中国轻工业出版社，2002：216.
② 易斌. 诺尔茨成人学习理论对中国成人教学的启示［J］. 中国成人教育，2008（12）.
③ NAKAMURA R M. 健康课堂管理［M］. 王建平，等译. 北京：中国轻工业出版社，2002：195，216.

（四）跟踪检测培训效果

跟踪检测培训效果是教师培训师的重要职责之一。2011年《教育部关于大力加强中小学教师培训工作的意见》提出新时期中小学教师培训的总体要求，即教师培训要"紧扣培养造就高素质专业化教师队伍的战略目标，以提高教师师德素养和业务水平为核心，以提升培训质量为主线，……"教师培训师要在每一场培训结束后对照此要求，及时跟踪检测培训效果，总结经验和教训。若只注重培训工作的实施，而缺乏后期跟踪，培训将流于形式。培训效果的检测，关系到教师培训工作的有效性，检测结果也将作为教师培训师推进下一步工作的有效依据。

目前，培训者大多通过由参训教师书面填写满意度的单一方式检测培训结果，这存在一些局限性。有时，参训教师已熟知培训者的意图，还未接受培训就已将对培训的评价填入满意度反馈表中，且多数为满意。这样，实际的教师培训效果检测将缺乏参照性。因此，教师培训师在检测培训效果时，要打破单一形式的束缚，通过研讨会、座谈会、听课、访谈等多种途径，了解教师在培训后的教育教学行为变化及能力提升。只有通过多种途径、多个侧面的跟踪调研，才能够真正检测出教师培训的有效性、实用性。

五、教师培训师的职业标准

教师培训师应该遵循严格的专业标准，国家要从政策层面加以引导和规范。

（一）有热爱教师培训工作的职业信仰

教师培训师要有为教师教育而奉献的坚定信念，能够沉浸于教师培训事业之中。"信念包括正在存在和那些自我造就的存在。信念永远要承担存在，但却不能宣告最后的证明，它与现在永远有距离，它不断地制造新的问题。"① 选择教师培训，源于对教育工作的热忱，意味着对教师教育工作的关心与支持；踏上教师培训工作岗位，就选择了从业方向，要不畏艰难，坚定不移；耕耘在教师培训工作岗位上，要树立高度的责任心，在从培训前期准备、方案设计、内容选择、实施与管理到跟踪反馈的整个过程中倾注感情。

教师培训关系到无数教师的健康成长，这项事业大有可为。在繁华而喧嚣的时代潮流中，教师培训师要有一种超脱世俗的哲人境界，"我唯一要做的事情就是通过工作和信仰进行自救——虽然我两手空空，一文不名"② 。要

---

① 杜小真. 萨特引论 [M]. 北京：商务印书馆，2009：162 - 163.
② 杜小真. 萨特引论 [M]. 北京：商务印书馆，2009：167.

淡泊名利，始终保持宁静而平和的心态。教师培训师要不断追求创新，在平凡的工作岗位上超越自我，实现自己的理想，寻找到生命的真正价值。"真理向那些心灵纯洁、高尚的人表明，只有他们才会热衷于教育事业。谁不是为了人类的自身缘故去探求教育事业，谁就不会找到这种教育事业。"①

（二）有丰富的专业知识基础

教师培训师是教师专业发展的领航者，承担着为教师"雪中送炭"的艰巨使命。为了提高"送炭"的质量，必须保证"送炭"有其内容。教师培训师需要具有深厚的教育学、心理学及学科知识基础，了解当代教育思潮、教师专业伦理、学科教学新进展、教师教育研究新进展等前沿问题，通晓哲学、人文、科技等研究领域的一些相关专题。"人为了存在就要不断地更新，人就必须要不断地自我选择，否则就会重新落入单纯的自在的存在中去。"②教师培训师还要坚持贯彻"终身教育"理念，联系工作实际，注重锻炼解决实际问题的能力，加深对教师教育专业的理解，提升自身经验，自主进行教师专业发展专题研究，开展教育行动研究、教育案例研究等，研修教师专业理想、情操以及提升教师生命质量相关的理论，不断提升自身的专业知识水平。

（三）有从事教师培训工作的实践经验

培训不能仅以形式抓住教师，而要以丰富的内容征服教师。从服务对象来看，教师继续教育的对象是有丰富教学实践经验的一线教师。为了提高广大参训教师参与继续教育的积极性，教师培训师必须有两年以上从事教师培训的实践经历，具有调控教师继续教育活动的实践智慧。教师继续教育的许多经验和智慧都是在实践中积累的，一场培训的方案设计、时间安排、内容设计、场地选择等组织工作中的细枝末节问题，靠别人传授经验是不够的，必须是在一场场培训中，通过自身不断体验、感悟与积累，进一步深化培训目标制定、方案设计、内容选择、组织管理等过程的行业知识，最后形成教师培训的实践智慧。教师培训师尤其要关注解决教师缺乏参与继续教育积极性的问题，在培训中不断总结经验教训，深思以后改进工作的方式，安排受参训教师欢迎的内容，从为教师不断地补充所教学科的新知识、新观点、新理论，转向侧重于对教师教育教学能力与策略的研修与锻炼，指导教师学会运用现代教学辅助工具，帮助教师不断提高教育教学能力、科研能力，形成教育技巧，改进教学工作。

---

① 第斯多惠. 德国教师培养指南［M］. 袁一安，译. 北京：人民教育出版社，2001：25.
② 杜小真. 萨特引论［M］. 北京：商务印书馆，2009：141.

（四）有从事教师培训工作的专业能力

教师培训师需要具有培训课程设计、合作研修指导和管理及教师专业发展规划设计指导等专业能力。教师培训师要坚持以教师为中心开展培训，能够针对教师教学工作中的实际需要，为教师搭建一个专业发展的平台，提供情境和机会，鼓励教师针对在教学中所出现的难以凭借自身力量解决的问题进行探讨，解决新问题和掌握新的教学方法与教材，激发教师自我学习的需要和学习的自主性。在这里，重要的是具备培训课程的设计能力。教师培训师要坚持"实际""实用"，追求"实效"，安排与参训教师工作密切相关的知识及参训教师的"视界"所能接纳的知识，有效调整课程资源。在资源有限的情况下，教师培训师要有效组织、重新开发有价值的课程资源，对学科教学专题、课堂教学案例、青少年心理健康、综合实践活动课程设计与指导、课堂教学诊断、课堂教学评价、信息技术与学科课程的整合、班主任班级管理等问题，开展深入研究，形成系统的教师教育实践智慧，并转化为培训资源，与参训教师开展对话，在对话中提高教师的参与积极性，促进教师专业能力的提升。

六、教师培训师的培养

在明确教师培训师的角色定位及职业标准的基础上，应该从建立教师培训师资格认证制度、构建教师培训师共同体、组织高层次的教师培训师专项培训等方面加强教师培训师的专业培养。

（一）建立教师培训师资格认证制度

为了进一步规范教师继续教育从业者的工作性质，有关部门可制定相关的制度。例如由教育部组织相关教师教育专家或国培资源库的教师组成专家组，对中小学教师培训工作开展深入研究，像制定中小学教师资格证书一样，制定教师培训师资格认证制度，对教师培训师的从业标准给予详细规定，促进教师培训师的专业发展。建立教师培训师资格证书制度，将能够吸收一些热衷于从事教师培训工作的培训者，让他们有一种归属感，也能为规范中小学教师培训提供有力的智力支持，同时相应地建立并逐步完善培训者考核评价制度，形成培训者队伍动态管理机制，增强教师培训师的责任意识。

（二）构建教师培训师共同体

目前，教师继续教育培训者主体主要包括三个部分：一是受过系统教师教育教学专业训练、理论知识扎实的高校教授及专家；二是教师继续教育管理机构管理人员及教研员；三是在一线教学中表现优秀、经验丰富的中小学教师。对比三者，高校教授及专家具备教师教育专业的理论视野和技术，但缺乏教师继续教育的实践经验；教师继续教育管理机构管理人员及教研员具有大量的教师继续教育管理经验，但缺乏专业视野和研究能力；一线教师长期战斗在教学一线，对教师继续教育的研究具有实践经验和体会，但缺乏理论水平。[①] 因此，为了加强教师培训师的队伍建设，应努力构建教师培训师共同体，加强培训者之间的深度合作，达到取长补短、互通有无的目的，建设一支专兼结合、素质过硬的教师培训师队伍。

（三）组织高层次的教师培训师专项培训

《教育部关于大力加强中小学教师培训工作的意见》（以下简称《意见》）提出："加强教师培训师资队伍建设。按照专兼结合的原则，建设一支素质优良、结构合理的教师培训者队伍。实行培训项目首席专家制度。建立教师培训项目专家库。遴选高水平专家和一线优秀教师组成培训团队。聘请理论功底扎实、实践经验丰富的专家和中小学优秀教师担任兼职教师。"各级教育行政部门要根据《意见》要求，积极组织国家级、省级的教师培训师专项培训，加强教师培训团队研修，开展教师继续教育专项课题研究，如"课堂教学模式研究"及"专业发展不同阶段教师的培训课程设置研究"等，每年研修时间不少于72学时，加强教师培训师之间的经验交流，注重提高教师培训师的素质。

[①] 胡红梅，周波，黄恩亮. 近十年中小学教师继续教育研究述评［J］. 中国成人教育，2010（23）.

第四章　教师专业发展指导体系建构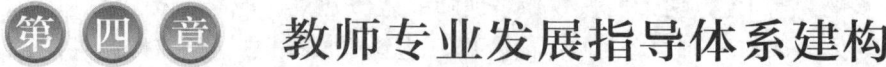

　　《国家教育事业发展"十三五"规划》提出要着力加强教师队伍建设。教师专业发展的有效途径是建构精准的专业发展指导体系，而研究与分析教师专业发展现状是理性建构教师专业发展指导体系的基础。只有精心做好前期的现状或需求分析，科学合理地设计专业发展内容，才能保证精准落到实处，促进教师专业可持续发展。《中学教师专业标准（试行）》和《小学教师专业标准（试行）》（以下简称"中小学教师专业标准"）明确指出教师是履行教育教学工作职责的专业人员，需要经过严格的培养与培训，具有良好的职业道德，掌握系统的专业知识和专业技能。教师专业发展的本体是教师在专业理念与职业道德、专业知识、专业能力等方面的发展，体现教师的岗位胜任力。

　　教师专业发展指导体系建构研究是通过问卷调查的方法进行的。问卷根据中小学教师专业标准进行设计，包括教师的基本信息，教师的专业理念与职业道德、专业知识和专业技能等方面的内容，最后根据调查情况科学建构教师专业发展指导体系。

第一节　教师专业道德发展指导体系建构

　　《教育部　中国教科文卫体工会委员会关于重新修订和印发〈中小学教师职业道德规范〉的通知》中强调，要"全面提高中小学教师队伍的师德素质和专业水平"，"教师的思想政治素质和职业道德水平直接关系到大中小学德育工作状况和亿万青少年的健康成长，关系到国家的前途命运和民族的未来。加强中小学教师职业道德建设，提高教师的师德素养，对于确保党的事业后继有人和社会主义事业兴旺发达，全面建设小康社会，构建社会主义和谐社会，实现中华民族伟大复兴，具有十分重要的意义"。而在新的历史时期，教师师德建设工作还面临着许多新情况新问题和新的挑战，师德建设工作亟待进一步加强和改进，师德建设的制度环境亟待进一步改善。因此，加强和改进师德建设仍是一项艰巨的任务。

一、教师的专业理念与职业道德现状

加强教师的师德建设，提高教师的师德素质，需要从一线教师的专业理念与职业道德现状着手，了解实践需求。在调研中，一线教师对专业理念与职业道德的反馈如下。

（一）教师对职业的理解与认识

教师在专业理念方面都有正确的认知。关于"您选择从事教育工作的原因"，不同教龄教师的选择存在一致性，有58.28%的教师从事教育工作是因为"热爱教育工作"，有鲜明的职业选择动机。教师选择职业的角度也凸显出教师职业的优越性，有17.70%的教师选择从事教育工作是因为认同教师职业，认为教师职业是"相对好的职业"（如表4-1所示）。

表4-1 不同教龄教师选择从事教育工作的原因

单位：人

原因	教龄					合计
	低于5年	5~9年	10~14年	15~24年	25年及以上	
热爱教育工作	231	172	112	102	48	665
偶然性	37	32	32	34	27	162
相对好的职业	73	50	32	31	16	202
高考分数决定下的必然选择	24	25	27	20	16	112

（二）教师对学生的态度和行为

关于"您通常以什么方式关心学生"，31.8%的教师选择"认真组织教学"，32.8%的教师选择"关心他们的心理健康"，19.1%的教师选择"课后答疑，指导学习"，还有15.5%的教师选择"关心他们的生活和实际困难"（如表4-2所示）。教师在实践中根据教学的实际需要，选择适合的方式关心学生。

表4-2 不同教龄教师通常关心学生的方式

单位：人

方式	教龄					合计
	低于5年	5~9年	10~14年	15~24年	25年及以上	
课后答疑，指导学习	76	51	42	23	26	218
认真组织教学	109	87	72	61	35	364
关心他们的生活和实际困难	73	40	20	34	10	177
关心他们的心理健康	107	98	66	68	36	375

（三）教师教育教学的态度和行为

教师教育教学的态度和行为主要通过调研教师专业发展的主要动力来获得相关认识。关于教师专业发展的主要动力问题，每个教龄段教师的认知具有很强的一致性。教师追求专业发展的动力都比较强，与我们平时的预想不太相同。我们会片面地认为教师专业发展的动力是追求获得继续教育学分或晋升职务职称，而事实上，教师专业发展的动力是积极的，其专业理念具有正向的导向性。在参加问卷调查的教师群体中，有72.5%的教师选择"更新知识，提高素质"；32.5%的教师选择"获得继续教育学分"；30.5%的教师选择"晋升职务职称"；16.6%的教师选择"听从学校和部门安排"；55.7%的教师选择"适应教育改革的新要求"；42.7%的教师选择"更好地实现人生价值"；54.3%的教师选择"使学生获得更好的发展"；只有9.1%的教师选择"追求更高的收入"（如表4-3所示）。教师首先关注的是自身素质的提升，较少关注自己的切身利益及能否促进收入水平提高。由此看出，多数教师教育教学的态度和行为比较端正，希望通过专业发展更新知识和提高素质，主动适应教育改革的新要求，着眼于促进学生获得更好的发展，更好地实现自己的人生价值。

表4-3 不同教龄教师专业发展的主要动力

单位：人

主要动力	教龄					合计
	低于5年	5~9年	10~14年	15~24年	25年及以上	
更新知识，提高素质	279	197	143	143	67	829
获得继续教育学分	111	94	72	61	34	372
晋升职务职称	132	101	62	32	22	349
听从学校和部门安排	68	55	38	20	9	190
适应教育改革的新要求	190	153	128	113	53	637
更好地实现人生价值	172	127	83	72	34	488
使学生获得更好的发展	198	152	99	120	52	621
追求更高的收入	45	24	16	12	7	104

在了解教师专业发展动力的基础上，还可以从另一方面验证教师的认识，了解教师的专业态度。在"您认为什么最能体现教师专业发展进步"的回答中，以教龄10年为界，教龄10年以下的教师的观点是一致的，教龄10年以上的教师的认知也是一致的。教龄10年以下的教师选择"学生获得良好发展"的人数最多，选择"业务水平的提高"的人数次之；而教龄10年以上的教师选择"业务水平的提高"的人数最多，选择"学生获得良好发展"的人数次之；各个教龄段在接下来的选项的选择人数是完全一致的：选择人数居于第三位的是"个人修养的完善"，排在第四位的是"经济水平提高"，排在第五位的是"职务职称的晋升"，最后才是"取得更高的学历"（如表4-4所示）。通过数据可知，教师认识的专业发展是以学生获得良好发展、个人业务水平的提高和个人修养的完善，甚至需要通过实际增加教师的收入体现出来的，并非以提升职务职称或提高学历的形式体现。教龄10年以下的教师更加关注学生的发展，教龄10年以上的教师更加关注自身业务水平的提高。

表4-4 不同教龄教师认为的专业发展的具体体现

单位：人

体现	教龄					合计
	低于5年	5~9年	10~14年	15~24年	25年及以上	
职务职称的晋升	104	79	62	33	26	304
取得更高的学历	90	56	42	23	17	228
学生获得良好发展	268	205	144	143	74	834
个人修养的完善	245	192	136	125	63	761
业务水平的提高	260	196	145	145	77	823
经济收入水平提高	147	105	97	78	30	457

（四）教师的个人修养和行为

关于"最重要的职业行为境界"，不同教龄段教师的认识也存在较高的一致性，每个教龄段的教师中选择"对学生无私的关爱"的人数最多，占教师总数的42.9%，选择做"道德楷模"的占22.0%，而选择"高水平的课堂组织能力"和"高超的讲课艺术"的教师共占34.4%（如表4-5所示）。由此看出，教师普遍具有较高的道德境界，认为教师最重要的职业行为境界是"对学生无私的关爱"或成为"道德楷模"。

表4-5 不同教龄教师认为最重要的职业行为境界

单位：人

职业行为境界	教龄					合计
	低于5年	5~9年	10~14年	15~24年	25年及以上	
道德楷模	92	52	50	37	21	252
高超的讲课艺术	63	59	32	35	10	199
高水平的课堂组织能力	84	45	34	15	17	195
对学生无私的关爱	125	121	87	100	58	491

二、教师的专业理念与职业道德存在的问题

以上的数据反映，广大教师基本上对教师职业认同感较高，通过多元化的方式关心、关爱学生，教育教学态度端正，专业发展动力清晰而积极，个人修养和专业素质比较高。但是在实践中，教师的专业理念和职业道德水平存在一些亟待解决的问题。为了进一步加强教师的师德素质，还需要正视这些问题，并深入剖析。

(一) 教师的职业态度和行为需要进一步改进

关于教师最需要改进的问题,有71.4%的教师选择"安于现状,疏于改进教学"(如表4-6所示),不同教龄段教师的选择具有一致性,认为这是目前教师共同存在的,也是师德方面亟须改进的问题。这在教师师德建设中尤其需要引起重视并重点考虑。

表4-6 不同教龄教师认为最需要改进的问题

单位:人

内容	教龄					合计
	低于5年	5~9年	10~14年	15~24年	25年及以上	
缺乏爱心	35	20	14	16	7	92
不尊重学生	12	7	8	9	5	41
安于现状、疏于改进教学	243	205	150	137	82	817
违反纪律规定	21	12	3	6	6	48

(二) 教师的职业道德境界需要进一步提高

关于师德建设中存在的主要问题,教龄低于15年的三组教师的认识存在一致性,认为排在第一位的是"育人意识淡薄",排在第二位的是"功利化严重";教龄在15年以上的教师认识也存在一致性,认为排在第一位的是"功利化严重",排在第二位的是"育人意识淡薄"。教龄在5年以下的新教师中选择"自身表率作用欠缺"的多于选择"爱岗敬业精神不强"的,其他教龄段教师都认为"爱岗敬业精神不强"的问题要大于"自身表率作用欠缺"(如表4-7所示)。一线教师对教师职业道德建设问题的反馈是教育管理者在加强师德建设时应该首要关注的。

表4-7 不同教龄教师认为师德建设中存在的主要问题

单位:人

存在的主要问题	教龄					合计
	低于5年	5~9年	10~14年	15~24年	25年及以上	
育人意识淡薄	101	81	68	50	33	333
爱岗敬业精神不强	69	53	39	37	25	223
自身表率作用欠缺	80	49	36	32	11	208
功利化严重	97	83	57	59	36	332

三、教师专业道德发展指导体系的理性建构

习近平总书记特别关注与关心教师队伍建设，认为广大教师是中华民族"梦之队"的筑梦人。广大教师责任重大，使命光荣。针对教师中仍存在的一些师德问题，加强教师专业理念和职业道德建设任重而道远，需要科学建构教师专业道德发展指导体系。

（一）坚持师德之本，始终将职业道德建设放在首要位置

针对教师安于现状、疏于改进教学、育人意识淡薄等问题，需要始终坚持将"加强专业理念和职业道德建设"放在教师专业发展的首位，狠抓教师职业理想和职业道德教育，进一步弘扬社会主义核心价值观，使教师牢固树立教育理想信念，增强立德树人的责任感，做学生健康成长的引路人，提高对教师职业的认同感和幸福感。将教师专业理念和职业道德作为教师专业发展的重要内容，开展形式丰富的师德教育活动，将教师职业理想、职业道德、学术规范以及心理健康等融入教师专业发展全过程。设置师德建设课程为教师业务培训的必修课程、通识课程，每年在72学时中至少安排18学时，强调师德建设的重要性，任何教龄段的教师都必须学习。要让教师充分认识到加强师德建设相关内容学习的重要性，组织教师认真学习国家教育方针政策、教育法律法规和新时期的教育发展形势，掌握教育规律、学生身心发展规律和特点，认识职业的专业性和独特性，形成崇高的职业理想和坚定的职业信念，强化教书育人的责任感。强化师德师风建设，持续开展"师德师风教育活动月"活动，充分挖掘、宣传各级"最美教师"的模范、感人事迹，扩大"英雄"的感染力及示范效应，形成积极的师德风尚，激励教师长期从教、终身从教。健全师德建设的长效机制，制定师德师风考核评价办法，在明确师德底线要求的基础上，以奖励、激励和鼓励为导向，不是关注教师哪些方面做得不好，而是要重点关注教师师德典范并加以弘扬，增强正强化效应，提高教师教书育人的荣誉感和幸福感。

（二）塑造发展之基，创设高尚师德生成的良好生态环境

对学校现有师德状况影响最大的因素，不同教龄段的教师和教师群体的认知都存在较高的一致性。在教师群体中，46.6%的教师选择"社会环境压力"，28.3%的教师选择"制度环境压力"，24.3%的教师选择"经济环境压力"和"人际环境压力"（如表4-8所示）。根据教师的反馈，在建构教师专业发展指导体系、加强教师的师德建设的过程中，要特别关注教师生活和工作的社会环境和制度环境，根据教师的职业特点，从制度层面为教师设置适合教师需求的生活及工作环境，而不是一味地约束、限制教师的专业发

展张力，强调教师要勇于奉献、道德高尚。以自然人去看待教师，为教师创设良性生态环境，鼓励全社会真正地尊重教师，而不是只在用到教师的时候才想到他们。政府层面应提高对教师职业的重视程度，不应只是停留在口号上，而必须体现在行动上，真正地关心教师的身心，让教师感受到社会对教师职业的高度尊重。是否被尊重要主体自身说了算。社会上一直在谈尊师重教，但作为教师的个体却很少体会到被尊重的感觉，和理想的社会生态环境之间还有一定差距，还需要我们勇敢地探索与不断地改进。

表4-8 不同教龄教师认为影响师德的主要因素

单位：人

主要因素	教龄					合计
	低于5年	5~9年	10~14年	15~24年	25年及以上	
经济环境压力	75	52	29	14	5	175
人际环境压力	32	28	21	13	8	102
制度环境压力	110	67	62	62	23	324
社会环境压力	144	130	90	97	71	532

（三）满足生命之源，通过提高教师工资待遇增强教师的职业成就感

在问卷调查的教师样本中，认为教师专业发展还是需要通过"经济收入水平提高"体现出来的教师，教龄在5年以下的有147人，教龄为5~9年的有105人，教龄10~14年的有97人，教龄为15~24年的有78人，教龄25年及以上的有30人，共占总数的40%。谈到教师专业发展，教师们实际上并不希望通过职务职称的晋升或学历提升体现出来，而是希望通过一些实惠的方式体现，例如实际收入提高。因此，为了促进教师爱岗敬业，需要满足教师的生活需求，设置根据教师专业成长不断提高教师工资的标准。如今，教师工作压力大，工资待遇缺乏竞争力，难以吸引、鼓励更多的优质人才从教、乐教，而我国经济水平发展迅速，在经济条件允许的基础上，可直接通过提高教师工资的形式，明确规定教师工资高于公务员工资，各地规定超出额度控制在10%，而不要含蓄地提"高于或至少不低于"公务员工资。这可以让教师产生一种补偿心理，认为自己的工作还是被尊重的。在大学毕业生择业的时候，可能会有一部分优质人才在工资的激励下选择教师职业。教师工资水平提升了，教师安居乐业，又从"高于公务员工资"的提法中获得部分尊严，这样将有效激发教师终身从教的教育信念，形成争做教师的氛围。

（四）成全发展之本，鼓励教师擦亮生命的底色做高尚的职业追求者

鼓励教师追求生命的本真。做教师只是选择一种生活方式、一种生存状

态。工作只有类别之分，没有贵贱之分。因此，选择做教师，首先就要树立对教师职业的认同感。任何工作都有做起来得心应手的时候，也有做起来并非顺心如意的时候，需要从业者依靠自身去调节心境。做教师已经成为既定的事实，使得选择教师职业成为一种"真实性"存在，教师在此就应该依靠自我的力量，去完成一种"超越性"，勇敢地面对这个真实性。[①] 从事一种职业的专业理念和道德水平很大程度上依赖于主体的自觉水平，教师是一种关系学生健康成长的职业，教师的一言一行都可能对学生的发展造成深远影响。教师要能够从职业本真出发，恪守岗位职责，注重言传身教，静下心来教书，潜下心来育人，从容应对职业，少受舆论干扰，加强学习，坚持文化自信，不断调整、完善知识结构，提高育人能力，在关注学生健康成长的同时关注个人修养的提升，做个高尚的职业追求者，用自己的方式行走在自己的人生道路上，以自我人格魅力和学识魅力感染学生，让人生过得充实而又幸福。一个能够从工作中发现幸福的教师，肯定会更乐于投身教育之中。天长日久，这种幸福感不仅会成为一种前进的动力，激发教师创造更多幸福，也会成为教师理想信念的重要源泉。[②]

第二节　教师专业知识发展指导体系建构

作为教师，必须具备系统而扎实的专业知识基础，掌握教育学、心理学的基本原理，学科知识和学科教学知识，熟悉所教学科的知识体系、学科内容、学科课程标准等，具有自然科学知识、人文社会科学知识、艺术欣赏与表现知识、现代化的信息技术知识等广博的通识性知识。建构教师专业发展指导体系，就需要引导教师不断学习、丰富、补充专业知识。但是，不同教龄的教师群体有不同的需求，提供什么样的学习内容，一直是指导教师专业发展过程中的难点，在给教师提供适合的学习内容方面很难突破。因此，为了精准建构，迫切需要对教师的专业知识现状开展深入研究。

[①] 弗林. 存在主义简论 [M]. 莫伟民，译. 北京：外语教学与研究出版社，2013：212.

[②] 朱永新. 好老师是民族的希望：深入学习习近平总书记教育思想（六）[N]. 中国教育报，2017-09-07（1）.

一、教师专业知识发展现状

(一) 教师的优势知识领域

关于对优势知识领域的认识,不同教龄的教师之间存在较高的一致性。所有教龄段的教师中都是选择"学科知识"的人数最多,有625人,已远远超过半数;选择"教育学、心理学方面的知识"为优势知识领域的人数尽管居于其次,但只有250人,已远远少于半数;选择"教育科研方面的知识""现代教育技术方面的知识""人文类知识"和"科技方面的知识"的教师人数更为稀少(如表4-9所示)。从教师的反馈可以看出,教师普遍具有扎实的学科知识,也具备一定的教育学、心理学方面的知识,而教育科研方面的知识、现代教育技术方面的知识、人文类知识、科技方面的知识都需要进一步提升。

表4-9 教师的优势知识领域

单位:人

知识领域	教龄					合计
	低于5年	5~9年	10~14年	15~24年	25年及以上	
学科知识	200	141	112	105	67	625
教育学、心理学方面的知识	74	67	49	48	12	250
教育科研方面的知识	16	22	9	19	12	78
现代教育技术方面的知识	36	10	10	7	5	68
人文类知识	28	28	20	7	11	94
科技方面的知识	8	7	3	1	0	19

(二) 教师欠缺的专业知识

掌握了教师对自身优势知识领域的了解情况后,接下来从反向了解教师自身欠缺的专业知识。

如表4-10所示,关于学科知识,各个教龄段的教师在认知上表现出较高的一致性,有83.1%的教师认为自己的学科知识没有欠缺。这反映了教师的专业基础扎实,学科知识系统掌握程度良好。

关于教育学、心理学方面的知识,各个教龄段的教师在认知上表现出较高的一致性,有67.0%的教师认为自己并不欠缺教育学、心理学方面的知识。这反映了教师对教育学、心理学方面的知识有过系统学习。

表4-10 教师欠缺的专业知识

单位：人

知识领域	教龄					合计
	低于5年	5~9年	10~14年	15~24年	25年及以上	
学科知识	71	52	31	25	14	193
教育学、心理学方面的知识	134	96	64	53	30	377
教育科研方面的知识	242	167	127	107	47	690
现代教育技术方面的知识	191	149	107	107	57	611
人文类知识	93	88	66	41	30	318
科技方面的知识	158	150	107	90	55	560

关于教育科研方面的知识，除教龄25年以上的教师以外，其他教龄段的教师的认知都存在较高的一致性，选择欠缺"教育科研方面知识"的人数远远超过所在教龄段教师总数的一半。教龄25年以上的教师多数认为自己不欠缺教育科研方面的知识，这反映该教龄段教师积累的经验较丰富，科研素养比较好，但也不能排除此教龄段教师满足自身现状、不积极进取提高科研能力的可能性。从数据来看，教师普遍对教育科研方面的知识有较高的需求和正确的认知，希望得到正确的引导。

关于现代教育技术方面的知识，各个教龄段教师的认知存在较高的一致性，选择欠缺"现代教育技术方面知识"的人数均多于未选择此项的教师。在教师群体中，有53.4%的教师认为自己欠缺现代教育技术方面的知识。随着教育现代化水平的提高，教育信息技术日新月异，教师现代教育技术方面的知识需要不断更新。

关于人文类知识，所有教龄段教师的认知也有较高的一致性，每个教龄段的教师中均有半数以下认为自己的人文类知识欠缺。在教师群体中，只有27.8%的教师认为自己欠缺人文类知识。但一些教师认为人文类知识不是教师需要的知识的想法，也将干扰此项选择结果。

关于科技方面的知识，教龄5年以下和教龄15~25年这两个教龄段的教师中，少于半数的教师认为自己欠缺科技方面的知识。其余三个教龄段，教师的认知也是一致的，超过半数的教师认为他们欠缺科技方面的知识。而在教师群体中，有51.0%的教师认为自己不欠缺科技方面的知识，这可能与教师认为科技类知识不是教师必备的专业知识有关。

二、教师对专业知识的认知

在教师群体中，教师对专业知识的认知呈现一定的差异性。关于教师职业道德知识，除教龄低于5年的教师外，其他教龄段的教师在认知上存在较高的一致性。在教龄低于5年的教师之中，有超过一半的教师认为教师需要具备职业道德知识。而教龄在5年以上的教师中，认为职业道德方面的知识是教师最需要的专业知识的人数均少于半数，教龄在25年以上的教师中比例最低。由此可知，教龄低于5年的教师对职业道德知识的需求较为迫切。

关于教育学、心理学方面的知识，所有教龄段的教师在认识上存在较强的一致性，超过半数认为教育学、心理学方面的知识是最需要的专业知识之一。在教师群体中，有63.6%的教师认为教师应该掌握教育学、心理学方面的知识（如表4-11所示）。

表4-11 教师认为最重要的专业知识

单位：人

知识领域	教龄					合计
	低于5年	5~9年	10~14年	15~24年	25年及以上	
教师职业道德知识	184	119	91	80	39	513
教育学、心理学方面的知识	226	184	135	118	65	728
教育哲学、教育社会学等人文科学知识	190	148	109	85	44	576
学科前沿知识	230	185	126	120	64	725
新课程改革知识	230	176	112	107	57	682
现代教育信息技术知识	193	143	107	101	52	596

关于教育哲学、教育社会学等人文科学知识，教龄在15年以下的教师和教龄在15年以上的教师有不同的认知。在教龄15年以下的教师中，超过半数的教师认为教育哲学、教育社会学等人文科学知识是教师需要学习的专业知识之一；教龄在15年以上的教师中，只有不到半数的教师有这方面的

需求。在教师群体中，有50.3%的教师认为需要学习教育哲学、教育社会学等人文科学知识。

关于学科前沿知识，不同教龄段教师的选择存在较高的一致性，每个教龄段的教师都有超过半数认为学科前沿知识是教师最需要的专业知识之一，教龄在10年以下的教师需求更为迫切。在教师群体中，有63.4%的教师认为教师职业需要具备较丰富的学科前沿知识。

关于新课程改革知识，不同教龄段的教师的认识存在较高的一致性，每个教龄段的教师都有超过半数认为新课程改革知识是教师最需要的专业知识之一，教龄在10年以下的教师对该知识的渴求更为迫切。在教师群体中，有59.6%的教师认为教师应该学习新课程改革知识。

关于现代教育信息技术知识，除教龄25年以上的教师外，其他教龄段的教师的认知存在较高的一致性。教龄25年以上的教师选择现代教育信息技术知识为重要的专业知识的人数少于不选择的教师，而其他教龄段的教师选择现代教育信息技术知识为重要的专业知识的人数均超过半数。在教师群体中，52.1%的教师认为现代教育信息技术知识是教师需要的重要专业知识之一。从数据分析来看，中青年教师都充分认识到现代教育信息技术知识的重要性，而随着教龄的增长，受年龄制约，教师对现代教育信息技术知识的需求也随之减弱。

三、教师专业知识发展指导体系的建构

根据不同教龄段教师对自身专业知识发展现状的反馈以及对教师职业所具备专业知识的认识，我们可以总结出不同教龄段教师专业知识的发展需求，并在此基础上科学建构教师专业知识发展指导体系。现在教师的专业发展越来越追求精准化，人们认为只要提供了精准的培训内容，教师不愿意接受培训的问题就会迎刃而解。本书的预设是根据教师的不同需求，为不同教龄段的教师提供不同的学习内容。事实上，调查结果比预设的更加简单，在精准设计方面操作起来更加方便。

教师职业所应具备的专业知识是建构教师专业知识发展指导体系的基础。在此基础上，根据不同教龄段教师专业知识的欠缺情况，再进行合理设置（如表4-12所示）。通过调查可知，尽管教龄段不同，但教师对教师专业知识的认知和需求在很大程度上却是一致的。以教育学、心理学方面的知识为例，所有教龄段的教师都表示出强烈的需求，他们从职业的认知角度认识到教师需要具备这类知识，并且认为自己在这些方面比较欠缺。因此，在建构教师专业知识发展指导体系的基础上，可以以教育学、心理学方面的知识为主要内容开设公选课，供所有教龄段的教师根据所需自主选择。又如教

师职业道德知识，不管教师愿不愿意学习，各个教龄段的教师都必须学习，可以将其设置为公共课，甚至可以设定为必修课。还可以围绕新课程改革知识，以教育哲学、教育社会学等人文类科学知识，现代教育信息技术知识，教育科研方面的知识为内容开设课程，将其设置为专业选修课，教师根据自己需要完成的学习任务量做选择。

表 4-12 不同教龄段教师专业知识发展指导图示

内容	教龄				
	低于5年	5~9年	10~14年	15~24年	25年及以上
教师职业道德知识	专业必修				
教育学、心理学方面的知识	专业选修				
学科知识及学科教学知识	专业选修				
新课程改革知识	专业选修				
现代教育信息技术知识	专业选修				专业选修（可弱化）
教育哲学、教育社会学等人文科学知识	专业选修				
教育科研方面的知识	专业选修（可弱化）	专业选修			
科技方面的知识	专业选修				

关于学科知识，多数教师认为是自身优势所在，因此，教授单纯的学科知识的课程没有必要重复开设。在此开展的学科课程内容的学习，是指传递给教师一些学科发展前沿知识及一些学科教学方面的知识，尤其是要根据不同的学科分类设置，这也是体现精准性的部分，设置好分科课程学习，具体由各学科教研员跟踪实施，满足各学科教师对学科知识及教学知识的需求。

关于现代教育信息技术知识和教育科研方面的知识非常重要，在设置为专业选修课的基础上，要充分考虑教师的教龄特点。根据教师的发展阶段的需求，教龄5年以下的新教师重点是要为做好教师打好基础，尽快适应岗位需求，对他们可弱化教育科研方面知识的学习；而现代教育信息技术尽管非常重要，但对于教龄在25年以上的教师，应该区别看待，他们年龄偏大，对现代教育信息技术的需求也不是那么迫切，因此，可适当弱化他们对现代教育信息技术知识的学习。

关于科技方面的知识，可能有些教师心中会存有疑问：为什么教师要了解科技方面的知识？这是因为当前社会发展速度较快，科技发展迅猛，未来人工智能的发展可能会给人类及教育带来较大的冲击和改变。为了充分应对未来的挑战，教师需要学习一些体现当今科技进步和发展的科普类知识。组织者可以开设相关课程作为自主选修内容，让教师根据兴趣自行选择。

第三节 教师专业能力发展指导体系建构

教师专业成长要求教师不断提升参与教育教学的实践能力，能够科学设计教学目标和教学计划，合理利用教学资源和方法设计教学过程，营造良好的学习环境与氛围，整合现代信息技术手段，有效调控教学过程，将育人有效融入学科教学，根据学生的特点有针对性地开展德育活动及身心健康教育活动，掌握多元评价方式，多视角、全过程评价学生，根据评价结果及时调整和改进教学，并且能够经常开展教学反思和教育教学研究，积极根据自身需要制定专业发展规划，自觉提升专业素质。

专业能力的发展是教师专业发展最重要的内容之一，怎样有效引导并促进教师专业能力的提升一直是一个难题。我们特别希望能够建构一套精准的教师专业能力发展指导体系，服务于教师的专业成长。为了建构科学的教师专业能力发展指导体系，需要对教师专业能力发展现状进行全面了解。

一、教师专业能力发展的现状

教师专业能力发展的现状主要通过教师的优势专业能力和欠缺的专业能力两个方面来体现。

（一）教师的优势专业能力

在了解教师对专业能力认知的基础上，还需要了解教师的专业能力状况，即他们认为自己最具优势的专业能力表现在哪些方面。关于课堂教学实践操作能力，各个教龄段的教师在认知上存在较高的一致性，都是选择课堂教学实践操作能力是自己的优势专业能力的人数最多。在教师群体中，75.1%的教师认为课堂教学实践操作能力是自己的优势专业能力（如表4－13所示）。

表4-13 教师对自身优势专业能力的认识

单位：人

内容	教龄					合计
	低于5年	5~9年	10~14年	15~24年	25年及以上	
课堂教学实践操作能力	250	211	156	152	89	858
教育科研能力	98	75	45	41	29	288
组织管理能力	180	174	138	112	59	663
运用现代信息技术能力	120	77	46	27	23	293
教学经验传递能力	65	77	73	92	51	358
交往能力	146	96	76	61	29	408

关于教育科研能力，各个教龄段的教师在认知上也存在较高的一致性，都是选择教育科研能力是自己的优势专业能力的人数较少。在教师群体中，只有25.2%的教师认为自己具有较强的教育科研能力。可见，教师的教育科研能力在各个教龄段都比较薄弱，需要大力提升。

关于组织管理能力，除教龄5年以下的教师外，其他教龄段教师的认知是一致的。教龄5年以下的教师选择组织管理能力是自己的优势专业能力的人数少于不选择的人数，其他教龄段中选择组织管理能力是自己的优势专业能力的人数均多于不选择的人数。在教师群体中，有58.0%的教师认为组织管理能力也是自己的优势专业能力。从以上数据来看，教师对自己的专业能力都有比较正确的判断：教龄5年以下的教师，因为刚参加工作，经验还有待进一步丰富，因此他们大部分认为自己的组织管理能力需要进一步提升；而随着教龄的增长，在教学实践中积累的经验越来越丰富，越来越多的教师对自己的工作更加自信，认为自己的组织管理能力具有一定的优势。

关于运用现代信息技术能力，各个教龄段教师的认知也存在较高的一致性。所有教龄段的教师选择运用现代信息技术能力是自己的优势专业能力的人数都远远少于不选择的人数。在教师群体中，只有25.6%的教师认为运用现代信息技术能力是自己的优势专业能力。从数据分析来看，所有教龄段的教师运用现代信息技术手段教学的能力都亟待提升。

在教师的专业成长中，教师经验的积累与传递非常重要。教育教学是一种实践，在实践中积累的经验具有很强的推广和使用价值。因此，教师积累的丰厚的经验是否能够向同行有效传递,也是一种重要的专业能力,尤其是对经验丰富、教龄较长的经验型教师而言。而关于教学经验传递能力,所有教龄段教师的认知存在较高的一致性,选择教师经验传递能力是自己优势专业能力的教师人数都比较少,随着教龄的增长,选择教学经验传递能力为自己的优势专业能力的教师比例逐渐增加,但也少于半数。在教师群体中,只有31.4%的教师认为自己的教学经验传递能力具有一定的优势。由此可见,虽然教师积累了一定经验,但总结、传递经验的能力需要进一步提升。

培养21世纪新型人才的交往能力非常重要,只有具有较强的交往能力的人才才能有效应对新世纪的挑战,因此,对教师的交往能力也提出较高要求,教师的交往能力强才能培养出交往能力强的学生。关于教师的交往能力,各个教龄段教师的认知也存在较高的一致性,选择交往能力是自己的优势专业能力的教师人数都比不选择的人数少得多,只有少部分教师认为自己具有较强的交往能力。在教师群体中,只有35.6%的教师认为自己的交往能力具有一定的优势。从数据分析来看,教师的交往能力水平有限,需要进一步提升。

(二) 教师欠缺的专业能力

对于教师的优势专业能力,我们还希望从反面来验证,了解不同教龄群体教师最欠缺的专业能力。关于课堂教学实践操作能力,所有教龄段教师的认知是一致的,他们普遍认为自己的课堂教学实践操作能力是不欠缺的。在教师群体中,只有17.6%的教师认为自己的课堂教学实践操作能力欠缺(如表4-14所示),这些教师均匀分布于各个教龄段的教师群体中。

表4-14 教师认为自身欠缺的专业能力

单位:人

内容	教龄					合计
	低于5年	5~9年	10~14年	15~24年	25年及以上	
课堂教学实践操作能力	94	48	33	15	11	201
教育科研能力	261	203	143	133	67	807
组织管理能力	130	73	52	37	24	316
运用现代信息技术能力	133	132	112	119	60	556
教学经验传递能力	151	76	48	25	15	315
交往能力	72	64	41	43	16	236

关于教育科研能力，所有教龄段的教师都有大半数认为自己的教育科研能力欠缺。在教师群体中，有70.6%的教师认为自己的教育科研能力比较欠缺。这进一步验证了多数教师认为教育科研能力非自己的优势专业能力。当然，教师的教育科研能力受到教师的科研素养和对教育科研重视程度的制约。

关于组织管理能力，各个教龄段教师的认知是一致的。各个教龄段中都有多数教师认为自己的组织管理能力并不欠缺，在教师群体中，有72.3%的教师认为自己的组织管理能力是不欠缺的，这与前述有58.0%的教师认为组织管理能力是自己的优势专业能力是吻合的。

关于运用现代信息技术的能力，在不同教龄段教师中，教龄10年是一个分水岭，教龄10年以下的教师中认为自己运用现代信息技术能力欠缺的少于半数，教龄5年以下的教师人数更少，只占该教龄段的36.4%；教龄10年以上的教师中，认为自己运用现代信息技术能力欠缺的教师都多于半数。从以上分析可见，教龄短的年轻教师使用现代信息技术的能力水平较高一些，对教龄10年以上的教师对提升运用现代信息技术能力的需求更为迫切。从教师目前使用流行的信息技术教学手段的情况来看，所有教龄段的教师的使用情况选择是一致的，各教龄段的教师中均为选择使用电子互动白板的人数最多，选择微课的人数次之，然后依次是翻转课堂、智能手机和慕课，选择人数依次递减。在教师群体中，选择使用电子互动白板的人数占39.9%，有32.5%的教师选择使用微课，有12.1%的教师选择使用翻转课堂，有8.3%的教师选择使用智能手机，有3.0%的教师选择使用慕课。现代化教育教学技术手段及媒介比较丰富，我们需要帮助教师提升运用合适的教育信息技术手段教学的能力，实现现代信息技术手段和教育教学的有效融合。

关于教学经验传递能力，所有教龄段的教师的认知是一致的。在各教龄段的教师中有少数教师认为自己教学经验传递能力欠缺，教龄越短，认为自己教学经验传递能力欠缺的人数越多；教龄越长，认为自己教学经验传递能力欠缺的人数越少。也就是说，随着教龄的增长，认为自己教学经验传递能力欠缺的人数逐渐减少。教龄5年以下的人数最多，有41.4%的教师认为自己教学经验传递能力欠缺；教龄25年以下的人数最少，只有14.0%的教师认为自己教学经验传递能力欠缺。由此可见，可以充分发挥教龄较长的教师的教学经验传递能力较强的优势，积极发挥引领示范作用，有效传递教学实践经验，引领年轻教师专业成长。

关于交往能力，所有教龄段教师的认知是一致的，各个教龄段的教师中认为自己交往能力欠缺的人数均为少数。在教师群体中，只有20.6%的教师认为自己的交往能力欠缺。由此可见，教师群体的交往能力水平较高，这一点也是教师的优势所在。因此，在教师的专业成长中，应加强教师之间的沟通与交流，建立同伴互助关系，积极发挥激励作用，互相吸收借鉴典型经验，促进专业水平共同提升。

二、教师对教师职业专业能力的认识

关于教师需要具备的专业能力问题，各个教龄段的教师给出的答案是一致的，都是选择"课堂教学的设计、实施能力"的人数最多，选择"课堂调控能力"人数次之，然后依次是"教育科研能力""班主任管理能力"和"运用现代教育信息技术能力"，选择人数全部呈现逐渐递减的趋势。因此，在教师样本中，选择五项专业能力的教师人数也呈现递减趋势，52.3%的教师认为需要具备的专业能力是课堂教学的设计、实施能力，24.1%的教师认为需要具备的能力是课堂调控能力，11.7%的教师认为需要具备的专业能力是教育科研能力，6.4%的教师认为需要具备的专业能力是班主任管理能力，而只有4.5%的教师认为最需要具备的能力是现代教育信息技术能力（如表4-15所示）。从以上数据反映的情况来看，教师需要具备的专业能力的排序是课堂教学的设计、实施能力，课堂调控能力，教育科研能力，班主任管理能力，运用现代教育信息技术能力。教师们认为课堂教学的设计、实施能力和课堂调控能力的重要性远远超过教育科研能力、班主任管理能力和运用现代教育信息技术能力。

表4-15 教师需要具备的专业能力

单位：人

专业能力	教龄					合计
	低于5年	5~9年	10~14年	15~24年	25年及以上	
课堂教学的设计、实施能力	192	156	109	87	53	597
课堂调控能力	97	53	42	53	30	275
教育科研能力	33	46	23	21	11	134
班主任管理能力	25	17	13	11	7	73
运用现代教育信息技术能力	15	5	13	13	5	51

三、不同层级教师专业能力发展关注点

下面将教师划分为新教师、中青年教师、经验型或专家型教师三个层级，同时将优秀教师和名教师区别于经验型或专家型教师，分别探究他们专业能力发展的着力点。

（一）新教师专业能力发展的关注点

关于新教师专业能力发展的关注点，不同教龄段教师的认识存在一定的一致性。所有教龄段的教师多数都认为新教师应该首要关注培养教育教学的能力。除教龄25年以上的教师外，其他教龄段的教师认为新教师其次应该关注学习新的教育教学理念。对于教学实践经验传递、加强教育教学规范、提高职业道德素养等方面的要求，各教龄段的教师之间存在不一致，但差异不是太大。所有教龄段都只有极少数的教师认为新教师应该关注教育科研能力。因此，对于新教师的专业发展，各年龄段教师的答案呈现对培养教育教学能力、学习新教育教学理念的能力、教学实践经验传递、提高职业道德素养、加强教育教学规范、教育科研能力等的重视程度按从高到低的顺序排列。在教师群体中，44.8%的教师认为新教师专业发展应关注培养教育教学能力，18.3%的教师认为新教师专业发展应关注学习新的教育教学理念，12.5%的教师认为新教师专业发展应关注教学实践经验传递，10.7%的教师认为新教师专业发展应关注提高职业道德素养，9.7%的教师认为新教师专业发展应关注加强教育教学规范，而仅有3.1%的教师认为新教师专业发展应关注教育科研能力（如表4-16所示）。这为我们提供了一个新教师专业成长的指引，按照教师提出的建议，应着重加强对新教师的教育教学能力、学习新教育教学理念的能力、教学实践经验传递等能力的培养。同时，由于人的精力是有限的，在鼓励年轻教师做好教师基础储备时应弱化对教育科研能力的培养。

表4-16 新教师专业能力发展的关注点

单位：人

关注点	教龄					合计
	低于5年	5~9年	10~14年	15~24年	25年及以上	
加强教育教学规范	35	21	20	20	15	111
培养教育教学能力	168	135	97	67	45	512

续上表

关注点	教龄					合计
	低于5年	5~9年	10~14年	15~24年	25年及以上	
学习新教育教学理念的能力	69	55	34	35	15	208
提高职业道德素养	22	26	24	33	17	122
教育科研能力	14	7	3	10	2	36
教学实践经验传递能力	54	34	20	22	13	143

(二) 中青年教师专业能力发展的关注点

关于中青年教师专业能力发展的关注点，除教龄5年以下、25年以上的教师以外，教龄在5~25年之间的各教龄段教师的认知是完全一致的（如表4-17所示）。这些教龄段的教师多为中青年教师，他们认为中青年教师应关注的能力，排在前四位的是学习新教育教学理念的能力、教育科研能力、培养教育教学能力、教学实践经验传递能力，较少教师选择提高职业道德素养和加强教育教学规范。比较有趣的是，教龄5年以下、25年以上的教师的选择尽管不同于教龄在5~24年的各教龄段的教师，但他们认为中青年教师专业发展的关注点排在前四位的也是学习新教育教学理念的能力、教育科研能力、培养教育教学能力、教学实践经验传递能力，只是排序稍有差异，也是较少的教师选择提高职业道德素养和加强教育教学规范。通过所有教龄段教师的集中反馈，可以得出这样的结论：中青年教师应该主要关注学习新的教育教学理念、教育科研能力、培养教育教学能力、教学实践经验传递的能力。

表4-17 中青年教师专业能力发展的关注点

单位：人

关注点	教龄					合计
	低于5年	5~9年	10~14年	15~24年	25年及以上	
加强教育教学规范	19	16	8	12	7	62
培养教育教学能力	96	48	39	28	28	239

续上表

关注点	教龄					合计
	低于5年	5~9年	10~14年	15~24年	25年及以上	
学习新教育教学理念的能力	102	99	67	67	28	363
提高职业道德素养	17	14	21	19	12	83
教育科研能力	60	67	42	41	18	228
教学实践经验传递能力	71	35	23	20	14	163

（三）经验型或专家型教师专业能力发展的关注点

关于经验型或专家型教师专业发展的关注点，除教龄10~14年的教师中选择"教育科学研究能力"的人数比选择"培养教育教学能力"的人数少以外，其余教龄段教师的选择都是一致的：选择"教学实践经验传递能力"的人数最多，有445人；选择"学习新教育教学理念的能力"的人数次之，有242人；选择"教育科学研究能力"的人数居于第三位，有186人；排在第四位的是选择"培养教育教学能力"的人数，有140人（如表4-18所示）。显而易见，教师们普遍认为经验型或专家型教师专业能力发展应该首要关注教学实践经验传递能力。教龄较长，他们在实践中积累的教育教学实践智慧比较丰富，将这些实践智慧更好地传播出去，可以影响更多的年轻教师，带动更多的年轻教师成长。同时，经验型或专家型教师也要有较强的教育科研能力，能够将自己积累的实践智慧提炼为理论智慧，便于宣传与学习。除此之外，教师认为经验型或专家型教师也要有学习新教育教学理念的能力，因为他们教龄较长，长期工作在教学工作岗位上，需要不断更新教育教学理念。较少数的教师选择加强教育教学规范和提高职业道德修养，这也与我们的预设——对经验型或专家型教师可弱化加强教育教学规范的能力——是一致的。

表 4-18 经验型或专家型教师专业能力发展的关注点

单位：人

关注点	教龄					合计
	低于 5 年	5～9 年	10～14 年	15～24 年	25 年及以上	
加强教育教学规范的能力	18	6	9	5	7	45
培养教育教学能力	48	29	31	16	16	140
学习新教育教学理念的能力	85	56	36	39	24	242
提高职业道德素养	25	18	19	14	7	83
教育科学研究能力	49	55	27	38	17	186
教学实践经验传递能力	138	115	80	76	36	445

（四）优秀教师、名教师专业能力发展的关注点

关于优秀教师、名教师应该侧重于关注哪些方面，除教龄 10～14 年的教师中选择高超的讲课艺术的人数少于选择高水平的课堂组织能力的人数以外，其他教龄段教师的认知是完全一致的。所有教龄段的教师中，选择"对学生充满无私的关爱，启迪学生智慧和心灵，师生关系良好"的人数最多，教师样本总体中有 554 人选择此项；选择"高超的讲课艺术"的人数居于其次，样本总体中有 262 人选择此项；选择"高水平的课堂组织能力"的人数居于第三位，样本总体中有 182 人选择此项（如表 4-19 所示）。而各个教龄段中选择"道德模范"和"有较多的科研成果"的教师人数都比较少。可见，所有教师都认为优秀教师、名教师应该更多地关注教师对学生的爱、能否触动学生的心灵、是否具有高超的讲课艺术和较强的课堂教学组织能力，而应该较少关注是否有大量的教育科学研究成果。这是一线教师对优秀教师、名教师的期待，也为教育行政部门评选优秀教师、名师提供了非常有价值的参考。

表 4-19　优秀教师、名教师专业能力发展的关注点

单位：人

关注点	教龄					合计
	低于 5 年	5~9 年	10~14 年	15~24 年	25 年及以上	
道德模范	18	18	17	11	9	73
高超的讲课艺术	98	68	34	43	19	262
高水平的课堂组织能力	61	41	36	29	15	182
对学生充满无私的关爱，启迪学生智慧和心灵，师生关系良好	159	141	100	96	58	554
有较多的科研成果	19	10	12	5	3	49

四、不同梯队教师专业能力发展体系建构

根据不同学科、不同层次教师专业能力发展的关注点，教育行政部门可以研究制定分层分类的"中小学教师专业能力发展标准"，规范各项标准，设置"课程超市"，着力建设中小学教师专业发展精品课程，致力于打造教师专业成长的"营养菜单"，满足不同层次教师专业能力发展多样化的学习需求。

新教师的专业能力发展的关注点在于培养教育教学能力和学习新教育教学理念的能力。据此，可以组织新教师一体化培训工程，市级统筹、设计统一的课程标准或课程指南，利用"集中学习+跟岗实践"的模式，统一组织各地市新教师参加岗前培训；组织新教师岗位适应力培训，采用"体验式培训"模式，通过多种形式，集中开展新教师教育教学基本功训练、教育技术能力培训和教学基本技能等方面的通识培训，提高新入职教师的团队协作能力，使他们尽快适应教学岗位的基本要求。给新教师 3~5 年的成长时间，让他们在教学中体验失败，总结经验和教训，顺利成长为骨干型教师。

中青年教师的专业能力发展的关注点在于培养教育教学能力、学习新教育教学理念的能力和教育科研能力。据此，可以对中青年教师开展教学实践能力提升培训。按照各省中小学教师总数的 1% 的比例开展中青年教师省级跨年度高端研修，研修内容包括跨学科、学科教学问题与对策，学科教学发展前沿，校本课程开发与利用等，同时为中青年教师及时补充新的教育教学

理念，传递教育科研知识，提升教育科研素养，积极开展教育教学研究，将典型经验提升为教学智慧，促进教育理论与实践的循环、转化与发展。

经验型或专家型教师的专业能力发展的关注点在于教学实践经验传递能力和学习新教育教学理念的能力。据此，可以对经验型或专家型教师开展辐射力培训，鼓励经验型或专家型教师在实践中创新，形成独特的教学特色和风格，每年定期组织"教育名家经典分享会"，开设名师专题讲座，分享名师经验，引领教师成长。建立"临床指导教师团"，制定相关配套文件支持、激励经验型或专家型教师承担起指导年轻教师成长的任务，有效整合各类名师资源，进一步明确名师职责，将引领年轻教师成长作为评价名师业绩的必要条件；同时，还要鼓励经验型或专家型教师不断学习新的教育教学理念，不能停留在知足的状态，要勇于创新，拓展新的研究视界。

第四节 教师专业发展指导体系的实施路径

系统的教师专业理念和职业道德、专业知识、专业能力发展指导体系的建构可以通过以下几条具体的路径实施，在现实中有效促进教师的专业成长。

一、开展元认知教育，加强教师对教师专业标准的理解程度

促进教师专业发展，需要对教师进行元认知教育。此处的元认知是指对中小学教师专业标准内容的了解及掌握。因为教师自身对教师专业标准可能了解得不太深入，对专业理念和职业道德、专业知识和专业能力等具体内容的了解更是不足。关于对教育部颁布的中小学教师专业标准的内容的理解程度，教师中理解和基本理解的占83.9%，而非常理解的只有8.1%。如果教师自身对专业标准及其具体内容都不太了解的话，专业发展将无从谈起。因此，为了促进教师的专业成长，建构教师专业发展指导体系，需要加强教师对元认知即专业标准及其具体内容的认识和理解程度，让教师对自己的专业理念和职业道德、专业知识和专业能力的具体内容有清晰的掌握，在此基础上自觉参照标准指导自己进行专业水平提升。

二、以解决实践问题为导向，充分发挥专家型教师的示范带动作用

教师在日常工作中会遇到各种各样的教育教学实践问题，有效解决这些问题将有效促进教师的专业成长。那么，教师更喜欢通过什么途径解决教育教学实践中遇到的问题呢？在回答"如果您遇到教学上的疑难问题时，通常

怎样解决"的时候,各教龄段教师的答案是一致的,所有教龄段教师中选择"向本组其他有经验的教师请教"的人数最多,均占据绝大多数,而选择"个人钻研""向区内名师请教""向区学科教研员请教"的人数则依次减少。在教师群体中,有76.7%的教师选择"向本组其他有经验的教师请教",而只有2.7%的教师选择"向区学科教研员"请教(如表4-20所示)。通过一线教师的反映可见,教师在工作中遇到实际问题,还是希望通过就近原则解决,选择向身边有经验的教师请教,他们之间互相比较了解,能够切实解决问题。因此,学校层面要积极引导,制定有效的激励措施,激发本校经验丰富的教师对年轻教师发挥引领、示范、带动作用。

表4-20 教师解决教育教学实践问题的途径

单位:人

途径	教龄					合计
	低于5年	5~9年	10~14年	15~24年	25年及以上	
向本组其他有经验的教师请教	293	214	159	134	78	878
个人钻研	43	33	25	29	23	153
向区内名师请教	19	17	16	15	3	70
向区学科教研员请教	6	10	3	9	3	31

三、以教学研讨和带薪进修为主,开展多样化教师专业发展模式

关于"您比较喜欢哪种类型的业务学习",所有教龄段教师的选择在排序上完全一致:选择"教学观摩及研讨"的人数最多,其次是"带薪进修",然后依次是"参加业务培训""校本研修""自我学习""学历提高"。在样本总体的1 144人中,有高达819人选择"教学观摩及研讨",有766人选择"带薪进修",远远超过选择"参加业务培训"的537人、选择"校本研修"的417人、选择"自我学习"的361人,而选择"学历提高"的人数最少,只有285人(如表4-21所示)。根据教师的个人反馈,我们在设置教师专业发展模式的时候,应该充分考虑,多组织教师参加教学实践观摩和研讨,以问题为导向,让教师培训更有针对性;也可以恢复带薪进修的模式,通过"县管校聘"的管理机制,储备机动教师资源库,或利用师范生顶岗置换的方式,为教师创造外出学习的机会。定期带薪外出学习有诸多益处,便于教师集中精力学习,也能让教师暂时跳出教育教学的环境,有时间

静心思考与梳理,重新获得升华,以更好的姿态和知识储备返回自己的工作岗位。理性地设置教师业务培训和校本培训,在专业内容上做到精而深,有学习的意义,开设相关课程供教师选择。不做硬性规定,允许教师根据自己的继续教育任务量灵活处理。同时,也可适当安排相关的自我学习,鼓励教师专业发展的自主性。教师并不看重学历提升,在学历达标的基础上,也需要根据自己的意愿及需求,在教师专业发展的内涵上多下功夫、下大功夫。

表4-21 教师喜爱的业务学习的类型

单位:人

学习类型	教龄					合计
	低于5年	5~9年	10~14年	15~24年	25年及以上	
学历提高	105	77	60	28	15	285
参加业务培训	186	134	90	79	48	537
校本研修	136	99	80	69	33	417
带薪进修	250	197	136	123	60	766
教学观摩及研讨	255	207	145	139	73	819
自我学习	114	79	64	70	34	361

四、重点以课堂教学为载体,有效组织教师专业发展相关活动

关于哪些活动形式对教师的专业成长最有帮助,各教龄段教师的认知倾向完全一致,选择"上课、听课、评课"的人数最多,其后依次是"专题教学研讨""专家讲座""自我学习""校本研修"和"网络在线交流"。超过半数的教师仅选择了"上课、听课、评课"和"专题教学研讨"这两项,其中,选择"上课、听课、评课"的有849人,选择"专题教学研讨"的有726人,这说明多数教师认为上课、听课、评课和专题教学研讨更能够促进自己的专业成长,更贴近教育教学实践,比较有针对性。而选择"专家讲座""自我学习""校本研修"和"网络在线交流"的人数都不是太多,其中选择"专家讲座"的有457人,选择"自我学习"的有375人,选择"校本研修"的有354人,选择"网络在线交流"的人数最少,只有317人(如表4-22所示)。从以上数据来看,教师普遍受现代教育信息技术手段的制约,他们并不太接受网络在线交流。因此,根据教师反馈的对其专业成长最有帮助的活动形式,应多安排一些上课、听课、评课和专题教学研讨活动,再适当配合专家讲座、自我学习、校本研修和网络在线交流等。

表4-22 教师认为对教师的专业成长最有帮助的活动形式

单位：人

活动形式	教龄					合计
	低于5年	5~9年	10~14年	15~24年	25年及以上	
上课、听课、评课	295	214	143	122	75	849
校本研修	125	88	69	46	26	354
网络在线交流	106	73	65	49	24	317
专题教学研讨	218	187	140	125	56	726
专家讲座	129	113	81	89	45	457
自我学习	112	106	59	65	33	375

五、根据教师的合理化建议，有效解决教师专业发展存在的问题

针对当前教师培训存在问题的解决途径，我们应该认真听取一线教师的合理建议。在样本群体中，各个教龄段教师的认知大致相同，选择"根据教师需求培训"的有775人、选择"提高针对性和实效性"的有701人、选择"培训者深入基层指导教学实践"的有632人，选择"科学安排培训课程"的有629人，均超过半数；选择"理论联系实际"的有500人，接近半数；而选择"严格培训管理"的只有257人，人数比较少（如表4-23所示）。从以上数据来看，广大教师希望根据教师需求设计培训，科学安排培训课程，鼓励培训者深入基层指导教学实践，理论联系实际提高培训的针对性和实效性。而严格培训管理并不是教师们所推崇的，同时也可能难以达到理想的效果。教师普遍具有理想和精神追求，有一定的道德境界。因此在组织教师培训的过程中，应该采用更加人性化的方法，科学、灵活地管理培训过程，在尊重教师的基础上，通过教师普遍接受的方式，更大化地促进教师的专业成长。

表4-23 解决教师培训存在问题的途径

单位：人

内容	教龄					合计
	低于5年	5~9年	10~14年	15~24年	25年及以上	
理论联系实际	180	114	105	64	37	500
科学安排培训课程	202	161	120	93	53	629
严格培训管理	101	69	54	22	11	257
根据教师需求培训	247	195	139	132	62	775
提高针对性和实效性	226	176	117	116	66	701
培训者深入基层，对教学实际进行切实指导	203	163	118	97	51	632

第五章 教师专业自主发展

教师专业发展最终是教师本体的专业成长或提升，因此，建构专业发展指导体系，需要让教师专业发展的权利回归，让教师成为专业发展的主人，从自主和校本的角度进行建构，最大限度地释放教师的自主性。

第一节 教师专业发展主观能动回归

在教育现实世界中，为了促进教师的专业发展，教师每年都要完成规定的72学时的继续教育任务，政府部门也为教师继续教育投入了大量财力、物力，然则效果不是太理想。教师们感觉参加继续教育成了他们的教育负担。为了提高教师继续教育的针对性和实效性，我们需要从人的主观能动视角出发去审视这一问题，或许能够打开新的视界。

一、人具有主观能动性

人在出生后来到这个世上，以自身有意识、有目的存在特性及自身的主观能动性与别的物种区别开来。"动物和自己的生命活动是直接同一的。动物不把自己同自己的生命活动区别开来。它就是自己的生命活动。人则使自己的生命活动本身变成自己意志的和自己意识的对象。"[①] 还有，无论人是否有意识地将自己的行为变成自己的意识对象，他都要能动地向未来生命的发展而不断展开。

关于人的能动性，哲学先驱们的探讨有不同路径，主要分为两类：一类是以辩证唯物主义认识论先驱马克思为代表，主张认识论意义上的人的能动

---

① 马克思. 1844年经济学哲学手稿[M]. 中共中央马克思恩格斯列宁斯大林著作编译局，编译. 北京：人民出版社，2000：57.

性或人的认识论意义上的能动性;另一类是以存在主义先驱萨特为代表,主张存在论意义上的人的能动性或人的存在意义的能动性。两者的区别在于前者主张的是有目的、有计划、受人的主观意识控制的自觉能动,强调有目的、理性的计划;后者主张的是无目的、无计划、不是受意识制约而是受情绪感染的类似于"本能"的非自觉行为,强调人的内在情绪、激情的作用。"萨特的人的能动性思想实质上属于非认知主义的非理性主义的能动性,是人的意志、激情的激荡和冲动,是人的内在的情绪的作用……马克思主义所讲的能动性之所以以'自觉的能动性'而著称,就是因为在马克思主义看来,人的各种活动(包括认识活动和实践活动)都具有明确的目的性和一定的计划性。自觉说明人能对自己的活动有着一定的意识,能在自己的意识支配下进行活动。既然人们对自己的活动有这样那样的意识,那么人的活动就不是盲目的,人们是主动地利用各种手段去达到自己预期的目的的,在人们活动的整个过程中一直受到理性的指导。"①

有主观能动的行为,反之就有被动的行为,主观能动性与被动性是对立统一的。谈及能动性,需要对被动性进行澄清,人的存在在什么情况下是被动的。"什么是被动性呢?当我经历了一种变化而我又不是这种变化的根源——就是说既不是这变化的基础,又不是它的创造者时,我是被动的。"②简单来说,被动就是人在行动过程中不是自己行为的主人,被强加了别人的意志,而非按照自己的主观意识行事。比如,我做的事是别人要我做的,而且是按照别人吩咐的方式去实施,我思考的问题是别人给我做好的命题,任何过程都体现不出"自主"及"自我"的成分。

人的主观能动发展是一种必需,其突出表现是人为未来生命发展的可能性不断谋划,获取新知,充实生命。"亚里士多德把求知看作人的本性。"③人存在于现实世界中,首先体悟到的是"惊奇",以及对现实世界强烈的认知渴望和求知欲,希望不断探索出新的奥秘,从而不断充实自己的生命。从存在主义出发,人的生命发展是一种可能,人被"抛"入现实世界,人的存在便向未来的无数可能性展开。人的存在赋予个体丰富的意识,其本身需要能动地投入现实,才能适应变幻无穷的世界。人的将来不是仅靠理想支配的,而是需要自己创造的,它永远都是一种可能性。正如萨特所言,"将来突出了人的存在的意义,这个将来有待于人们去创造"。常言道,计划赶不

---

① 杜吉泽. 萨特:人的能动性思想析评[M]. 东营:石油大学出版社,1993:157.
② 杜吉泽. 萨特:人的能动性思想析评[M]. 东营:石油大学出版社,1993:36.
③ 杨大春. 沉沦与拯救:克尔凯戈尔的精神哲学研究[M]. 北京:人民出版社,1995:5.

上变化。人活着，就是在为着一种想象中的将来而不断奋斗着，谋划着，展开着。实现一种可能性，不是结果，而是人生新的开始，人自身又需要为新的生命可能性而不断谋划。人就是在这种新旧可能性的交替循环中，凸显生命存在的价值和意义。

二、教师专业发展主观能动性的缺失

20世纪70年代中期以来，我国就开始关注教师的专业发展问题，重视学历提升，用以补充中小学师资和提高师资队伍水平；进入20世纪90年代以后，力度更大，教育部出台相关系列重要文件，强调教师要加强学习。1999年初，教育部发布《面向21世纪教育振兴行动计划》，制定《中小学教师继续教育规定》，要求"每五年累计不少于240学时"，启动教师继续教育工程，为面向21世纪的教师专业发展开辟了一条有效途径；2011年出台的《教育部关于大力加强中小学教师培训工作的意见》（教师〔2011〕1号）中，规定在职教师岗位培训"每五年累计培训时间不少于360学时"。根据教育部的要求，各地都在紧锣密鼓地响应落实，采取有效措施推进教师继续教育工作，促进教师的专业发展。然则几年过去了，多数教师每年也在为完成继续教育任务而奔忙，可实际效果却不是太理想，教师的专业发展并没有实质性改善，反而呈现这样一种现实："很多教师将国家赋予自己的参加继续教育这一权利和义务误认为是自己'不得已而尽的义务'。"[1] 为什么自上而下一盘棋的运转，不但没有收到好的效果，教师们还发出异样的呼声呢？这应该有其内部原因可寻。

为促进教师的专业发展，落实文件规定的五年完成360学时的继续教育任务，各地采取不同的措施，强制教师每年不断参加学习。例如，有的地方继续教育与职称评聘紧密挂钩，每5年按规定完成360学时以上的继续教育，准予申报职称；每年按规定完成72学时的继续教育，给予聘任相应的职级。上有政策，下有对策，针对强制性的学习，教师们又出新招：接到参加学习的通知，他们会去，但却不认真对待，草率应付，仅为拿到学时、完成学时而去，自主性大大降低。初步调研，有70%~80%的教师对目前的教师继续教育不太满意，认为学习不接地气，针对性不强，对他们没太大帮助。在这种政策的影响下，教师参加继续教育的动机很简单，多数是为完成每年72学时的任务，能够不影响职称评聘就够了，因为职称评聘才与他们的切身利益关系紧密。再者，教师本身压力比较大，"一些教师在日常生活

---

[1] 梅新林. 聚焦中国教师教育[M]. 北京：中国社会科学出版社，2008：412-413.

中受到诸多不合理因素的影响——制度的压抑、思想的钳制和自我的奴役"①，读书学习的时间不多，至于学习效果怎样，根本没有精力去关注。

长此以往，教师专业发展就变味了。本来教师是发展中的个体，应该主动追求提升，是学习的主体，有学习机会就主动参加，现在却变成是强制、被迫地接受学习，主体性、能动性完全消失，成了被动的执行者。针对人数庞大的教师群体，做一个动作强调整齐划一不难，但是学习在很大程度上主观性较强，要求整齐划一难度显然不小。教师引导学生学习，我们常鼓励他们要关注学生，尊重学生个性，让学生成为学习的主人。教师如同学生，他们也是发展中的个体，理应成为自身专业发展的主人。教师学习缺乏自主性，身受束缚，何以实现让自己的学生在学习过程中充分享受自主呢？根据人的主观能动思想，继续教育是对教师实施的教育，主体是教师，是教师职后的一种再教育，只有将教师视为学习主体，才符合人自身发展的规律，适应人发展的主观能动性，激发个体求知的欲望和热情及内在发展动力，帮助教师实现自身生命存在的可能性。

三、教师专业自主发展的理想状态——走向自由和自觉

教师专业发展的促进可以以充分调动教师专业发展的积极性为目标，国家从政策层面设置完善的专业发展支持体制机制，明确各层级的教师专业发展职责与任务；省、市、县根据具体职责和任务为教师定制丰富多样的专业发展内容，设计多样化的专业发展模式，为教师自主专业成长创设条件；教师根据自己的专业发展需求，自主选择、自主分配、自主建构、稳步提升。教师专业发展的提升依靠自主建构是最有效的。教师对自身专业发展的理解和信念，不是从外部获得的，而是从内部建构的，建构的途径是通过自我学习来实现的，因而教师具有的知识与智慧的形成具有不可灌输性和不可替代性，需要教师自身的反思与领悟。② 教师个体通过自我意识来调控自己，对自我成长起着积极的推动作用，在意识到自己的专业发展存在不足的前提下，心理上产生不平衡状态，产生进一步学习提升的动机和需要。教师通过内部、外部引导激发起自己进一步的学习需要，自己设定学习目标，决定学习内容、学习方式、学习进度，选择学习资源，并且自己为学习结果负责。

无论何种形式的教师专业发展活动，其主要目的都在于解决学校教育教

---

① 王攀峰，张天宝. 论教师"日常生活"的批判与改造 [J]. 江西教育科研，2004 (6).

② 吴立宝. 自主学习：教师继续教育的有效途径 [J]. 继续教育研究，2010 (5): 47 – 49.

学中的现实问题，在问题解决的过程中促进教师专业发展。①虽然通过外在的形式可以给教师提供解决问题的方法或建议，但具体问题的解决仍需依靠教师自身，问题是否得到妥善解决仍需要教师自己来验证。教师的自主学习不能完全脱离他人而独立进行，需要同事的帮助、专家的引领。教师个人的自我反思、教师集体的同伴互助、专业人员的引领是有效促进教师专业发展的三种力量。这三种力量相辅相成，为教师的自主专业成长建构了一个完善的内在互动机制。教师在专家的引领下，获取先进的教育教学理念、解决教育教学问题的方法；通过同伴互助，共同研讨方法及观念的可行性；最后经过自主建构，与自我经验相融合，产生解决自身实际问题的最佳方式，并将其恰当地运用于改进自己的教育教学。

从哲学意义上讲，自主是人作为主体对客体和主体自身的支配。②无论是基于教学问题的解决，还是基于教师专业技能的提升，教师专业发展的根本目的在于促成教师的自由和自在，让教师形成自主的专业发展意识。约翰·洛克认为，自由是一种自主的能力，是主体有能力按照自己心里的决定或思考来决定某一特殊行动的实现或停顿与否。③只有当教师投身于日常教育工作中，沉浸于教育教学的具体情境，并在这一特定环境之下实现主体间的意义协商、相互理解、达成共识、共同成长时，他们才能摆脱外在束缚，在教育的生活世界中实现真正的专业发展自主。

第二节 教师专业自主发展

教师专业发展的理想状态是实现自主、自觉，教育行政部门将教师接受继续教育的权利归还给教师，让教师承担起专业发展的职责，自主设计、自主实践专业发展路线，自主提升教师专业知识和技能，获得教师专业发展自主的成就感和不竭动力。

一、功利主义召唤教师专业自主发展

受工具理性思潮的影响，教师专业发展主体被湮没，教研分离且流于形式。教师专业发展的首要目的在于促进教师素质的提高及解决问题能力的增强，使教师能够更加熟练自如地应对教学中出现的问题和困难。有效的教师

①③ 谭天美，范蔚.校本教研主体互动的缺失与回归[J].中国教育学刊，2017（1）：79－84.
② 罗苹.呼唤与契机：个体自主性的形成与发展[J].现代哲学，1998（2）：62－67.

专业发展是建立在专业自主与自觉的基础之上的，而不是靠功利主义的外在力量推动。因此，我们应该努力促进教师专业发展主体的回归，努力促进教师专业发展的自主性和主动性，而非强调专家和管理者等外力的强制引导和提升。没有促进主体自我提升的内在动力，外力再强大，所起的作用也甚微。正如有学者所言："现有教研组的科层性结构和泛家族化意识形态较多的是功利主义的符号和暗示，在教师个体的理性内化与凝聚过程中形成其被动服从和归依的'社会性公德'。"[1] 同时，面对我国庞大的教师队伍，教师培训管理机构和实施机构要完成每五年一周期每人360学时的专业发展任务，好像怎样努力都可能无法完成。教师成长本来是教师自己的事，政策上只需要提醒教师重视通过学习提升专业水平，应对教学对象及教学环境的不断更新与变化，给教师提供多样化的学习模式，至于怎样完成任务，就要全靠教师自身的谋划。教师的"专业发展应该是一条通向更高的专业整合和个人成长的道路。个人和专业上得到良好发展的教师具有强烈的作为教师和作为人的自我意识"[2]。目前这种强制教师参与继续教育的状态，给实施继续教育实质上带来了一定的束缚，形成一种内在的对立和矛盾。实施者努力按计划落实教师培训，参与者怨声一片，认为培训内容不符合自己的需求。其实，在这种状态下，即使提供给教师的是他们需要学习的内容，他们也会发出这样的呼声，因为他们的自由被限制了，教师的主体性被"遮蔽"。因此，我们应该在最大限度上唤醒教师积极参与学习的动力，将这种自主权还给教师。哈贝马斯认为，人的"自由丧失"使人与人之间出现层层区隔，摧毁了人与人之间必要的交往与互动，使人与人之间失去相互理解与合理交流的可能。他主张"交往理性"就是为了突破这些区隔，引导人们走向生活世界，实现从主体缺失到主体自由的回归。[3]

二、教师专业自主发展的过程

教师专业自主发展赋予教师充分的权利。但是，教师的专业成长受到其受自身经验、素质和水平的制约，因此要给教师一个明晰的方向或指向，帮助教师摆脱迷茫。

---

[1] 李继良. 普通高中基层弹性教研组织的建构 [J]. 教育理论与实践, 2003 (9): 33-37.

[2] 哈格里夫斯. 知识社会中的教学 [M]. 熊建辉, 等译. 上海: 华东师范大学出版社, 2007: 60-63.

[3] 谭天美, 范蔚. 校本教研主体互动的缺失与回归 [J]. 中国教育学刊, 2017 (1): 79-84.

(一) 教师根据自身需求制订专业发展规划

教师专业自主发展需要教师自己来进行合理规划。教师应该对自身进行深入剖析、全面理解，了解自身专业发展的现状，尤其是不足，系统梳理自身专业发展的需求，参照专业发展规划简表（如表 5-1 所示）制订年度专业发展规划，充分凸显自身的主体地位。学校根据青年教师的个人发展设计，建立常态化的青年教师学习和研修制度，定期组织教师学习沙龙。研修可围绕师德素养培养、专业知识拓展和教学技能提升等多方面的内容进行，既有理论学习，又有实践研讨和交流分享。自主专业成长需要教师能够经常总结自身存在的不足，对自身成长有明确的定位和需求，制定具体的专业发展目标，并能够严格落实。自我发展动力不强，或不能自我发展、自我培养和自我教育的教师，同样也不能培养、教育好学生。正如《学记》所言："虽有佳肴，弗食，不知其旨也；虽有其道，弗学，不知其善也。是故学然后知不足，教然后知困。知不足，然后能自反也；知困，然后能自强也。"

表 5-1　教师专业发展规划简表

姓名：　　　　学科：　　　　　　　　年度：

项目	主要内容
年度专业发展目标	
自身专业发展存在的问题和需求	
实现目标拟采取的措施	
实现目标希望学校提供的支持	

(二) 教师根据发展规划自主选择专业发展内容

教师根据各级提供的教师培训项目和内容安排，根据自己的专业发展需求，自主选择自己所需要的专业发展内容。

首先，教师需要将教师专业理念和职业道德作为教师专业发展的重要内容和自身专业成长的必修课程。教师要自主选择参加形式丰富的师德教育活动，将教师职业理想、职业道德、学术规范以及心理健康等融入专业发展全过程。教师也要认真学习国家教育方针政策、教育法律法规，建立对教师职业专业性的认同感和责任感，爱岗敬业，关注自身的专业修养和行为，有高尚的师德,有崇高的职业理想,掌握教育规律、学生身心发展规律和特点,尊重学生个体差异,能够做到因材施教。

其次,教师根据自身的教学对象和教学内容自主选择学习不同的专业知识。教师需要掌握教育学、心理学的基本原理和方法,以及学生身心发展的一般规律与特点;熟练掌握自身所教学科知识和学科教学知识,熟悉所教学科的知识体系、学科内容、学科课程标准、基本思想与方法,掌握所教学科课程资源开发与校本课程开发的主要方法与策略,学科教学和研究性学习的方法与策略,以及所教学科与其他学科的联系;具有自然科学、人文社会科学知识、艺术欣赏与表现知识、现代化的信息技术知识等通识性知识,了解中国教育的基本情况。

最后,教师根据自身教育教学的实际需要,自主选择促进教育教学实践能力提升的内容。教师需要具有科学设计教学目标和教学计划,合理利用教学资源和方法设计教学过程,引导和帮助学生设计个性化的学习计划的教学设计能力,营造良好的学习环境与氛围,掌握并灵活利用启发式、探究式、讨论式、参与式等多种教学方式,整合现代信息技术手段,有效调控教学过程,引导学生有效学习。教师要能够将学科教学与合理育人有效融合,根据学生的特点有针对性地开展德育活动及身心健康教育活动,提升学生的综合素养。教师还要掌握多元评价方式,多视角、全过程评价学生,根据评价结果及时调整和改进教学,能够有效与学生、同事、家长、社区沟通交流的方法,共同促进学生的健康成长和全面发展。

三、教师专业自主发展的具体策略

教师自我规划、自我实施的专业发展路径,可以通过以下几条途径付诸实现。

(一) 阅读与思考同步

阅读既是一个知识学习的过程,又是一个情感熏陶的过程。歌德言:"读一本好书,就是和许多高尚的人谈话。"高尔基说:"书籍是人类进步的阶梯。"狄德罗说:"不读书的人,思想就会停止。"读书是使人进步与成长的最佳途径。教师要注重阅读,通过读书提升专业发展水平。

1. 有选择地阅读

教师在日常生活中,可自行购买相关专业图书,订阅需要的报纸杂志,也可从图书馆借阅相关经典图书及报纸杂志。读书要有选择性。教师可以选择四类图书进行阅读:第一类是教育教学工具书,如《教育学》《心理学》《发展心理学》《教育心理学》《教学论》《课程论》等关于教育基本理论、教学理论、儿童发展规律的图书。此类图书能够有效指导教学，需要深入、透彻地精读并掌握。第二类是拓展类的经典图书和名著，如《陶行知文集》、《苏霍姆林斯基选集》、卢梭的《爱弥儿》、保尔·郎格朗的《终身教育引论》、杜威的《民主主义与教育》、巴班斯基的《教学过程最优化》、加德纳的《多元智能》、赫尔巴特的《普通教育学》、约翰·洛克的《教育漫话》、《学会生存——世界教育的今天和明天》等。阅读此类图书可以了解一些教育家的思想和国际教育思潮，接受深层次的熏陶，获得更高层次的专业领悟。第三类是专业知识拓展类图书，包括教育哲学、教育研究方法、教育社会学、教育人类学、教育文化学、学科知识发展前沿等拓展类知识。阅读此类图书可以让自己的知识视野更加开阔，专业技能更加多样，更接近专业发展前沿，从更广阔的领域了解教育、分析教育、探索教育；第四类是教育类期刊等。这些是一线教师教学智慧的结晶及当前教育教学的热点问题聚焦。阅读时可以选择自己感兴趣的领域，搜集同一类信息集中阅读，从中整理出核心问题和核心观点，做到有选择、会总结、善统一。

2. 让阅读与思考同步

阅读是基础，教师还要在阅读的过程中积极思考。阅读不能仅仅一读而过，而应该进行精读，并在阅读的过程中做读书笔记、卡片记录，尤其重要的是跟随阅读不断地思考，养成内省与深思的习惯。思考才能使阅读深入，才能达到阅读有所收获。好书宁愿少读，也一定要思考。教育家卢梭提倡读书不要贪多，而是要多加思索，这样读书才能获益。养成读书的习惯不容易，养成读书时思考的习惯更难。读书与思考相得益彰，关系密切。富兰克林说："读书是易事，思索是难事，但两者缺一，便全无用处。"教师可以在阅读的过程中与同伴分享读书体会，通过各种活动，如读书分享日、读书辩论赛、读书沙龙、读书论坛，让自身在阅读中沉淀思想、丰富精神世界。

（二）自主参与教育教学研究

教师自主专业发展的高级表现形式就是积极投身于教育教学研究，做"学思结合""知行统一"的研究型教师。教育教学研究是促进教师不断思考、不断提出问题和解决问题的过程。教师积极参与教育教学研究，不断去探索或发现教育教学活动中存在的深层次的问题及原因，不断地寻找新的问题领域，从而引发思考，促进自身不断成长。思考就像促进树木持续生长、保持旺盛生命力的养料，促使教师的智慧之树不断长出新的枝叶。教师在教学情境中时刻保持思考的状态，能够将学习的理论与问题有机结合起来，通过研究获得幸福感和专业提升。教师自主参与教育教学研究的形式主要有以下几种。

1. 撰写教育教学日记

教师要保持撰写教育教学日记的习惯，及时记载教育教学中遇到的问题及自己的所思所想。苏霍姆林斯基"建议每一位教师都来写教育日记。教育日记并不是对它提出某些格式要求的官方文献，而是一种个人的随笔记录，在日常工作中就可以记。这些记录是思考和创造的源泉"①。教师在教学过程中经常会感觉到或发现一些问题，但这往往是一闪而过的念头，如果不及时记录下来，就很容易被其他的事情冲淡甚至消逝。下次同样的问题再出现时，仍然没有寻求到最佳的解决路径。而通过教育日记随时把问题记录下来，教师就可以经常翻阅，经常反思，经常感悟，总结形成解决问题的优秀范式。这也是为整体而系统地研究解决问题、提高教育教学质量水平积累素材。

2. 实践案例研究

案例研究是对教育教学现实中某一复杂而具体的现象进行深入的研究，并找出研究问题的关键节点。② 中小学教师拥有丰富、鲜活而生动的教育教学案例素材，包含不同的问题或困境。教师要学会在教学环境中充分而有效地应用这些素材。教师可以根据实际情况，选择自己感兴趣的典型案例，用不同的方法对其深入分析，辅之以思想和情感，加上理解和阐释，反映问题实质，总结宝贵经验，整合相关知识，发展解决实际问题的能力，在实践中习得教育教学研究方式，从而有效促进专业提升，更好地解决教育教学中的棘手问题。

3. 专题叙事研究

讲故事对教师来说并不难。教师可以通过讲故事的形式开展教育教学叙事研究。叙事研究是通过研究对象的叙事来描述其个人生活中的重要事件，并将其以故事的形式展现出来，其中蕴含着叙事者个人的实践经验及其实施情况。③ 叙事研究不需要烦琐的理论推导证明和抽象的概念，而是通过对具体故事的探究来阐明教育哲理。教师可以通过将一则教育教学故事讲透彻、说清楚来反映一种问题，衬托一种观念，呈现一种方法，表达一种情感，展现一种抱负。叙事研究所叙之事是教师在日常生活、课堂教学活动中亲历的故事，是曾经发生或正在发生的事件。教师叙事研究的素材相当丰富，可以

---

① 苏霍姆林斯基. 给教师的建议 [M]. 杜殿坤，译. 北京：教育科学出版社，1984：123.
② 鲍超，崔文菊，蔡勇强. 谈案例研究中的规范化问题：兼评《王小刚为什么不上学了？——一位辍学生的个案调查》[J]. 上海教育科研，2012（7）.
③ 徐冰鸥. 叙事研究方法述要 [J]. 教育理论与实践，2005（8）.

说教育教学活动范围有多广阔，叙事研究对象就有多丰富，因而对这样的研究形式要重视运用。

4. 教育教学行动研究

行动研究主要是教师对自身教育教学反思探究的一种研究活动，分行动前、行动中和行动后三种情形，可以分别对行动目标、过程、结果做不同层面的反思，由教师自身发现研究问题，以改进自己的教育教学实践。行动研究没有整齐划一的模式，目前较为公认的一个基本框架包括发现问题、分析解剖、确立假设、验证假设四个阶段。[①] 行动研究主要包括分析和确定课题、收集资料初步分析、制定行动方案、实施行动方案、总结反思等五个步骤。[②] 教师通过系统的过程监控自己的教育教学行为，不断设计、改进、实施教育教学方案，总结经验，梳理问题，进一步改进、优化和完善教学行为，努力提升教育教学智慧，由问题的旁观者转变为问题的研究者和解决者，从而逐步成长为研究型教师。

5. 教学经验培育研究

培育研究是"对中小学教师（包括学校）的典型教育经验进行发掘、建模、检验和推广的研究"，研究主体是中小学教师群体。[③] 对中小学教师来说，经验是最为宝贵的财富。但在现实中，教师往往缺乏对宝贵经验的梳理和提炼。培育研究就是帮助教师收集、整理宝贵经验的方式方法，其目的是促进教师形成自觉的研究态度，鼓励广大教师积极参与教育教学研究。教育教学经验是教师在教育教学过程中对经历获得的主体体验，是教师对教育教学问题的情感体验或真实理解。培育研究提倡群体合作，能够培育团队研究力量，集聚集体智慧，建构可供推广使用的教学经验模式，助力教师队伍集体成长。

（三）教学研合一

教师专业自主发展的自觉状态就是能够充分做到教学研合一。从具体的教育教学出发，教师的专业发展领域主要包括三个基本范畴，即教学活动、学习活动和教育教学研究活动。近些年，我国提倡教师将自身学习与教学和研究充分结合起来，实现"研训教"合一，但教师接受培训不如说是教师参与自主学习，主张教师专业发展做到"教学研合一"更为妥帖。通常将这三个范畴分别叫作教学圈、学习圈和研究圈。三个圈内的教师活动之间没有严

---

① 周耀威. 教育行动研究与教师专业发展 [J]. 全球教育展望, 2002（4）.
② 刘琼华. 教师继续教育"反思型"培训模式及策略 [J]. 继续教育, 2007（5）.
③ 熊川武, 李方安. 论教育中的培育研究 [J]. 大学教育科学, 2006（4）.

格的界限，因而它们互为交叉关系。教师可以同时在三个圈内充分汲取养分，形成专业发展的动态系统，我们称这个系统为教师专业发展的"教学研合一"模式（如图5-1所示）。教师在教学中充分了解自身专业存在的不足，通过不断学习弥补不足，通过研究将学到的新的知识和理论运用于自己的教育教学，改进教学，提升质量，三者彼此促进，通过三者的有效融合有效提升主体的专业发展水平。"教学研合一"的专业成长过程强调教师在自身发展过程中的主观能动性。学习从本质上来说就是教师的自主学习，是教师根据自我经验主动建构的过程。教师的自主学习以不断超越自身经验为基础，以创造性地解决问题为目标，通过不断的学习获取新的知识技能，丰富以往的经验，在自身理解的基础上形成新的实践智慧。"教学研合一"模式强调教师自我学习的主动性和自觉性，希望教师能够根据自我规划的内容主动地去执行，并针对情况做相应的调节，强调了教师工作与成长的一体化，是产生专业发展内驱力的联动系统。在现实的教育教学情境中，教师如果能够主动做到"教学研合一"，那么将能够自觉实现专业自主发展，能够积极参与自觉学习、自觉反思，变"被动学习"为"自主发展"。

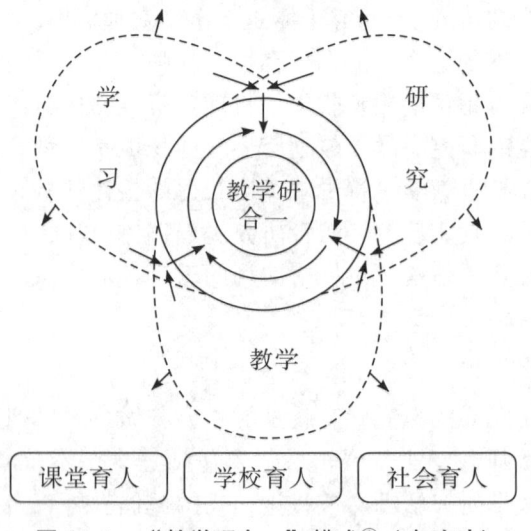

图5-1 "教学研合一"模式①（有改动）

---

① 潘超．教师继续教育"教学做合一"模式探索［J］．中国成人教育，2011 (19)．

第三节　校本教师专业发展

学校是教师教育教学实践的具体场所，也是教师专业发展的重要场所。目前社会广泛提倡实施针对性强的精准培训，强调教师继续教育阵地下移。校本教师专业发展作为教师专业成长的重要方式，以针对性强、灵活多样、与教师教学实践联系紧密的优势受到越来越多的关注和推崇，也是充分实现教师专业发展自主权的重要途径。

一、校本教师专业发展面临的机遇

在调查访谈中，一线校长、教师都反馈教师专业发展面临以下困境。而在一定程度上，这些现实中存在的问题也将成为未来校本教师专业发展的机遇和方向。

（一）教师主体地位缺失

中小学校本教师专业发展的工具化倾向较为严重，教研主体的情感和精神体验被忽视，使校本教研主体地位缺失和互动价值偏移。[①] 一方面，教师主体被湮没，导致校本教师专业发展主体互动的价值丧失。多数学校在开展校本教研过程中忽视作为校本教研主体的一线教师，将他们看作施教对象、辅助者与配合者。另一方面，校本教师专业发展注重形式，忽视实际效果，在一定程度上导致校本教研主体互动流于形式。当前中小学校本教师专业发展过于关注教师的教研成果和教研带来的外在利益，忽略教师思想赖以生存的自由土壤，表现出过激的功利主义价值取向。学校并没有将校本教师专业发展作为解决教师面临的实际教学问题、提升教学质量和促进教师专业成长的重要途径，教师的意愿和需求被抛之脑后，使其成为机械、被动的参与者，甚至是烘托气氛、装点门面的道具。[②] 本应作为校本教研主力的教师却处于旁观者的位置，而学校则试图完全依赖"领导"和"下属"之间自上而下的单向互动关系来组织校本专业发展。

（二）教师对自身专业发展的重视程度不够

教师因自身工作压力较大及各种外在原因的束缚，在教学过程中，对教学的关注过多，对自身发展的关注较少。教师的专业发展自我意识不强，主

[①②] 谭天美，范蔚. 校本教研主体互动的缺失与回归 [J]. 中国教育学刊，2017（1）：79-84.

动提升动力不足，教学改革创新不够，对提升自我的职称评审缺乏正确认识，教学中过多地追求学生成绩的提升，较少关注自我生存价值和意义。整体上，教师参与学习的氛围不浓，教师学习经常处于被动状态，影响专业发展。

（三）教师培训脱离实际

目前，教师培训项目多，对教师的硬性要求较高。多数项目的目标设置得"高大上"，但是与教师实践需求的联系不太紧密，缺乏针对性和有效性。所有教师学习同样的内容，优质教师教育资源存在重复现象，每次辐射的都是少部分的校内优秀教师。学校需要进一步搭建多元的教师专业发展平台，使教师专业发展渠道保持畅通，逐步形成有层次、有重点、可发展的教师梯队，让所有教师实现自主发展。

（四）工学矛盾突出

学校教师受岗位限制，多数是一个教师一个岗位，而多数校外培训活动安排在工作期间，教师很难挤出时间外出跟岗学习、校外交流等。为了维持正常的教学秩序，学校也不可能一次性派出大量教师到校外学习或研修。这种情况下，校长会充分权衡，选择优质的教师教育资源进入校园，但也存在受政策所限，从校外或省外邀请优质教师教育师资受限，或经费标准过低，难以邀请到优质教师资源等问题。

（五）学校对教师专业发展的支持不够

教师专业发展经费不足，外出学习时间安排受限，缺乏来自上级教育行政部门以及高校的精准的专业引领。教师的基本诉求主要集中在论文发表及职称评审的具体指导、外出培训机会的均衡、德育及教学工作的专业指导、学术研究氛围的营造、教学评价体系的完善等方面，学校在这些方面对教师的引领需进一步完善。这同时也为校本教师专业发展提供了广阔的空间。

二、校本教师专业发展的实施路径

校长是校本教师专业发展的第一责任人，应该肩负起推动教师专业成长的责任。教师队伍建设好了，教师队伍整体素质增强了，学校的教育教学质量提升也有了坚强的保证。因此，校长要充分认识到建设学校教师队伍、提升学校教师素质的重要性，引领学校教师的专业发展，为校本教师专业发展设置科学的路径。

（一）确立学校校本教师专业发展年度行动规划，形成符合个性需求的发展愿景

引领教师校本研修的能力是校长专业能力结构的核心内容之一。校长要正确把握教师职业素养要求，掌握教师专业发展的理论及学习型组织建设的方法，加强教师培养，以学生发展为基点，以教师成长为轴线，以服务学校发展为方向，制定学校年度校本教师专业发展行动规划，形成符合教师个性化需求的共同成长愿景。校长要积极组织参与校本研修，以身作则，指导教师根据自身发展特点制订专业发展计划，开展教育教学实践研究，推进信息技术与教育教学的深度融合等。学校制订校本教师专业发展年度行动规划，应充分吸收教师的意见，让教师参与到实际工作中，让教师自己研制适合其发展需求的专业成长规划，激发教师发展的内在动力，调动教师参与学习的积极性。

（二）制定学校教师梯级培养规划，实施精准培训

校本研修要努力规避大型培训针对性不强、实践性不强的问题。学校应充分遵循教师职业生涯规划规律，尊重教师专业发展的规律，关注每一位教师的发展，了解每一位教师的专业发展需求，以国际化的视野思考，以本土的方式行动，制订满足新教师、中青年教师、优秀教师、专家型教师等不同层次需求的学校教师梯级培养规划。学校应充分了解不同层次教师专业发展现状，对他们给予不同的目标定位，制定分梯队建设措施，从不同层次满足不同个体的发展需求。同时，学校指导教师制订"个人专业发展规划"，从职业道德、专业知识和专业能力等方面规定教师职业发展的底线，描绘其个体专业发展的方向，让其为自己搭建最近发展区。为了解教师分梯级精准施训的计划，学校可建立教师专业发展个人电子档案袋，记录教师个体的成长。鼓励教师制定个人专业发展规划，有两方面的作用：其一是扬长，即教师要发掘自身优势，分析原因、寻求突破，向形成自我教学风格迈进；其二是补短，即教师要剖析自身问题，反思原因、改进行动，向和谐发展。[1]

（三）建立校本研修专家库及课程资源库，建设优质校本专业发展资源

校长指导教师根据年度校本教师专业发展行动规划和学校教师梯级培养计划的安排，在全国、省、市及本校选择适宜的专家，组成校本教师专业发展专家库，根据这些专家的研究领域设置课程，产生校本教师专业发展课程资源库。教师根据学校制订的相关行动计划，有步骤、分阶段地具体实施校

---

[1] 邓晓红. 基于校本的教师专业发展实践探索 [J]. 中国教育学刊, 2011 (2): 65 - 67.

本教师专业发展活动。在形成专家库和课程资源库的过程中，应充分考虑本校资源，充分利用本校的优秀教师，通过这样的平台积极促使他们向更高水平发展。校内的优秀教师更了解本校教师的实际情况，但也存在对本校教师的辐射影响力较小的问题。在此种情况下，可以积极发挥本校优秀教师的积极作用，让他们开发适合本校教师专业发展需求的校本课程，提供给全校教师学习。这种方式在一定程度上可以消除经验丰富的专家型教师的职业倦怠或专业成长"高原期"现象。

三、校本教师专业发展遵循的原则

教师是专业发展的对象，学校在组织校本教师专业发展时，应该关注一些核心问题，遵循一定的原则，鼓励教师参与专业提升，刺激教师争取进步，让教师充分认识到"我"应该为"我"的发展承担起责任，"我"不能被动地接受培训。

第一，关注教师生命本体存在。每一个教师都是生命成长的个体，有自我提升的愿望，希望通过工作来体现生活的精彩。因此，学校在开展校本教师专业发展的活动中，应该充分考虑教师的主体作用，尊重教师，激发教师的专业发展积极性，让每一个教师都有专业发展的快乐体验和成就感。学校要以促进每一个教师专业成长和进步为出发点，不忽视每一个生命的存在，将每一个教师都作为鲜活的生主体，努力帮助他们消除低落情绪，增强工作中的自我认同感和责任感，体验工作的乐趣，创造和实现人生的意义和价值。

第二，引导教师转换角色。校长应充分履行组织校本教师专业发展的职责，对教师做好学习上的引导，帮助他们重新定位自己的角色。从教师的职责来看，教师凭借在研究与实践中凝结成的独具特色的智慧去引导学生学习。与其说校本教师专业发展能给教师带来技能上的提高，毋宁说是因角色转变带来的智慧生成。因此，在教学过程中，教师要不断进行反思，透过教学实践中出现的问题进行"研究"，形成自身独特的知识体系、管理艺术、教学魅力，成为一名有智慧的引导者。[1] 对学生的学习而言，教师就是一个施教者，学生处于主体地位；对自己的专业提升而言，教师就处于主体地位。为了更好地引导学生学习、促进自我生命的提升，教师必须行使主体地位。教师是每一所学校的本质和灵魂，而这种本质的体现又是基于师生良性互动达成的共同进步。校本教师专业发展应引导教师主动设计自己的学习计

---

[1] 王红艳，高盼望. 教师发展的新思路：基于校本研修的探索 [J]. 教育理论与实践，2011 (9)：46-48.

划,自主建构教学文本,认真研究教学措施,有效实施课程教学,达成教书育人、促进生命成长的终极目标。

第三,立足宽视野、高水平。校本教师专业发展的具体组织者是学校,虽然学校更加了解教师,活动的针对性更强,但若要求不高,也可能收效甚微。因此,校本教师专业发展必须有宽阔的视野和高水平的追求,不但从学校实际出发,还要了解本区域、本省、国家乃至全球教师专业发展的前沿和方向。尽管是学校自行组织,但也需要经常邀请一些名家、名师进入校园,输入先进的经验,介绍发展的前沿,与教师一起共话成长,引领教师高水平发展。当然,高水平的校本教师专业发展不能局限于校内,需要学校适时、适量地安排一些教师外出带薪学习、参观考察等,让教师以宽广的视野、开阔的胸襟,接纳和审视多元化的思想,促进自我生命提升。只有从质量上保证校本教师专业发展的高端性,才能保证其对教师专业发展实际产生的效果。高层次的研修带给教师的不仅仅是理论视野的开阔和实践经验的提升,一些外来专家执着、严谨的学术态度和勤勉奉献的工作精神也会给教师的心灵带来深刻的撞击,使教学、研究、反思、实践逐步成为教师熟悉的专业生活方式。学校开展高水平的形式多样、内容多元的校本教师专业发展活动,在方便教师学习的同时,也会让教师感受到生命成长的乐趣和价值,让积累的实践智慧不断地与新接受的理论开展碰撞,从而使视野更加宽广、教育更加智慧、工作更加自信。

四、校本教师专业发展的具体开展形式

学校开展校本专业发展,因贴近一线教师实际,形式可以丰富多元化。笔者通过实地调研一些学校,发现效果比较好的校本教师专业发展形式有以下几种,可以为学校组织教师参与学习提供参考。

(一) 建设"美德共同体",提升教师职业道德

重视德育成果的收集、展示和评奖工作,开展师德主题征文活动。践行全员德育理论,组建德育导师团队,设置常规德育导师、跟岗德育导师和资深德育导师。开展名班主任培养和专业引领一体化工作,设立校内名班主任工作室。开展"主题化、学术化"的班主任培训,通过主题讲座、学术沙龙、主题论坛、班主任结对采访、班会研讨、班主任专业能力大赛、班主任文化节、班主任拓展训练等形式,深化德育理念及德育模式,提高班主任引导学生健康成长的技能。以《中小学教师职业道德规范(2013年修订)》为准则,重视教师爱岗敬业和团结协作精神的培养,建立师德一票否决制度。表彰教书育人、为人师表、敬业爱生的师德模范,利用大众传媒大力宣传教

师的敬业精神、师德风范、工作业绩和社会贡献，将教师风范辐射到社会，增强社会公众对教师的理解。

（二）实施"青蓝工程—师徒结对"工程，有效引领新教师快速成长

根据新教师成长的特点，需要有专家型教师引导，在此基础上开展"青蓝工程—师徒结对"工程。"青蓝工程—师徒结对"旨在通过发挥教学名师、骨干教师"传帮带"的引领辐射作用，对青年教师进行实践指导和系统培养，使之尽快熟悉教育教学的各个环节，成为学校教育教学的中坚力量。在师带徒的"平等共享"过程中，可以实现双赢，一手促进"导师"专业提升，一手引导"徒弟"快速成长。采取自愿与统筹相结合的原则，鼓励经验丰富的名师做导师，制定师徒结对工作方案，明确对导师工作的奖励性支撑和考核办法，力求师徒结对制度化、规范化和常态化。导师从思想、教学、教研、科研等方面对中青年教师进行全面指导，制定有针对性的为期两年的培养方案，提出明确的培养要求和实施途径；指导新教师制订学期教学计划或班主任计划、自我专业成长规划，对教学工作和专业成长形成清晰的目标；通过言传身教，指导新教师形成崇高的职业道德和严谨的治学态度；每周给新教师上示范课1次，每月指导新教师备课1次，检查批改教案1次，听课2次，对备课、上课的具体环节认真进行评析、指导，提高新教师教育教学的基本技能，尽快适应工作岗位；指导新教师阅读教育教学理论的经典著作，结合具体的工作实践，每年撰写1篇水平较高的反思性教学论文，引导教师开展教学反思和行动研究，提高新教师从事教育科学研究的能力。学校还可以为部分有需求的骨干教师及学科核心后备人才配备专家型导师，借助专家的资源优势，由导师全程对其进行指导和引领，更新教师的教育理念和教学方法，培养骨干教师或学科带头人。

（三）聚焦课堂教学，提升青年教师的教育教学技能

根据青年教师的成长特点，他们在工作中希望积极进步，希望通过一定的形式促进教学技能的提升，学校可通过集体备课、同课异构和组织青年教师基本功大赛的形式，有效促进青年教师教学技能的提升。

（1）集体备课。根据学科教学的需要，成立备课小组。备课组长根据教学目标组织集体备课活动，做好细致的集体备课计划，确定时间、地点、研讨主题、中心发言人，提前通知备课组成员查阅资料，熟悉备课内容。组织备课组成员集中听取中心发言人的备课提纲，围绕研讨主题开展讨论，集思广益，打造精品教案设计，提高教师的教学设计能力。

（2）同课异构。开展不同层次的同课异构教学活动，包括备课组同课异构、学科组同课异构、校际同课异构等。比如校际同课异构，可围绕同一教

学主题，组织兄弟学校同台竞技，指导青年教师积极参与，促使同行之间对同一课例的细致打磨，通过交流、切磋和讨论，在实际参与观课、评课、磨课的过程中，有效提升教育教学水平。实施"合作共同体"工程，构建跨学科、跨校际、跨地区的教师合作共同体，推动教师在理论学习、课程建设、教学改革、课题研究、学生辅导等方面的合作和交流，实现知识融合和资源共享。

（3）青年教师基本功大赛。此类活动为青年教师搭建教师专业发展平台，提供途径让教师输出在实践岗位中积累的教学智慧。学校做好详细、周密的计划，制订青年教师基本功大赛方案，每年定期组织青年教师参加。大赛可围绕教师在教学中所需具备的基本技能展开，如三笔字、简笔画、普通话、演讲与口才、教学设计、教学案例分析等，通过微课比赛、说课比赛以及才艺展示等多种形式实施，使青年教师在参与的过程中提升教育教学的基本技能。

（四）以点带面，积极发挥名师的示范辐射作用

（1）自主培养。通过各种优惠政策鼓励教师成长，根据教师的实际需求为教师发展创设激励机制，引导教师设定奋斗目标，努力成为校园新秀、优秀教师、杰出教师、首席教师等，培养一支年轻化、层次高、素质好、潜力大的名优教师队伍，充分发挥他们在学校教育教学中的"领头羊"作用。学校领导要根据学校的发展规划，从行政管理、教学管理、学生管理、教育教学等方面合理地培养和储备人才，建立骨干教师后备人才库，为青年教师成长留出空间，让青年教师在成长的过程中感到有盼头、有希望，愿意付出努力寻求突破，从而激发专业成长的活力。

（2）依托培养。学校依托教育部"国培计划"、广东省"百千万工程"、广东省省级骨干教师培训、广东省名教师工作室主持人培训等多个项目，鼓励教师积极参与学习，使部分青年教师成长为卓越教师。学校为名师发挥示范效应做好充分准备，按照各种项目要求，为培养对象提供场地、设备和经费支持，并开展严格的绩效管理。

（五）制定各种激励措施，激发教师专业发展活力

制定优秀青年教师（班主任）评选方案及优秀青年教师（班主任）奖励办法，在校内评选校级名师，发挥教师专业发展的积极性。给予参加教学技能大赛的青年教师相关奖励，促进教师教学技能提升。培育与扶植一批基础教育教学成果，积极申报国家教育教学成果奖。鼓励教师参与教育教学研究，学校制定科学规范的科研奖励办法，激励教师出版专著和发表论文。

（六）以校为本，建设校本教师专业发展资源库

（1）以课例为载体，开发校本课程资源库。学校充分发挥学科教研组的力量，通过集体讨论的形式，分析提炼学科的教学特色，并以学科教研组为单位打造经典课例，组建包括中级及以上教师的示范性课例和中级以下教师的演示性课例的学校学习资源库，示范性课例供仿效，演示性课例供讨论、发现问题及修改、完善。教师通过对课例的参观、学习和研讨吸收经验和教训，促进实际教学能力的提升。

（2）定期组织骨干教师专业发展论坛。骨干教师是学校发展的中坚力量，学校要特别重视他们的发展。骨干教师的发展需要激发内在的专业自主。因此，学校可以为青年骨干教师的专业成长专门创设平台，定期开展教师专业发展论坛，针对骨干教师专业发展中的缺失，从教育和教学两大领域，分知识和技能两个途径，组织教师开展专项研讨，提升骨干教师的专业发展潜力。论坛以骨干教师在教育教学中遇到的问题为切入点，以技能提升、方法提炼为重点，挖掘教育教学活动中的典型经验，如课堂教学调控、学生学习习惯培养、正确的批评与表扬、后进生转化的策略等。专项研讨可以是全体教师都参加的讨论，也可以是相同年级、相同学科教师参加的有关学科教育问题的讨论，大家共议、共享解决问题的方法、策略和观念，在有效地解决实际问题的过程中唤醒内在的发展动力。

（七）科研推动，提升教育教学研究能力

针对中小学教师缺乏正确的教育教学研究理念、教育教学研究素养不高的现状，学校要创新教师专业发展模式，实施科研引领、课题推动的策略，将教师专业发展和教育教学研究相结合，促进教育理论和实践的有效融合，引导教师树立正确的科研理念，改变其对参与教育科研的片面认识。积极引导教师参与教育教学研究，不是要让教师多出多少成果、成就名师等，而是为了提升教师的科研素养，促进教师积极思考，对自己的教育教学加以改进和提升。教师参与教育教学研究，带给教师的不仅仅是观念的转变，更重要的是思维方式的改变。学校需要不断完善校级课题的实施与管理制度，让教师都有参与或承担科研课题的机会。鼓励教师参与国家、省、市、县（区）的课题研究，通过项目研究带动教师科研水平的提升；鼓励教师参与教育教学研究，学校制定科学规范的科研奖励办法，激励教师出版专著和发表论文。开展教师科研能力提升校本培训项目，与高校教育专家合作，开展为期2年的"学研训一体化"科研名师培养项目，在高校教授的引导下学习教育科学研究方法，参与课题研究实践；组建青年教师科研先锋队，依托本校科研骨干教师，通过案例教学研究、自学—互教—研讨等模式，依靠本校教师

的力量掌握科学的研究方法；以学科组为单位组织读书会，不定期地以学术沙龙的形式集体研读教育经典著作，学习先进的教育理念、理论和方法。学校也可以坚持主题式论文撰写活动，每学期确定专题让教师撰写论文，并由校聘专家进行评阅和一对一的指导，逐步提高教师的研究水平，使之成功转型为"研究型教师"。

（八）"走出去，请进来"，拓宽教师的专业视野

校本教师专业发展不能仅局限于本校，必须拓宽视野，引入鲜活的外部资源。有些校长提及，其他学校的独特理念、先进教法以及专家、名师的发展历程，都是推动教师发展的有效途径。并且，本着取长补短或者资源共享等种种目的引入外来资源，可以给教师专业发展带来巨大的推动作用。[1] 引入外来鲜活的资源，给学校注入新鲜血液，对学生、教师、学校都有所助益。学校可以采用"走出去，请进来"的方式，为教师创设学习平台，提供多种专业发展机会和途径。比如，每年有计划地安排教师外出参加高层次的教学研讨或专题学习，从校外聘请名师名家进校园，为教师开设专题讲座，为教师传授先进的教育教学理论、新课程改革的理论、现代教育观念、教育教学方法和教学技能等，有效提升全体教师的专业水平。

---

[1] 王红艳，高盼望. 教师发展的新思路：基于校本研修的探索［J］. 教育理论与实践，2011（9）：46-48.

第六章 区域教师专业发展

在教师自主的情况下,教师专业发展还需要从区域层面加强引导。区域教师专业发展基地学校的创建、"县管校聘"机制和"强师工程"的实施都具有较大的参考意义和价值。

第一节 教师专业发展基地学校——以深圳市为例

深圳经济特区自成立以来,在教育方面锐意改革,勇于进取,率先成为广东省教育强市和推进教育现代化先进市。为实施科教兴市和人才强市的发展战略,深圳围绕教育改革发展的中心任务,紧扣培养造就高素质专业化教师队伍的战略目标,坚持"以人为本,服务教师"的理念,以全员培训为基础,以提升培训质量为主线,以提高师德修养为核心,以提高中青年教师教育教学能力为重点,加大新任教师、基础教育名师名家培养的力度,构建了健全的教师继续教育体系,打造了高素质专业化教师队伍,为深圳教育强市的可持续发展提供了强大的智力支持。在取得成绩的同时,深圳教师继续教育面临的困境也盘根错节,有待深入探讨。

一、教师专业发展基地学校产生的背景

尽管深圳的教师继续教育取得了阶段性成果,但仍然存在以下与特区经济社会发展不相适应的"特殊"问题。

(一)经费足,动力小

通常来说,教师将免费接受继续教育视为一种福利。"教师培训的问题和困难之一,就是在国家财政性教育投入不断增长的情况下,教师培训经费

依旧投入不足。"① 然而，在深圳，经费却不是问题。深圳教育界流传着这样一句话："教育不缺钱，缺的是怎样将钱花出去。"深圳是经济特区，在各个方面都存在特殊性。深圳市政府特别关注教师的专业成长，每年投入专项教师继续教育经费，按照人均不少于1 350元的标准拨付，要求专款专用，鼓励教师参加学习。那么，是不是有了充足的经费，教师就会积极参加学习呢？事实上，深圳的教师非但不将免费接受继续教育视为"福利"，反而视其为"负担"，不愿参加。教师们态度不积极，认为不参加学习也不会怎么样。根据调研走访，90%以上的校长反映的问题中最突出的就是教师参与学习的动力不足。有位校长还举了一个十分鲜活的例子：有一次，他想推荐学校的一名教师去美国参加培训，出乎意料，那名教师的回答却是："我不愿意去，去了有30%的花费还得自己出。"听起来似乎是因为经费的问题，但实际上是教师对学习的冷淡态度所致。

（二）要求高，难度大

国家基础教育新课程改革全面启动、发展迅速，又对教师继续教育课程的数量和质量提出了更高要求。截至2013年底，深圳市各级各类学校专任教师97 082人，其中公办学校51 531人，民办学校45 551人。专任教师学历合格率，小学为99.95%，初中为99.92%，普通高中为98.44%，中等职业学校为90.96%。教师继续教育涉及人员较多，教师素质普遍较高，教师的学习要求也较高。因此，推动全市近10万名中小学教师完成规定的每人每年72学时的学习任务，难度比较大，而要提供满足教师需求的继续教育的难度则更大。

（三）基地少，资源缺

相对于全市教师继续教育盘子大的现状，深圳的教师继续教育基地数量相当有限。深圳市目前采用的是"4+10"基地运作模式，其中"4"为经过认定的四大中学教师继续教育基地，"10"则为10个区的教师培训中心（或为教科研中心、培训部）等，既是教师继续教育的管理机构又是实施机构。由于"原来以培训小学、幼儿园教师为主，兼顾初、高中教师培训的县（市、区）教师进修学校，近3~5年内出现了明显且巨大的分化与重组，超过1/3的学校与所在地的电大、党校或职教中心（职业中学）进行了实质性合并"②，深圳的10个区中，只有龙岗区保留了专门的教师进修学校，有专

---

① 曲中林. 公益性教师培训的现实与未来［J］. 教育理论与实践. 2012（13）.
② 刘明远. 县级教师培训机构的现状、问题与政策建议［J］. 中小学教师培训，2007（2）.

业的培训师资队伍。各区教师培训中心岗位配置的管理者也十分有限，多的有 5~6 人，勉强能够正常开展工作，少的甚至只有一个人，要正常开展工作都相当有难度。基地数量有限，教师教育师资资源相对短缺，难以推动全市教师继续教育的大局。

（四）强制多，自主少

为落实教育行政部门规定的五年完成 360 学时的继续教育任务，深圳市将继续教育与职称评聘紧密挂钩，强制教师每年参加学习。如，每五年按规定完成 360 学时以上的继续教育任务，准予申报职称；每年按规定完成 72 学时的继续教育任务，给予聘任相应的职级。于是，教师继续教育就变味了，原本教师是学习的主体，应主动参加，现在却变成被迫接受学习。上有政策，下有对策，针对强制性的学习，教师们又出"新招"：他们去参加学习，却不认真对待，草率应付，仅为拿到学时而学，自主性大大降低。据初步调研，有 70%~80% 的教师对培训不太满意或不满意，认为培训内容不"接地气"，针对性不强，对他们没有太大帮助，对教学没有太大改善。然则这并非教师之过。教师的工作量大，正如校长们普遍反映的，"公办学校教师一个萝卜一个坑，民办学校教师一个萝卜几个坑"。教师没有时间读书学习，压力比较大，工学矛盾突出。

二、教师专业发展基地学校的实践探索

为打破现有教师继续教育的困局，给全市教师继续教育注入新鲜活力，深圳市借鉴美国教师专业发展学校（professional development school）建设的理论与实践经验，以及北京、上海等发达地区教师专业发展学校的做法，进行适应特区教师继续教育改革需要的探索和尝试，开展教师专业发展基地学校创建工作，培养适应深圳市学生综合素养提升的新型教师。深圳市教师继续教育领导小组办公室广泛而深入地到全国各发达地区学习，借鉴先进经验，并深入深圳市各区、各个学校开展调研，了解教师继续教育存在的问题，阐明建设教师专业发展基地的性质及意义，多方听取建议，研究制定了《深圳市中小学教师专业发展基地学校认定办法（试行）》。通过学校上报材料，领导小组办公室组织专家进行文本评审、现场评审、答辩等环节，产生了首批 50 所教师专业发展基地学校，将其建成学科特色鲜明、师资优良、管理规范的教师继续教育基地。

教师专业发展基地学校（以下简称"基地学校"）结合深圳教育的实际情况，在原中小学建制内拓宽功能，聚焦于学校教育教学实践，与高等院校和教育科学研究机构合作，形成研训教合一的培养模式，有效促进教师的专

业发展。基地学校立足本区，面向全市中小学教师，其活动纳入全市教师继续教育年度计划，成为深圳市教师继续教育基地的组成部分，接受并承担市、区两级教师继续教育基地有关教师专业发展的实习、跟岗、实践等任务，为全市培养教师。

被评为基地学校的中小学均为市一级以上学校，在团队建设上，拥有一支与相关学科培训项目相适应的、具有创新精神和实践能力的骨干教师团队。每个学科培训项目的团队成员有区级以上骨干教师3名以上，以本校学科骨干教师为主，同时吸收省、市、区的学科名师及本土教师继续教育课程建设专家库的入库专家，集中群体教育智慧。基地学校重点打造与教师教学密切联系的学科培训，每个基地学校申报2个以上的学科项目，每个学科项目有明确的项目名称、目标、需求分析、课程和师资安排、内容和方法、过程管理和评估检查、时间和地点、经费预算等，每学年安排18～24学时的学习。培训项目方案须申报接受每年上半年深圳市教师继续教育领导小组办公室组织开展的课程评审。评审通过后，根据课程评审结果和市教师继续教育工作的统一部署，在每年9月份由深圳大学师范学院统一挂课，组织教师选课。

三、教师专业发展基地学校"鲜活"的实践意义

新建立的教师专业发展基地学校成为盘活教师继续教育资源的一个个小基地，配合深圳现有的"4+10"模式，共同为教师继续教育提供优质服务，让特区教师继续教育"活"起来。

（一）实现教师继续教育重心向学校转移

教师是进行教育改革、发展、研究和教育教学实践的关键因素。教师有效和持续的发展是学校教育教学生命力的源泉。因此，国际教师教育改革出现了这样的趋势：教师教育重心下移，由单纯以师范院校为教师教育基地转向把中小学作为教师教育的重要基地；高等学校教育院系与中小学合作，密切结合中小学教育实际开展教师教育。深圳市建设教师专业发展基地学校，正是结合我国中小学教育和教师教育的现实需要对教育的实践转向和教师教育变革趋势的积极响应，实现了重心向学校转移。教师专业发展基地学校拓宽现有中小学的功能，为全市培养新型教师，开创新的理念，创新教师教育，将教师的培养由师范院校的课堂拓展到中小学，鼓励教师在真实的中小学教育环境中亲历实践，切身体验，不断提升专业水平。

（二）优化教师继续教育互联互通格局

首先，教师专业发展基地学校的建设有效缓解了现有教师继续教育基地

的不足。在"4+10"模式的基础上增加50所教师专业发展基地学校,使教师继续教育资源大大增加。其次,教师专业发展基地学校的建设在布局上做了较大调整,既有市局直属,又遍布各区。其中市局直属中学4所,小学1所;规模大的区,每区10所,其中高中2所、初中4所、小学4所;规模小的区,每区5所,其中高中1所、初中2所、小学2所。基地学校的分布兼顾区位优势,尽量使每所基地学校都能够辐射当地一部分学校,让学校教师能够就近接受继续教育。同时,基地学校将学习时间安排在工作日,减轻了教师学习的压力,有效地缓解了工学矛盾,大大调动了教师参与学习的积极性。

（三）真正归还教师学习的自主权

对课程建设者一方来讲,基地学校课程建设是以学科团队为中心的,备课体现的是团体教学智慧。团体成员围绕中心议题,深入挖掘自己的教学实践智慧,整理出较好的设计思路供大家分享,经过共同的讨论、碰撞,形成结构完整、贴近一线教学实际的教师继续教育专业学科课程体系。诸如此类的课程建构形式,广泛调动了团体成员对问题研究的兴趣,成为一种较好的研究性学习,"其最大好处是通过不同思想的交流和碰撞,能够彼此充实和完善各自原有的想法,并进一步发展个性化的思维和方法"[1]。基地学校激发了课程建设者的研究意识和主体意识,而且他们大多为一线教师,与学习者经历相似,有较多值得教师学习和借鉴之处。课程设置应教师教学实践需要而产生,丰富且贴近教学实际,这样不仅将学习的主动权还给了教师,还创设了适应教师学习需求的继续教育课程。教师在学习的过程中,会积极调动缄默知识,诱发内心思考,反思教学实践,进行有效比照,借"他山之石",改进教学方式,提高教学效率,有效促进自我专业发展。

（四）有效发挥"名优特"教师辐射带动示范作用

深圳市广泛吸纳了来自全国各地的志存高远、爱岗敬业、淡泊名利、甘为人梯、乐于奉献、忠诚于人民教育事业的教育领军人物。截至2013年,深圳有市级教育科研专家工作室主持人19名,市级以上名师名校长130人,在岗特级教师260名。深圳一直注重发挥"名优特"教师的辐射带头作用,但是效果都不怎么好,大多是通过"师带徒"、专家工作室等方式培养青年教师,其作用有限,辐射范围较窄,受益的只是有限的几名教师。建设教师专业发展基地学校,特区最重要的是对应了这一资源优势,充分挖掘本土

---

[1] 滑秀林. 建设教师发展学校:学校发展的战略选择[J]. 中国教育学刊, 2006 (10).

"名优特"教师优势资源,发挥"名优特"教师或学科带头人的辐射作用,加大教学软实力的孵化力度。基地学校建设,不但强力调动了"名优特"教师的资源优势,让他们充分感知到本体生命的价值和意义,而且将他们凝聚成一个团体,力量更大,资源优势更强,打造的课程资源集集体智慧之大成,辐射全区甚至全市的学科教师,这种带动力量势不可当。

(五) 助推校本研修更加到位

深圳市一直非常重视推进校本研修工作,但各个学校开展的程度与水平参差不齐。学校是教师实现专业发展最好的场所,学校教育教学实践是促进教师职业持续发展的必要条件。有远见卓识的校长,尤为重视校本研修对教师专业发展的促进作用,多方为学校教师的专业发展创造机会,搭建平台,制订周密的校本研修计划及实施方案,帮助教师实现专业成长。然则,也不乏一些校长无视教师专业成长的重要性,将注意力集中在考试、升学等方面,认为教师只要让学生考出好成绩就算完成了任务,不关心教师个体成长,校本研修缺乏行动或形同虚设。50个基地学校本身就是校本研修示范校,在全市校本研修方面发挥了较强的示范辐射作用,有效地促进了校本研修的开展。基地学校明确校长为第一责任人,他们不但承担着为本校教师谋求专业发展的使命,还要承担起为周边学校辐射资源,培养校外教师的任务。基地学校开设的课程,多为校本研修典型经验的提升,是对校本研修实践中做得好的优势学科课程进行总结、打磨与提升,将之作为教师继续教育课程。基地学校承载着为全市培养教师的任务,要督促他们时刻都不能懈怠,工作不但要做,而且要往好处做,否则周边学校同行来学习,不满意时将会提出质疑:"如此水平的学校怎么能成为基地学校?"基地学校开展教师继续教育的典型做法,将对周边学校开展校本研修起到示范、引领的作用。周边学校通过学习,借鉴其好的做法用于开展校本研修,大力促进本校教师专业成长。

第二节 "县管校聘"机制探析

2014年出台的《教育部 财政部 人力资源和社会保障部关于推进县(区)域内义务教育学校校长教师交流轮岗的意见》,具体提出要全面推进义务教育教师队伍"县管校聘"管理改革。"县管校聘"是具体落实中央关于深化教育领域综合改革精神、深化教育体制机制改革的重要举措,全面落实中小学教职工"以县为主"管理体制,在强化县域统筹功能的基础上,落实学校用人自主权,根据教育发展需求为教师合理交流轮岗提供制度保障,促进县域内师资均衡配置,加快实现教育公平,努力办好人民满意的教育。

一、实施"县管校聘"的背景分析

"县管校聘"是在国家层面鼓励教师流动的背景下提出的。1996年印发的《关于"九五"期间加强中小学教师队伍建设的意见》中首次提出"教师定期交流"的概念,采取切实的政策措施,鼓励教师从城市到农村,从强校到薄弱学校任教,促进中小学教师在学校和地区之间的交流。《国家中长期教育改革和发展规划纲要(2010—2020年)》明确规定"建立健全义务教育学校教师和校长流动机制。城镇中小学教师在评聘高级职务(职称)时,原则上要有一年以上在农村学校或薄弱学校任教经历"。2012年《国务院关于加强教师队伍建设的意见》(国发〔2012〕41号)提出建立县(区)域内义务教育学校教师校长轮岗交流机制,促进教师资源合理配置,大力推进城镇教师支持农村教育,鼓励支持退休的特级教师、高级教师到农村学校支教讲学。2014年出台了鼓励教师流动的专项政策《教育部 财政部 人力资源和社会保障部关于推进县(区)域内义务教育学校校长教师交流轮岗的意见》(以下简称《校长教师交流轮岗的意见》),具体提出要全面推进义务教育教师队伍"县管校聘"管理改革,加强县(区)域内义务教育教师的统筹管理,打破教师交流轮岗的管理体制障碍。自此,"县管校聘"的政策便应运而生。

二、"县管校聘"的具体内容

针对"县管校聘",可以从实施目的、执行策略和具体推进思路等几个方面做具体分析。

(一)"县管校聘"的实施目的

推行"县管校聘"是在鼓励教师交流的背景上产生的,因此,其实施目的就是为了盘活县(区)域内教师资源,实现县(区)域内教师资源的均衡配置,促进县(区)域内教育均衡发展,实现教育公平。我们通常讲的教师流动,是一种非政策引导的自然流动。从社会学角度来讲,社会地位的改变将导致社会成员所拥有和支配的权力、财富及社会声望等社会资源发生变化。根据流动中社会地位发生的改变,教师流动可以分为"向上流动"和"向下流动"。"人往高处走",目前我国教师自然流动趋势属于流动中的"向上流动",主要是从农村到城市、从贫困地区到发达地区、从薄弱学校到重点学校、从民办学校到公办学校。① 随着社会的快速发展，身处乡村条件落后学校的年轻教师希望通过努力奋斗改变自己的命运，甚至是帮助子女改变成长的环境及前途，年龄段越低的教师流动及流失意愿越强烈。有调查显示，从年龄来看，30 岁以下、31～35 岁、36～40 岁、41 岁以上的教师中"一直有"流动及流失意愿的比例分别为 45.0%、36.1%、20.7% 和 15.4%，且教师年龄与教师流动及流失意愿的人数分布存在显著差异。② 具备高水平教学能力的高素质优秀教师"向上流动"较为容易，自主流动或"流失"的乡村教师大多为学校的精英或骨干教师。在此状况下，乡村学校或薄弱学校的优秀教师"流失"之多、速度之快也是空前的，亟须一种政策帮助乡村及薄弱学校留住优秀师资，将城市、高水平学校的优质教师资源引入乡村及薄弱学校，为乡村学校学生创造公平的教育环境，带动乡村及薄弱学校的快速发展。推行"县管校聘"，其目的就是通过政策疏导这种单向流动，引导优秀教师"向下流动"、向薄弱学校流动，"向上流动"与"向下流动"构成一种优质资源的循环，鼓励教师支持乡村教育，实现教师资源配置均衡化、优质化，振兴乡村教育。

（二）"县管校聘"的执行策略

"县管校聘"涉及的问题及相关部门较多，不是教育行政部门单方努力就能够实现的，需要多个相关职能部门团结协作，共同推进。《校长教师交流轮岗的意见》明确规定了"县管校聘"的具体执行策略，要求县级教育行政部门会同有关部门制定本县（区）域内教师岗位结构比例标准、公开招聘和聘用管理办法、培养培训计划、业绩考核和工资待遇方案，规范人事档案管理和退休管理服务。学校依法与教师签订聘用合同，负责教师的使用和日常管理。这些部门包括教育厅、组织部、机构编制委员会办公室、财政部、人力资源和社会保障部等，形成合力，共同推进校长教师交流轮岗工作。

（三）"县管校聘"的具体推进思路

因"县管校聘"涉及多部门联动，实施初期阶段属于经验探索期，在面对诸多问题的情况下，需要稳步推进，从抓试点做起。国家层面要推动义务教育教师队伍"县管校聘"示范区建设，各地也要从本地实际情况出发，大胆探索教师队伍管理新机制。2014 年，教育部组织开展了首批"县管校聘"

---

① 方征，谢辰."县管校聘"教师流动政策的实施困境与改进［J］. 教育发展研究，2016（8）：72-76.
② 王艳玲，李慧勤. 乡村教师流动及流失意愿的实证分析：基于云南省的调查［J］. 华东师范大学学报：教育科学版，2017（3）：134-141.

管理改革示范区申报，取得了一些宝贵经验和显著成效。为深化"县（区）管校聘"示范改革，2017年3月，教育部发布《教育部办公厅关于组织申报第二批义务教育教师队伍"县（区）管校聘"管理体制改革示范区的通知》，组织新一轮的"县（区）管校聘"管理体制改革示范区申报工作。根据示范区工作的开展情况，总结推广各地成功经验，再全面推进"县管校聘"管理改革，为教师交流轮岗提供切实可行的制度保障和操作策略。

三、实施"县管校聘"的积极意义

实施"县管校聘"对均衡配置教师资源，实现教育公平，有效促进乡村教育、区域教育优质均衡发展有重要促进作用。

（一）"县管校聘"是促进教师专业发展的有力手段

"县管校聘"实行教师无校籍管理，打破交流体制障碍。将教师归于区教育行政部门统筹管理，由学校聘任，使教师由"学校人"变为"系统人"，打破教师交流轮岗的管理体制障碍，将校长教师统一纳入流动范围，在具体流动程序和评价标准上为教师安心从教提供制度保障，充分调动了一线教师参与交流的积极性，形成了激励教师不断成长的长效机制，教师在流动过程中自觉提升专业发展水平。一方面，更多具有较高职称的教师由城市学校向农村学校、由优秀教师集中的学校向相对薄弱学校流动，对带动乡村学校及薄弱学校教师专业成长起到引领和示范作用，乡村教师可以向优秀教师学习先进的教育教学技能、将现代教育技术手段融合于教育教学的手段，在示范带动下促进乡村教师的专业发展。另一方面，城市教师或优秀教师为履行引领乡村教育发展的责任，需要不断提升自己的专业知识和专业能力，虚心学习，积极指导乡村教师专业成长，在这种互动过程中，专业发展水平自然提高。通过开展名师"送教下乡"活动，充分发挥名教师示范带动效应，促进优质师资均衡共享，引导教师从"教学型"向"研究型"转变，校长从"管理型"向"专家型"转变，促进教师、校长专业化发展。

（二）"县管校聘"是均衡城乡教师资源、实现教育公平的助推器

"县管校聘"的着力点就是以体现区域、城乡之间和校际的均衡配置为导向，鼓励教师"向下"流动、城镇教师向乡村或薄弱学校流动，为乡村和薄弱学校补充优质教师资源，打破教师的使用权限，在政策层面更有效地促进教师在区域、城乡之间和校际的公平均衡配置，促进乡村学校、薄弱学校健康发展，保证乡村学校或薄弱学校学生享受公平优质教育。教育部进一步加大教师交流轮岗方式的改革创新，要求教师轮岗交流与优质校长教师资源共享相结合，采取定期交流、跨校竞聘、学区一体化管理、学校联盟、名校

办分校、集团化办学、对口支援、乡镇中心学校教师走教等多种途径和方式，重点引导优秀校长和骨干教师向农村学校、薄弱学校流动，提高教师轮岗交流的实效。这种教师队伍管理体制的创新，让所有教师体会到被尊重的感觉，使教师在公平感中获得幸福感，激发专业成长动力，提高立德树人质量，办好人民满意的教育。

四、"县管校聘"实施过程中存在的问题

从全国来看，"县管校聘"取得了显著成绩，对促进教师资源配置、教师合理流动等方面起到了有效作用，但在具体实施过程中，也存在一些难以克服的现实问题。

（一）教师管理与使用权限的矛盾

由于"县管校聘"把人事管理权与单位用人权分开，教师归于区域统筹管理，交流机制实现常态化，对学校培养优秀教师的主动性造成影响。校长教师交流轮岗涉及编制核定、岗位设置、职务（职称）晋升、聘用管理、业绩考核、培养培训、薪酬福利、评优表彰等方方面面，校长、教师对自身的专业发展存有顾虑。实施"县管校聘"与教师管理存在一定的矛盾。根据现行的人事管理体制，目前教师工资关系、人事关系、岗位聘任都是以学校为单位进行的，教师的编制和人事关系隶属于学校，教师的人事及岗位聘用合同由学校来签订，经费也是按编制和人事实名制下拨到学校，按各校定编、定职称职数，不能真正做到教师"无校籍"管理，不能完全实现由"学校人"变成"系统人"。

（二）教师流动形式与质量的矛盾

《校长教师交流轮岗的意见》中规定："城镇学校、优质学校每学年教师交流轮岗的比例不低于符合交流条件教师总数的10%，其中骨干教师交流轮岗不低于交流总数的20%；而且在职务（职称）评聘工作中，要将教师到农村学校、薄弱学校任教1年以上的工作经历作为申报高级教师职务（职称）和特级教师的必备条件。""县管校聘"的政策导向实质是盘活本土教师资源，优化配置教师资源，流动不是目的，而是希望通过流动调动一部分教师的积极性，同时均衡教师资源，为乡村学校或薄弱学校补充优秀教师资源等。然而，在各地具体落实的过程中，教师流动的实质也会走样。流动本是符合条件的所有校长及教师的流动，符合条件的可能是优秀教师，也有可能是在学校表现欠佳的教师。但根据本地教学实际的需求及各地追求教学质量的现状，教师流动在一定程度上成了在学校表现不佳的教师的流动，达不到示范带动的效果。曾有一线教师非常诚恳地说："如果我是校长，我肯定

不愿意拿我的优秀教师去交流。"因此，在交流的实际过程中，确实是有满足比例的教师在交流，但交流的效果及意义却大打折扣。

（三）教师流动状态理想与现实的矛盾

实施"县管校聘"，校长、教师按照政策引导开展交流，在交流的过程中也存在一定的困难。政策原本是引导教师积极参与交流，最好是优秀教师积极到偏远以及薄弱的学校交流，但事实上教师普遍不愿意到偏远以及薄弱的学校交流。当前最为突出的问题就是教师对流动制度不满意，教师不愿参与流动。有调查显示，53.1%的教师不愿参与教师流动，48.1%的教师认为不能顺利融入新的组织文化。[1] 教师对交流学校没有归属感、稳定感，影响教学质量。教师认为教师流动政策没有充分尊重教师自身的意愿。目前教师表示流动最大的问题是无法满足需求，无法解除后顾之忧，尤其是解决教师子女入学、家庭生活等方面的问题。这在一定程度上也为学校的管理工作带来了困难。一些已经评到高级和特级职称的教师，更不愿意参与教师流动。多数地区交流属于"人走关系不走"，流动期满后，教师返回原校工作，这导致一些责任心不强的教师在交流学校不能全身心地投入到教学工作中。教师从一所学校交流到另一所学校，环境和人际关系都是陌生的，在交流开始缺乏一个引导过渡过程，交流对象对新环境缺乏深入了解，在新环境中难以保持原有的教学状态。

（四）教育管理部门实施"县管校聘"与职能权限的矛盾

"县管校聘"由教育管理部门具体实施，《校长教师交流轮岗的意见》中明确要求各级教育、组织、编制、财政、人力资源社会保障等部门形成联动机制，然而目前县（区）域开展教师流动工作的瓶颈之一就是行政部门之间协调难度较大，具体工作涉及机构编制、财政、岗位人事制度多方面的问题，这些超出了教育管理部门的职能权限，在执行过程中对具体工作实施成效造成了一定的影响。教育管理部门要具体落实政策，推动"县管校聘"，需要做好各方面、各部门的沟通协调，若其他部门积极配合，其工作推动也就比较理想，但若在努力协调的基础上，得不到其他部门的配合或支持，教育管理部门将会感觉到非常被动，工作的推动力与实际效果也将受到影响，在一定程度上导致组织管理、沟通协调等行政管理成本增加，行政管理及执行效率较低。

---

[1] 方征，谢辰."县管校聘"教师流动政策的实施困境与改进[J]. 教育发展研究，2016（8）：72-76.

五、进一步推进"县管校聘"的政策性建议

"县管校聘"对推进区域教师管理、均衡配置教师资源有重要促进作用。此处根据具体实施情况，在系统总结存在问题的基础上，提出一些政策性建议以供参考。

（一）加大宣传力度，增进教师对"县管校聘"的理解和认同

任何一件新生事物，首先需要让涉及对象了解、认识，增强认同感，然后才能更加顺利地被接受。实施"县管校聘"也一样，需要加大对教师的宣传力度，向广大教师阐释实施"县管校聘"的重要性和必要性，增强校长和教师对"县管校聘"制度的认同感和参与度，增强深入推动"县管校聘"制度的主动性、积极性，促进教师流动制度化、常态化。在扩大宣传效果的基础上实施配套联动，出台县（区）"推进中小学教师"县管校聘"管理改革的实施意见"及"进一步推进义务教育学校校长教师交流轮岗实施方案"，每年根据工作的实际需要，出台配套的"进一步推进义务教育学校校长教师交流轮岗工作方案"及"学校绩效考核方案"等，将教师交流工作落到实处、细处，并将文件宣传普及到每一位教师，让每一位教师了解交流的条件及细节，根据自身专业发展需求做出交流的规划及申请，增加政策操作的可行性。

（二）完善人事制度，县（区）教师实施统一管理

着力创新体制机制，改革教师人事制度，是推进教师交流的关键。建立县（区）教师大系统，教师由县（区）教育局直接管理，打破阻碍校长教师交流轮岗的管理体制。将教师的工资关系、人事关系、职称评聘工作纳入统一管理，统一区域学校教师配备标准，统一区域教师福利待遇标准，切实实现教师的"无校籍管理"，使教师由"学校人"变为"系统人"。实施县（区）中小学教职员岗位"总量控制，动态调整"管理机制，编制部门会同财政、教育行政部门根据全区生源变化和教育教学改革需要，每年定期核定教职员编制，实行动态调整。教育行政部门在编制部门核定的教职员控制总量内，科学制定每学年新增教师补充计划。在组织部门核定的岗位总量内，按照教师编制及师资结构等情况具体分配到各学校。学校及教师根据实际选择交流轮岗学校及岗位，建立起区域教师定期交流轮岗的长效机制，鼓励优秀教师向相对薄弱学校流动，逐步实现区域教师资源的均衡配置。

（三）加强调查研究，增强部门合力

在"县管校聘"的实施过程中，以山东省为代表的"省级统筹、市级指导、以县为主"的教师队伍建设"山东样本"，带来了诸多启示。推进

"县管校聘"，党委、政府需要对教育事业高度重视，充分协调教育、机构编制、人力资源和社会保障、财政等职能部门，形成上下联动、各职能部门齐心协力加强教师队伍建设的良好机制，深入推动教育综合改革，对教师交流轮岗情况深入调研，收集工作中遇到的现实问题，并组织职能部门对问题深入剖析和研究，针对难题寻求更为有效的推进策略，为实现在"县管校聘"管理体制下教师流动的制度化、常态化提供更为科学的决策。形成完善的配套管理支持制度，逐步建立起与"县管校聘"改革相一致的区域内统一的岗位编制制度、工资福利待遇制度、职称晋升制度、岗位聘任制度、培养培训制度、奖惩激励制度、监管督导制度等，加强政府层面的统筹力度，加强区域内教育、机构编制、人力资源和社会保障、财政等部门的沟通协调，明确相关部门在"县管校聘"工作中的职责，各司其职，各负其责，协同推进，多方联动，增强"县管校聘"的实施力度和实施效果。

（四）健全激励保障政策，引导教师定向流动

认真贯彻，统筹兼顾，充分发挥政策导向功能，积极引导、支持优秀教师向相对薄弱学校流动。《校长教师交流轮岗的意见》明确要求在职务（职称）评聘工作中，将教师到农村学校、薄弱学校任教1年以上的工作经历作为申报评审高级教师职务（职称）和特级教师的必备条件。在乡村学校任教3年以上（含城镇学校交流、支教教师）、经考核表现突出并符合具体评价标准条件的教师，同等条件下优先评聘。笔者在调研走访中发现，一线教师普遍对这一举措比较认可，认为这项措施在一定程度上为薄弱学校或乡村学校输入优质教师资源起到了有效作用。申报高级职称或参加校长应聘者都是工作成绩比较突出、有上进心的，他们到薄弱学校交流，对均衡教师资源、引领乡村教师成长和乡村教育发展起到了积极作用。

优化县（区）教师岗位设置，以岗位设置及人员聘用为契机，遵照"按需设岗、竞聘上岗、按岗聘用、合同管理、岗薪一致"的原则，中、高级岗位向乡村学校或相对薄弱学校倾斜，通过跨校竞聘和统筹调配等方式，着力解决由于多年分级办学造成的各片区教师资源分布不均、配置不科学的问题，有力助推辖区教师资源的均衡发展。在原有刚性交流方式的基础上，通过多种形式的交流，多方面盘活教师资源，促进师资队伍的更加合理、均衡配置，如开展骨干教师到薄弱学校指导学科建设的指导交流，薄弱学校教师到优质学校跟岗学习的跟岗交流，区域内学校根据教育教学实际需要自行交流学科教师的合作交流，超编学校教师到缺编学校补充交流等。

完善教师流动激励保障机制，解决的交通、食宿、子女入学等流动教师非常关心的问题，提供流动教师公寓，设立教师流动专项资金，提供流动教

师津贴补助,接受流动教师子女在县(区)域内所属学校申请就读的选择权。将教师交流与绩效工资、兑现奖惩、评优选先、职称评审、岗位聘用等直接挂钩,激发教师参与交流的动力,加强对偏远以及薄弱学校的帮扶力度,提高薄弱学校师资水平,促进教育均衡优质发展。

(五)充分尊重教师的选择权,增强教师交流的实效性

政策层面规定教师刚性流动是可行的,但在具体操作层面,需要有柔性机制调动教师的积极性。教师交流需要充分发挥教师的选择权,让教师自主选择自己希望流动的学校,充分尊重校长、教师的意见,切实维护教师权益,既尊重教师的个人诉求,又保障学校的用人自主权。我们可以借鉴日本具有强制性、程序性和公平性的教师流动政策实施程序[①]:一是由县教育局制定教师流动的实施细则,其中包括交流的学校划分、参与交流教师的条件等;二是向县内全体教师发放调查表,了解教师的家庭情况、住宅、流动意向等信息;三是根据教师填写的流动意向表,校长结合学校和教师的实际状况,在民主协商的原则下确定流动教师及流动学校;四是校长将流动教师名单及流动学校上交县教育局,审核通过后批准实施,确保教师流动操作公平有效。在流动过程中要关注细节,帮助流动教师建立对流入学校的归属感。流出学校和流入学校之间要做好教师对接,为流动教师营造一种尊重的工作氛围,对流入教师给予更多的尊重、接纳、帮助和支持,让流入教师积极参与到学校相关政策制定、各项管理工作中,建立主人翁意识,更好地融入交流学校的教学工作之中,增强交流的实效性。

第三节 "强师工程"经验推介

为贯彻落实《国家中长期教育改革和发展规划纲要(2010—2020年)》和《广东省中长期教育改革和发展规划纲要(2010—2020年)》,大力加强教师队伍建设,广东省从2012年开始大力推进实施"强师工程",将"强师工程"作为加强教师队伍建设的核心工程和重要抓手,以建立教师教育新体系、创新教师管理体制和工作机制为重点,推动教师队伍规模、质量、结构协调发展,努力建设一支师德高尚、业务精湛、结构合理、充满活力的高素质专业化教师队伍,为建设教育强省、实现教育现代化、打造我国南方教育高地提供坚实的师资保障。

[①] 彭新实. 日本的教师培训和教师定期流动[J]. 外国教育研究,2000(10).

一、广东省推进"强师工程"取得的突出成效

在各级政府和有关部门的共同努力下,广东省"强师工程"扎实有效,在教师队伍建设方面取得了显著成效。主要表现在以下方面:

(一)教师规模初步满足教育现代化需求

截至2016年底,全省中小学专任教师总量为914 478人,其中小学专任教师486 578人,普通初中专任教师275 836人,普通高中专任教师152 064人。中小学专任教师总量比2012年的847 702人增加66 776人,增长率为7.9%(如表6-1所示)。全省中小学专任教师总量基本能够满足教育需要,教师队伍数量稳步增加。各学段生师比明显下降,除小学生师比基本稳步不变之外,初中生师比从2012年的16.18:1下降至12.61:1,尤为显著;普通高中的生师比从2012年的15.93:1下降至12.98:1,低于国家2015年统计的全国普通高中生师比14.44:1这一数据。珠江三角洲地区中小学专任教师数量满足优质教育要求,初步适应广东教育现代化发展需要。

表6-1 广东省中小学专任教师数和生师比情况①

学段	专任教师人数						生师比				
	2012年	2013年	2014年	2015年	2016年	2016年较2012年增长	2012年	2013年	2014年	2015年	2016年
小学	432 374	437 529	454 377	468 608	486 578	12.54%	18.69	18.47	18.31	18.54	18.6
初中	273 493	276 777	278 511	275 787	275 836	0.86%	16.18	14.63	13.53	12.88	12.61
高中	141 835	144 756	148 361	150 861	152 064	7.21%	15.93	15.23	14.43	13.62	12.98

(二)教师队伍结构进一步优化

专任教师总量每年逐渐增加,强师工程着力引进紧缺学科教师,农村中小学合格教师得到有效补充,体育、音乐、美术以及科学、信息技术等学科教师紧缺状况有所改善,中小学教师学历、职称等指标都有明显提升。表6-2是2012—2016年广东省中小学专任教师学历情况。从总体上看,教师学历结构不断改善,其中普通小学教师具有大专以上学历的比例、普通初中教师具有本科及以上学历的比例、普通高中教师具有本科及以上学历的比例比2012年均有大幅度提升。2016年中小学专任教师学历均呈现稳步提升的态势,小学、初中、高中的学历达标率分别为99.99%、99.91%、97.82%,其中学历达标率最高的是小学,为99.99%。中小学专任教师高一层次学历

---

① 广东省教育厅发展规划处. 广东省2016/2017学年教育统计简报(内部资料)[R]. 2017:11-12,17-18.

比例逐年上升,2016年小学专任教师本科比例较2012年增幅最大,达21.49%;2016年初中专任教师本科学历比例较2012年增幅也较大,达15.48%。如表6-3所示,在中小学专任教师中具有中级职称的专任教师占比最大。小学、初中学校专任教师中,具有初级职称教师的比例明显大于具有高级职称教师的比例,高中具有初级职称教师的比例略高于具有高级职称教师的比例。全省中小学教师队伍教师年龄结构不断优化,呈现年轻化趋势,中青年教师成为主体。

表6-2 广东省中小学专任教师学历情况一览表①

		小学	初中	高中
学历达标率	2012年	99.87%	99.13%	95.99%
	2013年	99.87%	99.35%	96.19%
	2014年	99.96%	99.82%	97.82%
	2015年	99.98%	99.82%	97.82%
	2016年	99.99%	99.91%	97.82%
	2016年较2012年增加	0.12%	0.78%	1.83%
专科以上比例	2012年	88.14%		
	2013年	90.06%		
	2014年	93.33%		
	2015年	95.25%		
	2016年	96.35%		
	2016年较2012年增加	8.21%		
本科比例	2012年	29.69%	67.26%	
	2013年	34.33%	77.39%	
	2014年	39.67%	77.15%	
	2015年	43.77%	77.39%	
	2016年	51.18%	82.74%	
	2016年较2012年增加	21.49%	15.48%	
研究生比例	2012年	0.37%	1.47%	6.30%
	2013年	0.45%	1.66%	6.76%
	2014年	0.58%	1.97%	7.40%
	2015年	0.74%	2.27%	7.40%
	2016年	0.74%	2.27%	7.40%
	2016年较2012年增加	0.37%	0.8%	1.1%

注:表中数据来源于广东省教育信息平台查询系统。

---

① 广东省教育厅发展规划处. 广东省2016/2017学年教育统计简报(内部资料). 2017:15-16.

表6-3 广东省中小学专任教师职称情况一览表[①]

		小学	初中	高中
2012年	初级	22.75%	31.31%	31.56%
	中级	61.99%	49.26%	40.21%
	高级	0.89%	8.15%	20.69%
2013年	初级	21.10%	28.08%	27.66%
	中级	62.56%	49.81%	40.45%
	高级	0.41%	9.18%	21.46%
2014年	初级	20.53%	26.74%	27.00%
	中级	61.87%	50.47%	41.37%
	高级	0.63%	10.43%	22.22%
2015年	初级	20.66%	26.37%	27.98%
	中级	60.01%	50.40%	41.08%
	高级	0.56%	10.56%	21.77%
2016年	初级	21.45%	26.60%	27.32%
	中级	57.13%	49.71%	41.63%
	高级	0.60%	10.80%	22.44%

注：表中数据来源于广东省教育信息平台查询系统。

(三) 教师队伍整体素质进一步提升

中小学教师专业发展体系逐步健全，加强了省级中小学教师发展中心建设，教师参加高水平培训的机会进一步增加。表6-4是近5年广东省中小学专任教师接受培训情况。中小学专任教师非常重视专业成长，积极参与组织的各级培训，2016年参加培训4 741 338人次，比2012年增加近9成。参加学习的教师普遍反映，"强师工程"培训项目内容安排贴近一线教师需求，对一线教师的专业提升有非常大的促进作用，一线教师专业提升较快，能够初步适应教育现代化的挑战。教师培训体现"重心下移"的理念，校本研修在小学专任教师培训项目中所占比例较大。但是，教师培训项目绝大部分集中于校级、市县级，高端培训项目较少，缺乏高端引领，国家级和境外培训所占比例极少。

[①] 广东省教育厅发展规划处. 广东省2016/2017学年教育统计简报（内部资料）. 2017：15-16.

表6-4 广东省中小学专任教师接受培训情况

			小学	初中	高中
2012年	总人次		1 242 441	836 997	427 168
	国内	国家级	0.82%	1.09%	0.94%
		省级	3.80%	4.49%	10.11%
		市县组	42.04%	44.55%	41.61%
		校级	53.28%	49.85%	47.28%
	境外		0.07%	0.03%	0.06%
2013年	总人次		1 263 953	818 205	472 104
	国内	国家级	0.89%	0.74%	1.30%
		省级	5.00%	6.01%	12.67%
		市县组	42.26%	45.85%	42.76%
		校级	51.73%	47.34%	43.14%
	境外		0.13%	0.06%	0.12%
2014年	总人次		1 804 946	1 012 629	493 258
	国内	国家级	0.62%	0.73%	0.76%
		省级	5.01%	5.90%	13.85%
		市县组	37.82%	43.87%	41.34%
		校级	56.52%	49.47	44.00%
	境外		0.03%	0.04%	0.05%
2015年	总人次		2 185 845	1 201 085	552 571
	国内	国家级	0.77%	0.97%	0.60%
		省级	4.96%	6.35%	13.69%
		市县组	40.86%	43.17%	40.74%
		校级	53.34%	49.48%	44.94%
	境外		0.07%	0.04%	0.03%
2016年	总人次		2 736 491	1 355 625	649 222
	国内	国家级	0.66%	0.76%	0.61%
		省级	6.69%	9.15%	14.65%
		市县组	41.04%	44.13%	4.28%
		校级	51.48%	45.80%	42.43%
	境外		0.02%	0.14%	0.04%

注：表中数据来源于广东省教育信息平台查询系统。

(四) 教师工资福利待遇水平进一步提高

全省各地基本实现中小学教师工资福利待遇"两相当"。全省 2013 年开始全面实施山区和农村边远地区义务教育学校教师岗位津贴制度，2014 年有 33.6 万名山区和农村教师享受岗位津贴，人均岗位津贴达 720 元/月；2016 年每人每月达 815 元，将政策实施对象从义务教育学校和完全中学扩大到办普通高中和公办幼儿园的在编在岗教职工；2017 年山区教师生活补助补充标准提高到人均不低于 900 元/月。实施山区和农村边远地区教师生活补助政策之后，出现教学点教师工资超过乡镇中小学校教师，乡镇教师中小学教师工资超过县城教师工资的现象，山区及边远地区的教师幸福感增强，农村教师向县城的流动明显减少，部分地方出现城镇教师向农村学校"回流"的现象。

二、广东省实施"强师工程"的经验概括

广东省非常重视教师队伍建设，实施"强师工程"，在具体推进过程中，有很多值得推广和借鉴的典型经验。

(一) 认识到位，始终将教师队伍建设工作摆在重要战略位置

百年大计，教育为本；教育大计，教师为本。广东省各级党委政府充分认识到教师是教育的第一资源，有好的教师，才有好的教育，高度重视教师工作，始终坚持把加强教师队伍建设摆在教育优先发展的战略地位，始终坚持把加强教师队伍建设作为教育事业发展最重要的基础性工作来抓。根据国家和省中长期教育改革和发展规划纲要中"加强教师队伍建设"的具体内容，2012 年，广东省人民政府印发了《广东省人民政府关于全面实施"强师工程"建设高素质专业化教师队伍的意见》（粤府〔2012〕99 号），全面规划新时期教师队伍建设目标任务，以教师队伍建设为抓手，抓住教师工作亟须推动的重点领域，进行了全面细致的规划部署。根据省政府的文件精神，各地市相继出台加强教师队伍建设实施意见的重要文件，贯彻落实"强师工程"，将"强师工程"作为教育工作的重点内容，将教师队伍建设作为核心工作部署在各级教育发展规划中。为更好地推进"强师工程"建设，确保"强师工程"顺利实施，省教育厅、机构编制委员会办公室、财政厅、人力资源和社会保障厅联合制定了《广东省"强师工程"实施方案》，制定推进"强师工程"的具体举措，各地市以政府名义或联合编制、财政、人社等职能部门印发，并将"强师工程"的任务、目标和工作要求融入"创强争先"的指标体系，加以统筹推进。

加大资金投入，建立"强师工程"专项建设资金，建立完善了"强师

工程"专项资金管理办法和一系列项目管理规定。按照省委省政府的决策部署，从2012年开始，省财政每年投入5亿元专项资金实施"强师工程"，用于加快教师补充、优化教师队伍结构和提升教师队伍整体素质。省财政每年安排1.8亿元地方奖补资金专项用于教师队伍培养培训，其中90%奖补到粤东西北各市县，各地同时安排相应资金。粤东西北地区一些地市在财力相对困难的情况下，想方设法加大教师队伍建设资金投入，为教师队伍建设提供基础性支持。地方奖补资金按因素法进行分配，在对各地教师队伍建设工作绩效考核的基础上，对教师队伍建设规划清晰、措施到位、推进得力、成效显著的市、县（市、区），分地区、分档次分配奖补资金。①

（二）项目推动，促进教师队伍素质整体提升

"强师工程"的实施具体以专项项目的形式开展，在全省中小学教师队伍中，分期分批组织多种层次的高端培养项目。广东省中小学"百千万人才工程"是广东省推进实施"强师工程"的重点项目之一，也是广东省基础教育系统高层次人才培养的品牌项目，通过选拔优秀教师进行培养，为他们成长为社会认可的名教师、名校长创造条件、搭建平台，并通过一定的手段充分发挥该项目培养的名教师名校长的示范引领作用，充分发挥高层次教师的辐射带头作用，引领地市、县（市、区）加强中小学骨干教师队伍建设，促进整个教师队伍专业发展和水平提升。广东省教育厅、财政厅联合组织设立中小学教师教育科研能力提升项目，为中小学教师创设科研平台，鼓励中小学教师积极参与教育科学研究。除此之外，还开展全省名校长、名班主任、名教师的选拔和培养，以及广东省骨干教师、优秀教师等专项培训，每年辐射大批中小学校长及教师，通过多种项目助推中小学教师素质整体提升。各地市根据省"强师工程"项目推进情况，分别组织各地市"十百千人才培养工程""骨干教师""优秀教师""名师名校长"等高端培养培训项目，选拔培养高层次人才，发挥各地高层次人才的示范引领作用。

（三）激发活力，深化教师队伍管理体制改革

各地教育行政机构不断探索教育人事管理方式，深化教师队伍管理体制改革，在推进教师招聘制度、教职工编制和职称管理、师资均衡配置、校长选拔任用机制、教师评价激励机制等方面不断改革创新。开展校长职级制改革，提升校长的教育管理水平；规范完善临聘教师管理，补充教师资源，解决教师资源不足的问题。全面落实教师公开招聘制度，逐步完善以岗位管理为核心的教师聘用制度。积极探索解决教师结构性失衡问题，引导一些地区

---

① 广东省"强师工程"实施方案（2017—2020年）.

积极探索教师人事管理制度改革,实行教师"县管校聘"的无籍化管理,促进教师由"学校人"向"系统人"转变,均衡配置学校教师资源,盘活教师资源,促进教育均衡优质发展。严格实施公办义务教育学校教师、校长定期交流轮岗制度,鼓励教育管理干部和优秀教师积极向山区学校或薄弱学校流动,通过支教、巡教等形式,盘活教育资源,缓解农村和薄弱学校师资力量紧缺的问题。积极探索中小学教师资格定期注册制度,打破教师资格终身制,促进教师专业发展的自主性和能动性。实施中小学教师职称制度改革,注重师德、实绩和实践经历,改变过去过分强调论文、学历的倾向,岗位设置向农村和边远地区教师倾斜。多项管理改革,进一步拓宽中小学教师职业发展通道,激发教师专业发展的内源性动力,坚定中小学教师长期从教、终身从教的信心。

(四)尊重教师,改善教师工作生活条件和工资福利待遇

各地市高度重视改善教师的工作生活条件和提高教师的工资待遇水平。积极开展教师公租房建设,一些地方努力将政府建设公租房和解决教师周转用房需求相结合,把公租房建设安排给学校,想办法解决教师用房困难的问题。关注山区和农村边远地区教师的福利待遇,2013年出台《关于印发广东省山区和农村边远地区义务教育学校教师岗位津贴实施方案》,开始全面实施山区和农村边远地区义务教育学校教师岗位津贴制度,教师绩效工资、住房公积金、养老保险、医疗保险等全面落实,帮助解决因病致困教师的经济困难。启动"广东省乡村优秀教师"选拔活动,2015年9月,来自15个地市农村的林振烽等297名教师入选"广东省乡村优秀教师",刘福波等20名同志入选"广东省乡村优秀教育工作者"。[1]

三、广东教师队伍建设存在的问题

从整体情况来看,广东省实施"强师工程"为广东省基础教育"创强争先建高地"和推进教育现代化补充、培养了大批优质教师。教师队伍整体素质显著提升,教师专业发展活力增强,但在教师队伍建设方面仍存在一些瓶颈,这些问题可能也是全国各地教师队伍建设中普遍存在的共性问题,在此提出以供大家共同研究和探讨。

(一)教师结构性失衡问题依然存在

学前教育合格教师长期得不到有效补充,教师持证上岗率偏低。受城镇化

---

[1] 广东省教育厅办公室. 2015年广东省乡村优秀教师(乡村优秀教育工作者)表彰大会在广州召开[EB/OL]. [2015-11] http://www.gdhed.edu.cn/.

进程的影响，大量进城务工人员子女到城市就读，使城市生员激增，城市中心区缺编较大，一些学校重现大班额现象，超过现代学校标准设置，需要聘请临聘教师才能开齐课程。乡村学校学生流失，成为"麻雀学校"，部分地区农村教师整体上超编，小学教师整体超编，高中缺编。农村教师结构失衡现象更为突出，教师编制不缺，有些学科还存在着超编的情况，但分教点、乡村小学学科教师缺乏，小学教师中语文、数学等学科教师较为富余，体育、音乐、美术、科学、信息技术等学科教师普遍缺乏，补充困难。中学语文、英语等学科教师较为富余，而物理、化学、生物、地理等学科教师紧缺，学科教师数量不均衡现象突出。受国家二孩政策影响，因年轻教师较多，且多为女教师，未来一段时间内一些学校可能会出现阶段性师资缺乏问题。

（二）优质教师教育资源配置仍不均衡

强师工程项目多为打造"优秀教师""骨干教师""名校长""名教师""名班主任"等，而这些高层次人才大多居于城镇学校，尤其是珠三角地区，乡村学校和边远地区薄弱学校教师比例偏少。山区教师普遍反映，优质教师教育资源不能辐射到薄弱学校或山区农村学校，他们没有机会参与高端学习。教育界普遍存在学校办学水平越高，优秀教师越为集中的现象。在教师整体布局上，粤东西北地区高素质、高水平教师群体规模偏小，骨干教师向珠三角地区流失的情况依然比较严峻。与农村学校、薄弱学校比较，城镇学校、优质学校的高水平教师仍相对集中，优质教师资源向农村学校、薄弱学校流动困难。农村教师老龄化趋势比较严重，部分农村学校年轻教师长期得不到补充。调研走访过程中，一位中年教师真诚地说："我就是我们学校最为年轻的教师了，我们学校已经有十年没有进过新教师了，只有老教师退休。"教师队伍出现"青黄不接"的现象。

（三）教师队伍整体素质仍需进一步提高

教师学历水平与整体素质距离实现教育现代化的目标要求还有差距，小学教师专科学历还占一部分，欠发达地区中学教师具有研究生学历（硕士学位）的比例较低。杰出教育专家缺乏，教育领军人才稀缺，教师队伍整体教育科研能力偏弱。欠发达地区校长、教师素质不高，绝大多数校长缺乏科学先进的教育管理能力和觉悟，思想普遍比较保守，不愿意接受新鲜事物，教育改革推动力量较小。山区乡村教师素质偏低，其中有一部分"民转公""代转公"教师，年龄偏大，信息资源渠道缺乏，信息化水平整体较低，对现代教育教学方法了解较少，不能有效地将学科知识与信息技术整合，优化课堂教学效率，提高教育教学质量。尤其是目前广泛倡导培养学生的核心素养，提高未来人才应对21世纪挑战的能力，提高教师的专业知识和技能水平显得更为重要。

(四) 教师培训内容需进一步丰富

从各级层面来看教师培训，感觉教师培训怎么做，任务都难以完成。各级各类教师培训比比皆是，都在强调加强教师的培训能力和实效的提升，但整体上与目标差距较大。目前国家级、省级培训大多委托高校实施，市县的通盘考虑不足，高校对中小学教师队伍体系建设研究不够深入，不了解一线教师的实际需求。有一线教师反映，高端教师培训项目的授课专家和课程内容安排比较单一，有些还存在重复现象；还有教师反映学习内容安排聚焦学科，发散性不强，想学习的如教育心理学、教育社会学等方面的基础性知识较少涉及。因此，负责实施高级别的教师培训的机构、高校与地市要从整体考虑，切实服务于地方基础教育教师的教育能力提升，做好广泛而深入的调研，把握当地教师队伍建设的现状，按照教师的年龄、教龄、学科、岗位去设计培训计划、培训方案，设计丰富多样、符合教师专业发展实际需求的课程内容，组织分层分类的项目学习，提高学习的针对性和实效性，扩大教师队伍建设专项资金的使用效益。

四、加强教师队伍建设的政策性建议

根据广东教师队伍建设具体存在的问题，可见教师队伍建设在政策引领层面还有较大的改进空间。在此提出一些政策性建议，为各地推进教师队伍建设提供可行性参考。

(一) 加强政策引领，将教师队伍建设摆在突出位置

教师是"中国教育基础的基础、制高点的制高点、根本的根本"，实现教育现代化，关键在于教师的参与和行动，教师队伍的整体情况将直接影响到我国各级各类教育质量和水平的提升。随着基础教育均衡发展工作的持续推进，基础教育从过去以改善办学条件为主向目前以完善办学条件和加强教师队伍建设并重转变。各地需要将加强教师队伍建设作为贯彻落实各级教育规划纲要的重要战略工程，不断加大资金投入，创新发展思路和工作机制，狠抓落实，全力推进，借势借力，将提升教师队伍素质与培养学生核心素养这一中心工作统筹起来推进，不断开创教师队伍建设新局面，为实现教育现代化、提供公平优质的教育提供坚强有力的师资队伍。各地教育行政部门需要积极争取当地党委、政府和财政部门的支持，加大教师队伍建设专项资金投入，确保相关教师队伍建设资金落实到位，统筹用好各类专项资金，建设专项资金管理办法，规范资金分配和使用，实施跟踪管理，不断提高资金的使用效率和效益。加大对欠发达地区教师队伍专项经费的投入，根据地方财政情况，按人均每月不低于800元的标准落实山区和农村边远地区义务教育学校教师生活津贴，严格按月将生活津贴纳入工资账户统一发放。

（二）通力合作，加强教师专业发展的基础性建设

加大力度健全完善教师专业发展的支持体系。积极开展中小学教师专业发展的需求调研，了解一线教师的实际需求，并按需求提供优质资源、优质服务，对各地开展教师专业发展工作提供专业支持和指导，从教师的实际需求出发设计培训方案，创新培养培训模式。各地结合本地教师专业发展的目标要求和教师的实际需求，制定本地教师培训的实施方案，设置丰富而贴近本地实际的课程内容，安排合理的课程结构，并加以组织实施。从领军带头人的培养到中青年骨干教师的专业发展，都要全盘考虑，改革课程体系、丰富课程内容。加强教师发展支持体系建设，构建以省、市、县三级为支撑的教师专业发展体系。建立健全省、市、县、校四级联动的中小学教师培训管理体制和教育行政部门、师范院校、教师培训机构和中小学校多方协同的教师研修和培训运行机制，建设不同层级的教师专业发展基地学校。根据教师的实际情况，灵活地分期分批安排教师发展项目的学习，在不影响学校正常教学的情况下，使各种优质教师教育资源辐射到更多的教师个体。丰富教师专业发展内容，增加一些艺术、心理学、哲学方面的课程，使教师在提高教育教学能力的基础上不断增长才艺情趣。

（三）关注乡村教师专业成长，启动"乡村教师专项学习工程"

优质教师教育资源向乡村教师倾斜。国家尤其重视乡村教师的成长和专业发展，2015年6月印发了《乡村教师支持计划（2015—2020年）》，专门指向乡村教师队伍建设。各地加强教师队伍建设，调研乡村教师的实际需求，根据乡村教师的实际需求灵活设计课程内容，将更多的优质资源向乡村教师倾斜，辐射更多的乡村教师。目前组织的均为优秀教师、骨干教师等高端项目研修及培训，名额具体分配到乡村学校，寥寥无几，乡村教师参加高级别的教师培训几乎是一种奢望。城乡教师整体素质差距较大，优秀教师、骨干教师多集中在城镇学校。因乡村教师参与强师工程的高端学习机会较少，应当将优质教师教育资源向山区学校、乡村学校及薄弱学校教师倾斜。加大中小学紧缺学科教师补充力度。完善"高校毕业生到农村从教上岗退费"政策，重点补充中小学体育、音乐、美术、科学、信息技术等紧缺学科教师和乡村幼儿园教师。建立聘用优秀人才到乡村学校任教的"绿色通道"，完善乡村教师补充机制，支持有条件的地区将基础好、能力强的富余学科教师通过培训、转岗补充到乡村学校紧缺学科的教学一线。鼓励各地聘请身体健康的退休教师到当地乡村学校支教讲学。启动"乡村教师专项学习"活动，采取顶岗置换、网络研修、送教下乡、跟岗实践等多种形式，加强乡村教师教育教学能力的提升。加强对乡村教师、欠发达地区教师教育信息化培

养力度，组织教育信息技术能力专项培训，指导他们将学科教学与信息技术有效整合，提升乡村教育的教育信息化水平及整体教育教学水平。

（四）促进教育均衡，优化教师资源配置

统筹推进教师队伍规模、结构、素质的协调发展。适当调整农村学校编制标准，增加农村学校教职员编制。农村中小学教职员编制核定，要从加强社会主义新农村建设，统筹城乡教育、促进均衡发展，落实科学发展观出发。核定教职员编制除了生师比之外，还要多方面考虑，结合农村中小学特点，向农村和边远地区倾斜，适当调整城乡师生比例标准，按省定标准上浮，对边远农村学校实施弹性编制，并根据实际需要作适当突破，保证农村教育的基本需要。配齐补足农村学校紧缺学科教师，把补充农村学校紧缺师资作为当前教师补充的重点工作，着力改善农村教师队伍的学历结构和年龄结构，下大力解决有关学科教师紧缺的问题，试行教师"县管校聘"，让教师从"学校人"变为"系统人"，由县统一管理，以中心小学统筹全镇教师管理。鼓励城市教师到农村中小学任教、巡教和挂职等，同时通过支教的形式补充师资。对于暂时无法补充到合格的紧缺学科教师这种情况，可以遴选一批具有一定基础的富余学科专任教师，通过专业培训，转岗从事信息技术、艺术、体育、科学或综合实践活动等紧缺学科的教学工作，努力帮助乡村学校开足开齐课程。

建立完善城乡教师定期交流轮岗机制。各地根据《关于进一步推进落实县域内公办义务教育学校校长教师交流轮岗工作的实施意见》，加强本地教师交流情况的调研，完善县域内公办义务教育学校校长教师交流轮岗制度，研制适合本地实际的教师交流轮岗方案及刺激机制。如规定城区招聘教师时，要求必须有在农村学校任教一定时间的经历，才能调到市区学校，促使教师积极参与交流、均衡配置、盘活教师资源。均衡配置城乡学校教师资源，加大城乡之间教师的交流，进一步完善县（区）范围内教师有序流动长效机制，引导优秀校长和骨干教师向乡村学校、薄弱学校有序流动，定期组织城镇教师分期分批到农村学校服务，实现教师资源的优化配置，充分激发教师队伍的活力，努力造就一支高素质、专业化的教师队伍。

（五）重视教研，实施教师教育科学研究能力提升工程

研究本身不是目的，研究的实质是通过研究促进教师对教育教学的深入思考。要将教研作为区域教育发展的重要驱动力，依托教育科研促进教师专业发展。设立专项"中小学教师教育科研能力提升项目"，为中小学教师创设科研平台，鼓励他们积极参与研究。实施"一学科组一研究课题"，以学校学科教研组为单位，建立教育科学研究合作小组，确定合作研究的专题或

问题，深入探究，让所有的教师都有参与研究的机会，培养教育教学研究的兴趣和热情，形成人人参与课题研究、人人有内容研究的局面，减轻负担，用"质性敬业"代替"量性敬业"，取得最佳的教育教学效果。

构建面向不同层次教师的教育科研体系。重视对"名优特"等优秀人才成长规律的研究，形成研究优质高端人才的体制和机制，鼓励优质高端人才对自身专业成长经历的总结和反思，形成引领中青年教师成长的典型经验，促进优质高端人才在实践中研究，在研究中提高。开展学校教育管理研究，对象包括校长、中层干部等具有一定管理职责的人员，主要研究内容包括有效教育教学管理、学校特色建设与发展、学校人才激励政策及绩效管理等。开展教师自身专业发展研究，立足自身专业成长及学科发展，研究在具体教育教学情境中遇到的各种疑难和问题。打破中小学教师教学与研究的二元对立，开展多层次的教师专业发展研究，倡导一种单纯、开放的教育科学研究氛围。教师根据自我需求合理选择关注的重点、难点问题，拓展问题研究的广度和深度，深入问题的本质，开展多样化研究，层层深入，实现对教育教学问题的精致化研究。鼓励通过研究形成系统的研究成果，如公开发表论文、撰写研究报告及教学反思，形成个人专著等。健全教育科研管理制度建设。加大对教育科研成果的奖励力度。制定成果奖条例，对科研能力突出的教师提供适当的奖励。完善教育科研的多层面、高标准的课题管理体系。

加强教研员队伍建设，提升教学研究领导力。教研员作为"教师的导师"，是教师队伍中的一个特殊群体，身份属教师，但工作又不同于一线教师。在中小学教师不断获得专业发展的今天，教研员队伍专业发展却往往被忽视，也成为基础教育课程改革中一个突出的瓶颈。为了提升教育教学研究领导力，教师队伍建设应将教研员队伍的专业成长纳入议程，加强教研员专业队伍建设。各地教育行政部门应建立教研员专业发展扶持制度，将教研员发展纳入教师队伍建设体系，并作为重点工作加以落实，安排定量的教研员培训经费，加大培训力度，内容设计既要立足于学科知识，在组织培训时更要跳出学科局限，拓展理论视野，安排心理学、社会学、教育哲学、教育统计测量等方面的相关知识和相关理论，拓宽教研员视野，提升教研员的专业素养，努力建设一支理论视野高远、教学观念先进，既乐于走进一线课堂，又能够站在较高层次上引领全省中小学教师成长的专业研究者队伍，引领全省教师的专业成长。健全各级各类学校教研制度，建立常态化研修指导机制，使研修指导贯通常态化研修网上学习与线下研讨的全过程，鼓励教研员承担起学科教研和引领学科教师专业成长的双重任务，有效整合教研培训优质资源。

（六）关注教师生命，保障教师合法权益

维护教师合法权益是加强教师队伍建设的基本要求。教师也是发展的个体，教师的成长关系到未来人才的培养质量，尤其需要关注教师的生命成长。各地教育行政部门要进一步推进落实中小学教师工资福利待遇"两相当"，建立教师工资持续增长的长效机制，积极加强与当地财政、人力资源社会保障等部门的沟通联系，共同提高教师福利待遇保障水平。保障民办学校教师的权益，加强对民办学校的工作指导。按照国家的统一部署，积极推进中小学教师职称制度改革，为教师创造宽松的教师专业发展平台。

关心教师的身心健康。充分利用教育行政部门的导向功能，切实减轻教师工作负担，减轻教师的工作量，为教师心理减负，减轻教师的精神压力。减少对学校的行政干预和一些不必要的检查评估，鼓励学校及教师自主发展。对教育教学问题合理问责，帮助教师化解责任。为教师安排科学合理、高质量的学习内容，集中组织学习，尽量不要占用教师的节假日。加强对教师的人文关怀，了解教师，解决他们工作、生活中的实际困难，帮助部分教师解决住房困难的问题，提高教师的生活水平，让教师能够安心乐教，提升教师的职业尊严感和幸福感。设立教师健康咨询专线，通过购买服务，由专业心理咨询师指导教师改进情绪管理和宣泄工作压力，提高教师队伍心理健康水平。为教师每年安排一次全面体检，提供资金保证，重视本地患重大疾病教师的救助工作，帮助解决因病致困教师的经济困难。

第七章　乡村教师专业发展

党和国家一直特别关心乡村教师的处境。因此，建构教师专业发展指导体系，需要为乡村教师特制一些"厚礼"。本章从教师专业发展的角度，辩证地分析乡村教师"流失"的问题，探究其合理性，并正确而积极地引导一种向上的乡村文化；从"关心"的伦理学角度，提倡教育行政部门真正关心乡村教师，与乡村教师建立持续的关心关系，制定科学合理的乡村教师专业发展的支持政策。

第一节　乡村教师"流失"的合理性探析

为了促进乡村教师专业成长，2010年，国家启动实施辐射乡村中小学教师的"国培计划"。为了改善乡村教师生活，2013年，教育部、财政部联合发起对连片特困地区义务教育乡、村学校和教学点工作的教师给予生活补助的政策。为了加强乡村教师队伍建设，2015年，国务院办公厅发布《乡村教师支持计划（2015—2020年）》，提出向乡村教师倾斜的政策，有效缩小城乡教师差距。尽管国家出台一系列政策支持乡村教师，但是，受城镇化进程的影响，乡村教师流失依然是乡村教育的突出问题之一。

一、乡村教师流失的现状

乡村教师流失是一个无法回避的现实，而且呈现逐渐上升的趋势。教育部此前公布的一组数据显示，2010—2013年，全国乡村教师数量由472.95万人降为330.45万人。短短三年时间内，乡村教师流失人数达142.5万，流失率达30%。

2015年，甘肃省白银市会宁县招录警察，报名者共1 100多人，其中教师占了一半多,在最后招录的 189 名警员中有 158 人曾是教师。① 这说明多数乡村教师对现实感到不满,想努力改变自己的生活处境,积极寻求生命成长。人的成长过程本来就是摆脱束缚、获得新生的过程。乡村教师的生活条件艰苦,但他们有梦想,期待着命运的改变,不愿放弃每一次获得"新生"的机会。面对理想与现实的较量,当改变命运的机会降临时,他们大多选择离开现有环境。特别是在农村任教、拥有国家正式编制、教龄 1~3 年的年轻教师,想"跳槽"到城镇或市区学校工作,或考研、考公务员,成为他们共同的心理追求。乡村教师想往县城或城市、发达地区流动,即使是暂时的借调他们都愿意,只要能在原来的环境上有所改变。《中国农村教育发展报告 2013—2014》的统计数字显示,农村教师队伍中有 51.2% 的教师初次被配置到乡村学校,但在二次配置中有 56.9% 的教师调进了县城,有 36.7% 的农村教师"想要离开"现在的岗位。在县域教师流动中,有 67.3% 为"向上流动",28.2% 为"平行流动",4.5% 为"向下流动",流动者多为年轻教师、高职教师和优秀教师。乡村教师在对未来憧憬和生活现实的较量中,主动选择离开,不但希望改变自己的命运,而且希望改变家庭及子女的命运。随着农村城镇化进程加快,许多农村家长认为,无论多远、多艰苦,只要有条件,就要带孩子进城。大批进城务工人员带孩子进入城镇学校就读,致使乡村出现大量"麻雀学校",教师因为自身价值难以得到体现,只能被迫选择离开。显然,我们所希望的乡村教师长期扎根乡村、留在乡村任教是一种理想和奢望,对于乡村教师来说是不公平的。乡村教师选择离开,是社会快速发展的必然,从公平的角度出发,他们的离开是一种合理性选择。

二、乡村教师流失合理性的公平多元视角分析

公平是一个涉及多学科、多层次、多因素的复杂问题。从"公平"角度探讨乡村教师流失的合理性,需要运用多学科的观点,从伦理学、经济学、社会学、法学和终身教育等多元视角对其进行综合分析,开展比较全面而深入的研究。

(一)从伦理学的视角分析

在伦理学中,公平常被理解为公正、正义,带有主观道德价值取向。根据美国伦理学家、哲学家罗尔斯提出的著名的正义原则,从差别原则出发,在每个公民机会平等的原则下,需要进一步调节社会和经济的不平等,在社

---

① 习宜豪,等. "状元县"教师为何逃离讲台 [N]. 南方周末,2015-08-27.

会财富和机会的分配中要倾向于保障处于不利社会地位的公民利益，以便使每个公民都能从社会整体利益中获益。在一定意义上说，区别对待不同的个体才是公平的。对乡村教师来说，他们占有的知识、物质等资源相对较少或者落后，从差异原则的角度出发，他们属于"不利群体"，我们不能奢望他们像城市教师一样，稳居工作岗位，持续地奉献于当地教育事业发展。相反，我们应该为他们创造有利条件，给予相关合理性补偿，缓解因条件造成的不公平。人本主义心理学的代言人罗杰斯认为，在所有有机体中都有一种成长的冲动，每个个体都有一种内在的朝向成长和完善的倾向。①"水往低处流，人往高处走。"在条件艰苦的境遇下，乡村教师选择离开，对他们来说是合理的，他们希望寻求更好的发展机会，弥补条件的限制，给予自己适当的补偿。因此，社会应尊重乡村教师的选择，看到其离开的合理与进步的一面。

（二）从经济学的视角分析

从经济学视角对乡村教师流失的探讨离不开对"价值"的追踪。美国著名经济学家亚当斯提出激励员工公平理论，他认为员工的积极性来源于对自己和参照对象的报酬和投入比例的主观比较感觉，当他们感到不公平时，一种可能的行为将是弃职他就。在现实生活中，乡村教师也会将自己的付出和生活境遇对比，当感觉不平衡时，就会选择离开。"人们选择教师这一职业首先要满足生存需要，而不只是'献身'。这是任何人从事职业的基本目的，我们无须回避和掩饰。即便热爱教育事业，但这也是以在学校能获得相应的劳动报酬和生存的满足为前提的。"② 教师是人，而不是"神"，必然要满足生命存在的基本需要。从价值角度出发，商品通过流动，调节市场变化，产生一定的价值。在教育领域，教师的流动在一定程度上也产生了积极的影响价值。教师的良性、积极向上的社会流动可以向学生传递正能量，补充精神养料，激发其奋斗动力。乡村教师的合理流动能够凸显生命的价值，他们努力进取的精神不断感染乡村孩子，唤起孩子的理想和愿望，激起他们对外界多彩世界的向往。马云在《我要为教师代言，唤醒整个民族对教师的重视》中举例，他读大学三年级时在浙江一个小县城的乡村学校当了一个多月代课老师，六七年后，学生给他写信，特别谈到当时他的很多话鼓励了他们的成长。教育是心灵之间的互动，教师对孩子的影响之大可能超越我们的想象，有时短暂的相遇都可能会对学生的一生产生深远影响。

---

① 罗杰斯. 论人的成长 [M]. 石孟磊，等译. 北京：世界图书出版公司，2015：4.
② 冯建军，等. 生命化教育 [M]. 北京：教育科学出版社，2007：256.

(三) 从社会学的视角分析

在社会学领域，社会公平被研究者所普遍关注。从人的发展来看，人是社会的动物，"正确、妥善地处理各种社会关系不仅是个体人发展的条件，也是社会有序的保证"[①]。乡村教师向城镇、城市流动是我国城镇化发展进程的必然结果。从个体发展的角度出发，乡村教师流动也是为了更好地适应社会发展，获得向上社会流动的机会和资本。比如，一部分年轻教师选择继续接受高层次的教育，因为他们看到了教育资格有助于向上社会流动，"人们追逐高学位是为了获得高薪职位的目的，也由于一些人通过这样的途径达到了目的（不管机遇和比例），从而进入富裕阶层"[②]。同时，一些乡村教师希望通过努力，改变自己的社会阶层，这不只是为自己，更重要的是为了自己的下一代。社会竞争越来越激烈，在大学毕业生就业难的今天，他们更加希望改变自己的社会地位。研究表明："社会出身不仅影响着教育成就，也影响着完成教育之后职业成就的取得。"[③] 在就业现象的背后，起作用的正是一代人向另一代人传递社会身份的现象。[④] 社会快速发展带来高社会流动率。乡村教师希望通过流动竞争，提升自己的社会身份，改变子女处境，增强子女未来在社会上的竞争力，这本来就是一种社会正能量的传递。

(四) 从法学的视角分析

法律不是限制人的自由，而是保护和扩大人的自由。"法律面前人人平等"，其中最基本的乃是保证所有生命个体平等地享有各种权利。人生来是平等的，每个个体自我发展机会也是均等的，实现自我全面发展是生命赋予个体的基本权利。从马克思主义法学视角看，一个人的全面发展包括每个个体的平等发展，社会为每个个体发展提供的机会也应是均等的。而且，人的全面发展，不是只指单个人的发展，而是指"每个社会成员"都普遍地得到发展。现代社会更是越来越依赖于每个社会成员的素质提升和生命可能性的彰显。乡村教师承担着教书育人的责任，必须紧跟时代步伐，适应社会快速发展需求。他们为寻找自我实现而暂时离开自己工作的岗位，不是利己主义的表现，而是为了更好地助推社会大集体的自我实现。在人人平等、人人发展自我平等的基础上，乡村教师享有最大限度的、平等的自我实现权利，完全可以自由选择超越自我的境界，努力摆脱现实境遇，使自己"成为自己的

[①] 李润洲. 教育公平探索 [J]. 江西教育科研, 2006 (11).
[②] 钱民辉. 教育社会学概论 [M]. 北京: 北京大学出版社, 2004: 140.
[③] 朱光磊, 等. 当代中国社会各阶层分析 [M]. 天津: 天津人民出版社, 1999: 5.
[④] 杜里—帕拉, 让丹. 学校社会学 [M]. 上海: 华东师范大学出版社, 2001: 45-51.

社会结合的主人,从而也就成为自然界的主人,成为自己本身的主人——自由的人"①。

(五) 从终身教育的视角分析

教育面前,人人平等。教育公平的最终目标是使每个个体都能得到充分自由的发展。乡村教师不但有引导学生发展的责任,还有充分发展自我的权利。教育为每个人提供的机会是均等的,乡村教师可以不受任何限制地根据自我意愿选择开始自己的学习生涯。从终身教育出发,每一个乡村教师都有权利抓住一切机会,进行自我提升,努力进步。个体受教育的最终目标是实现生命自由、和谐发展,只有尊重每一个个体发展的基本权利和自由,才符合教育公平的原则。从目前乡村教师流失的情况来看,一部分年轻的乡村教师,因为有梦想,不甘于贫穷和落后,希望用行动追求梦想。无论是选择到新的岗位工作,还是接受高一级的学历教育,对他们来说,都是一种继续教育,是一种自我成长的跨越,都是进步的表现。他们选择离开是为了更好地提升自己、回报社会,也是为实现自己生命价值负责。从这点来说,乡村教师的流失也是合理的。我们只有接受了他们的正向流动,满足他们发展自我的现实需要,并且为他们创造上升的空间,才能充分体现真正的教育公平,体现教育对人发展机会均等。

三、引导乡村教师合理流动的补偿性政策探析

针对乡村教师队伍流失的问题,我们应在正确而全面地分析其合理性基础上,摆脱"留住乡村教师"观念的制约,制定相关补偿性激励措施,吸引更多的人才到乡村任教,变乡村教师流失为合理性流动。罗尔斯认为:"社会和经济的不平等(例如财富和权利的不平等),只要其结果能给每个人,尤其是那些最少受惠的社会成员带来补偿利益,它们就是正义的。"② 通过补偿性政策保护教师的合理流动,对乡村教师是公平的,也是进步的,为教师向上社会流动创造公平机会,为每一名乡村教师的发展创造条件,盘活乡村教师资源,给每名乡村教师改变自身境遇的机会,让乡村教师真正承担起阻断乡村贫困代际传递的责任。

(一) 营造持续尊重乡村教师的社会舆论风尚

2015年教师节前夕,教育部下发的《关于做好庆祝2015年教师节有关工作的通知》指出,第31个教师节主题聚焦乡村教师队伍建设,使乡村教

---

① 马克思,恩格斯. 马克思恩格斯选集 [M]. 北京:人民出版社,1972:760.
② 罗尔斯. 正义论 [M]. 何怀宏,等译. 北京:中国社会科学出版社,1988:14.

师成为媒体及大众关注的焦点。习近平总书记在给"国培计划（2014）"北京师范大学贵州研修班全体参训教师回信中寄语乡村教师牢记使命，不忘初衷，扎根西部，服务学生，为贫困地区教育事业发展做出自己的贡献。李克强总理在北京会见全国教书育人楷模及优秀乡村教师代表并对他们提出希望。国家最高领导人对乡村教师的高度重视，让每一名乡村教师感受到强大的激励力量，同时深刻体会到自己所从事职业的崇高。受党和国家的影响，一些社会上的名人志士也开始关注乡村教师。9月，马云为乡村教师代言，在北京师范大学启动"马云乡村教师计划"，提出他将每年拿出1 000万元，奖励100名"马云乡村教师"每人10万元及三年的专业发展支持，这让近300万乡村教师备受鼓舞。其实乡村教师不是怕苦，而是怕得不到社会的认可和重视。"我们不能利用教师对学生的这些羸弱的爱心或怜悯，肆意地强调教师的奉献精神。我们呼吁社会在对教师提出更高要求的同时，也要更多地关注教师的生活环境、生存境地、生存状态的改善。"① 我们深信，在党和政府的深切关怀下，在社会媒体的大力宣传下，一定能够帮助乡村教师解决他们关心和期待的问题，真正形成尊重乡村教师、认可乡村教师无私奉献的社会舆论风尚。

（二）实施乡村教师货币津贴制度

乡村教师生活条件差，在一些偏远的教学点，吃、住、行等基本生存条件都难以保障。他们本应该在工资收入水平上得到相应补偿，然而，"我们当前的问题是'厚望'与'薄待'并存"②。虽然国家有政策支持，但多数农村教师的收入水平还是低于当地城镇教师的收入水平。如果教师的待遇和地位在乡村里都是最低的，那么怎么能够让学生认识到知识的价值？政府应该加大乡村教师专项经费投入，制定乡村教师货币津贴制度，直接在乡村教师的工资中增添"乡村津贴"一项，明文规定乡村教师工资高于当地城镇教师工资水平，可根据当地经济条件灵活处理，但要规定每月至少高出500元，形成明显的工资差距，否则，仅跟城镇教师工资水平相当也不能解决实际问题。通过这种补偿形式，改善经济条件，改善生活处境，抚慰乡村教师心理，让他们感受到政府的重视与关心。马克思说，"人们为了'创造历史'，必须能够生活。但是为了生活，首先就需要衣、食、住以及其他东西"③。希望教师留在乡村，或吸引更多的人才到乡村从教，必须首先解决乡村教师的基本生活问题，才能使他们"安心乐教"。

---

① 冯建军，等. 生命化教育［M］. 北京：教育科学出版社，2007：246.
② 冯建军，等. 生命化教育［M］. 北京：教育科学出版社，2007：256.
③ 马克思，恩格斯. 马克思恩格斯选集［M］. 北京：人民出版社，1972：32.

(三) 完善乡村教师流动机制

目前，教育的城乡差距、地域差距越来越大，优秀教师不断向上流动。在教师流动中，愿意去农村从教的较少。《中国农村教育发展报告2013—2014》中提到，有77%的城镇教师不愿意交流到边远艰苦农村学校任教；有80.2%的师范生"愿意当教师"，但"愿意去农村当教师"的仅有38%，农村教育薄弱状况依旧突出。近年来，从中央到地方，都出台了激励中小学教师到乡村支教的政策，将支教与教师职称评聘挂钩，如规定中小学教师晋升高一级职称必须有到薄弱学校或农村学校支教的经历。但规定支教年限多为一年，从时间上说相对较短，教师更换快，可能会对乡村学生产生负面影响。因此，我们可以鼓励教师到乡村学校支教，规定至少完成三年一个周期的教学，支教结束，回到原单位后在职称评审、特级教师与名师评选时给予优先考虑。三年时间基本上能够让学生的学习成绩稳定下来，也有充足的时间让后来的支教者补充上来。通过支教师资的自然流动，填补乡村教师的短缺。针对生员较少的乡村学校或教学点无法按国家规定配齐学科教师的现象，可以启动乡村紧缺学科教师交流计划，适当放宽农村学校紧缺学科教师编制标准，以村为单位配备紧缺学科教师，让紧缺学科教师在各个教学点内走教。还可以完善城乡教师交流机制，搭建城乡教师互动交流平台，开展城乡教师教育论坛，鼓励城乡教师开展对话交流，交换工作岗位。对乡村教师来说，从一个地方转移到另一个地方，从一个岗位转移到另一个岗位，他们的教育思想、工作态度、价值观等都会发生显著变化，综合素质得到提升。

(四) 为乡村教师发展创造提升空间

对乡村教师来说，发展的机会相对较少。《中国农村教育发展报告2012》显示，在晋升"小学高级"职称时，村屯教师要比城市教师多花4.43年，比县城教师多花5.17年。教育部推行的"国培计划"对乡村教师具有较大的吸引力，但此项目每年每次辐射的乡村教师数是有限的。我们应该为乡村教师创造更广阔的发展空间，各省、市政府应启动乡村教师专项发展计划，经费单列，组织乡村教师、乡村校长等专项培训，或组织乡村教师到条件较好的发达地区、城市交流学习，开阔视野，参与高端培训，向名师学习。2015年，郑州某教师的辞职信一度造成空前反响。"世界很大，我想去看看"是每个乡村教师的心声，可是又有多少乡村教师能够摆脱生存境遇，真正地走出去看看呢？为乡村教师提供更多更好的专业发展机会，既是各级政府留住乡村教师的重要举措，更是推进教育公平的应有之义。我们应该成全乡村教师的梦想，为他们提供"流动"的机会和资本，鼓励他们"有梦就去追"。

（五）以教师流动促进乡村教育大发展

为了解决乡村教师队伍建设存在的突出问题，政策层面大多希望通过"稳定"措施，吸引优秀人才到乡村学校任教，让他们扎根农村，带动和促进乡村教师队伍整体水平提高。跟随社会发展的节奏，我们需要变换视角，从流动渠道提升乡村教育质量。当前新一轮"读书无用论"日渐抬头，村民无视或轻视教育的价值，学生中途辍学情况严重，成为乡村教育的严峻问题。我们可以通过教师的流动影响乡村教育，让教师先进的思想影响当地的村民。"扶贫必扶智"，假如将乡村教师长期束缚在乡村，他们可能因为缺乏与外界的沟通，知识面变得狭隘，职业缺乏创新性，这样不但不能给学生产生正面影响，反而连教师自身发展也成为问题。哈耶克认为，一个人很好的生活主要来自他自己的决定和努力，这对社会运行是有效的。但他认为困境在于，我们该如何对年轻人强化这种信念：只要努力就会成功，机会是平等的。① 我们可以通过扩大社会宣传，放大乡村教师流动的显规则，通过乡村教师的奋斗历程影响乡村学生，让他们知道只有努力奋斗才有收获，还可以通过乡村教师的正向流动，输入积极向上的先进思想和文化信息，促进整个农村教育水平的提升。

第二节　乡村教师专业发展支持政策研究

乡村教师队伍建设是振兴乡村教育的主要抓手，党和国家高度重视乡村教师专业成长，采取了一系列政策举措改善乡村教师处境。2015 年，国务院办公厅发布《乡村教师支持计划（2015—2020 年）》，实施相应的激励机制，如在一些省市发放乡村教师生活补助，逐渐提高乡村教师生活待遇，使乡村教师的实际收入有了明显改善。然而，目前乡村教师队伍建设仍面临一些问题。教育部部长陈宝生在 2017 年全国教育工作会议上所做的《办好中国特色社会主义教育　以优异成绩迎接党的十九大胜利召开》工作报告中明确指出，2017 年将出台关于进一步加强教师队伍建设的意见，重点之一就是缩小城乡师资差距。我们可以借鉴关心伦理学的理念，深入分析制定政策的教育管理者和乡村教师之间的关心现状，了解乡村教师专业发展的困境，根据乡村教师的实际需求制定专业发展支持政策。

---

① 钱民辉. 教育社会学概论 [M]. 北京：北京大学出版社，2004：130.

一、教育管理者和乡村教师之间的关心现状

被关心几乎是普遍的人类愿望,乡村教师身处落后地区,他们期待得到更多的关心和关注。《乡村教师支持计划(2015—2020年)》体现了教育管理者对乡村教师的关心意图,明确提出"必须把乡村教师队伍建设摆在优先发展的战略地位",重视乡村教师成长,要求实施提高乡村教师生活待遇、统一城乡教职工编制标准、职称(职务)评聘向乡村学校倾斜的激励措施。然而实际效果却不太明显。对于政策的支持,乡村教师并未做出积极反应、抓住机会充分发展自身、提高自身的专业素质,而是大多停留在原来的状态,冷淡地对待评优评先工作,也不参加高一级职称评审,缺乏专业提升动力,不积极参加各种专业学习。关心意味着一种关系,关心的双方是平等的,一方付出关心,另一方接受关心。无论是付出关心的一方还是接受关心的一方,任何一方出了问题,关心关系就会遭到破坏。[①] 从教育管理者的角度出发,他们认为自己非常关心乡村教师,并制定了一些政策措施,来表达对乡村教师处境的关心。从乡村教师的角度,他们认为自己缺乏教育管理者的关心,体察不到教育管理者给予的关心。他们认为自己身处贫穷或偏远的地区,没有人会真正关注他们的处境、关心他们的成长,教育管理者制定政策的意图并不是关心他们,而是关心乡村学生的发展、乡村教育的繁荣,是希望他们能够留在乡村,为乡村教育发展做贡献。概括而言,教育管理者和乡村教师之间的关系现状为教育管理者认为自己非常关心乡村教师,努力地做出关心的行为,而乡村教师却感受不到,认为没人关心他们,对政策没有做出积极反应。关心伦理学明确强调被关心一方的作用,关注被关心者的行为反应。关心关系成立的条件是"如果关心者和被关心者任何一方没有做出适当的反应,关心的关系在两者之间就没有形成"[②]。由此推断,教育管理者和乡村教师之间存在意识对立,乡村教师对教育管理者的关心行为未做出积极反应,可见两者之间的关心关系并未形成。现在乡村教师最大的抱怨是:我们这里这么落后,没有人会真正关注、关心我们。这点是我们教育管理者应该深入思考的问题。乡村教师的抱怨或消极反应也提醒教育管理者,一定是某个关心环节出了问题。教育管理者如果在制定政策时没有认真倾听乡村教师的心声,推测乡村教师的需要和诉求,就不能算是给予了乡村教师真正

---

① 诺丁斯. 学会关心:教育的另一种模式[M]. 于天龙,译. 北京:教育科学出版社,2011:30.

② 诺丁斯. 学会关心:教育的另一种模式[M]. 于天龙,译. 北京:教育科学出版社,2011:102.

的关心和关注，也不能有效促进乡村教师的专业发展。

二、教育管理者和乡村教师之间的关心关系未形成的表现

从被关心对象——乡村教师的角度出发，教育管理者和乡村教师之间的关心关系未形成的状况通过乡村教师的专业发展困境突出地表现出来。

（一）乡村文化传承者角色消失的身份焦虑

乡村教师一直被赋予乡村文化传承者的使命，"尤其是乡村小学教师，教育儿童固然为其天职，但作为乡村社会的天然领袖，其使命则不仅在此，而是要以全体乡民为施教对象，担负起提升整个乡村文化的使命"[①]。然而，受经济社会快速发展的影响，人们的价值判断标准发生了明显的变化，人们普遍以工资收入水平来衡量一个人的价值。乡村教师收入微薄，甚至远远低于农村泥瓦工的收入。同时，随着全民素质大提升，农村家庭的孩子很多都考上了大学，因此乡村教师的学历水平在乡村里也不是最高的，他们不再是乡村"最有文化的人"。乡村教师在收入水平、学历水平等方面都不具有优势，村民已经不再崇拜乡村教师。此外，与农村居民相比，乡村教师是"拿国家工资的"；而与城市居民相比，他们又身处农村，依然是农村居民。这使得乡村教师缺乏身份认同感，其人际交往圈子仅限于同事和家人，与他人沟通较少，缺乏倾诉对象。在这种境况下，他们对他人的关心怀有一种自然而深刻的渴望，希望有正常的人际交往圈子，能够被更多的人接受、了解和尊重，在一个更大的环境里体会到安全感。

（二）工作零散而无目的性

现代社会过多看重"学生主体"，关注"学生生命"，而忽视对"教师主体""教师生命"的关注，使教师相对成为弱势群体。在当今城镇化进程快速推进的过程中，大量学生流失，一些乡村学校沦落为"麻雀学校"。乡村教师不仅要教好某一门学科，还需要做好多学科教学准备，以应对瞬息万变的局势。调研发现，32%的农村教师要承担3~4门学科的教学任务，28.9%的农村教师要承担4门以上学科的教学任务。[②] 除了教学外，乡村教师的工作还涉及学校管理、财务、后勤、班主任工作等各个方面。若有上级来检查，还是需要这仅有的几名教师去应对。工作压力大，工作杂乱、零散

[①] 赵兴胜，等. 中华民国专题史. 地方政治与乡村变迁［M］. 天津：南开大学出版社，2015：309.

[②] 张旭. 农村小规模学校师资队伍建设的成效与困境：基于全国1032名农村小规模学校教师的调查［J］. 苏州大学学报：教育科学版，2015（2）：85-92.

和不可控制成为乡村教师有苦难言的不争事实。他们在杂乱无章的工作中无法辨认孰轻孰重，也不愿意去分辨，只是像拉磨的驴子一样，围着磨盘机械地转动着，疲于应对。

（三）职业道德游离于教育和社会之间

社会上对功利价值的追求，使得教师在从教过程中不知该怎样对待自己的工作。个体的道德判断常常与社会对他们的价值期望发生博弈。一方面，乡村教师过着与常人一样的生活，有着与常人一样的物质需求，接受社会上普遍流传的价值观念和道德准则。另一方面，受传统观念的影响，社会要求教师做"圣人"，成为社会道德楷模。这种道德矛盾性使教师经常游离于教育与社会之间，造成了乡村教师的道德困境。传统上将教师比作蜡烛，燃烧自己、照亮别人的道德要求也让乡村教师产生困惑。有调查显示：80.8%和74.4%的教师最为反感树立"牺牲自己的家人、家庭，一心扑在事业上"和"不顾个人身体情况，带病坚持工作"的师德形象。[1] 在乡村教师工资不如泥瓦匠的收入的情况下，又怎么能奢求教师牺牲自己照亮别人呢？"我们不能利用教师对学生的这些孱弱的爱心或怜悯，肆意地强调教师的奉献精神。我们呼吁社会在对教师提出更高要求的同时，也要更多地关注教师的生活环境、生存境地、生存状态的改善。"[2] 传统与现代的价值观冲突让乡村教师最终选择离开自己的岗位。很多年轻教师怀着教育的爱与信仰走向乡村，却在现实的冲击下被迫选择离开。这种离开在某种程度上是为了寻找更好的生存处境，寻求人生价值的实现。

（四）应对未来挑战的核心素养水平低

随着义务教育均衡发展和教育现代化的大力推进，各地加大投入力度，建设乡村学校教育资源，大力推进教育信息化，接入宽带网络，为班级配备多媒体教学设备，为教师配置电脑，促进教师利用现代化技术手段解决教育教学问题能力的提升。然而，乡村学校学生较少，乡村教师无升学压力，无竞争氛围，观念保守，信息封闭，因此也无创新精神，不能主动追求专业提升，不愿意接受新鲜事物，也不会积极寻求学习机会，应对未来挑战的核心素养水平较低。以教育信息技术水平为例，笔者在调研走访一些乡村学校时，听乡村教师谈到政府为他们配置了现代化的教学设备是大的好事，他们非常感激这份关注，但因为学校缺乏专业教师指导，他们的信息技术水平较

---

[1] 檀传宝. 走向新师德：师德现状与教师专业道德建设研究 [M]. 北京：北京师范大学出版社，2009：71-199.

[2] 冯建军，等. 生命化教育 [M]. 北京：教育科学出版社，2007：246.

低，对现代化教学设备的使用有限，而教学设备的管理成为更大的问题，闲置或管理不善则造成资源浪费。在要求提升学生的核心素养、培养学生迎接21世纪挑战能力的同时，乡村教师的核心素养水平较低，应对未来挑战的能力较弱，这与新时期强调学生核心素养提升不但不相称，而且将会造成一定的束缚。

（五）对未来感到迷茫而无方向

"甘肃省礼县兴隆教学点的刘瑞琴老师看着教室里剩下的10个孩子，她不知道什么时候孩子就走光了，也不知道自己将来能做什么，在这个教学点，她已教了15年。"[①] 伴随着城镇化进程的推进，乡村学生转到城市就读，乡村学校日渐萧条，一些乡村教师处于闲置状态，价值无法体现。生命存在需要让本体感受到尊严和存在的意义，但乡村教师却看不到生活的意义和价值，不清楚自己的奋斗是为了什么，更无法预测未来在哪里。面对现实生活对个人教育理想的冲击，乡村教师的孤独、彷徨与焦虑感日渐增加。乡村教师对生活的焦虑成为他们专业成长中首要解决的问题，他们对生存意义的迷茫会令学生受到影响和制约。一个健全的生命若失去意义和价值的支配是非常可怕的，生命也将成为空壳。

三、教育管理者和乡村教师之间建立关心关系的过程

针对教育管理者和乡村教师之间未建立关心关系的现状，当今乡村教师的政策制定重心应该调整，不能仅考虑留住乡村教师的问题，而是应该努力促进乡村教师的内涵发展，激发乡村教师的专业发展活力。关心伦理学为我们破解当下乡村教师专业发展困境、彰显乡村教师的自我价值提供了有益的借鉴与参考。教育管理者与乡村教师之间要遵循一定的原则和过程，建立一种真正的关心关系。

（一）认真倾听——形成关心关系的基础

认真倾听是教育管理者和乡村教师之间形成关心关系的基础。作为关心者的教育管理者只有认真倾听、了解乡村教师在实际工作和生活中的现实需要和愿望，才能制定出适合的专业发展支持政策，做出真正被乡村教师所接受的关心行为。教育管理者可以通过实地调研和课题研究的形式，开展乡村教师专业发展状况研究，利用科学的方法掌握关于乡村教师专业发展的大数据，掌握乡村教师的身心健康、理想愿望和价值观、专业知识水平、教学能

---

① 冯佳佳. 乡村学校如何留住优质师资：以甘肃省为例［J］. 现代教育科学，2016（11）：123—128.

力水平等情况，以及其中存在的问题，从伦理学的角度来认识、理解、分析与研究乡村教师，真切理解默默耕耘在山区或落后地区的乡村教师的心声、愿望和期盼。

（二）交往对话——建立关心关系的信任性

交往，是西方现代哲学关注的重要问题之一。交往是一种自我与他人之间的对话。一方必须依靠、依存于"我—你"的关系构建去深入体验另一方。① 教育管理者需要关注具有主体性的乡村教师，和乡村教师开展频繁的交往与对话，通过思想、话语以及行为突破彼此之间的束缚。教育管理者通过与乡村教师交往实现两者之间的精神沟通、道德同情以及主体与主体之间的相互理解与共识。教育管理者与乡村教师之间的对话非常重要，对话将两者联系起来，使双方相互了解，建立一种理解的基础。两者之间的对话拉近了双方的距离，使双方在"我—你"之间的交往中处于平等的位置。教育管理者与乡村教师的对话，能够更好地体现乡村教师的本体性，使双方形成一种信任关系，让乡村教师在对话中了解到教育管理者对他们真正的关心意图及对他们生命存在的尊重。

（三）跟踪反应——形成持续的关心关系

教育管理者和乡村教师需要在交往和对话的基础上形成持续的关心关系。其目的在于根据乡村教师的合理愿望，制定适合乡村教师专业成长的支持性政策，让乡村教师真正理解这种关心，接受这种关心，并做出积极的行为反应，主动寻求学习机会和专业提升，促进教学行为发生改变。教育管理者和乡村教师之间建立关心关系，需要关注教师的反应。如果出现任何被关心者否认自己在被关心着的情况，那么关心的关系就不存在了。② 这里所说的反应包括两个层面：第一是乡村教师认可、理解、接受教育管理者实施的关心行为，做出积极的行为反应，主动寻求专业提升；第二是教育管理者通过交往与对话知晓乡村教师对关心行为的接纳，并做出积极的行为反应，根据乡村教师的接受情况和行为变化，及时对政策进行调整，更有效地促进乡村教师的专业提升。在这种情形之下，持续的关心关系得以真正建立，教育管理者和乡村教师之间不断地交往与对话，实现两者之间的视界融合，使乡村教师成为政策制定的主体，参与到自身专业发展的政策制定中来。

---

① BUBER M. I and Thou [M]. New York：The Macmillan Company, 1997.
② 诺丁斯. 学会关心：教育的另一种模式 [M]. 于天龙，译. 北京：教育科学出版社，2011：3.

四、建立形成持续关心关系的乡村教师专业发展政策支持体系

越是贫穷的地方,教育越需要关注,越是贫穷的地方,师资力量越薄弱。乡村教师队伍建设问题是制约我国教育发展的瓶颈之一,如果乡村教师队伍建设得不好,教育的改革与发展将举步维艰。占据一定数量的乡村教师队伍素质决定了教育发展的速度和质量。从关心伦理学出发,教育管理者迫切需要与乡村教师建立持续的关心关系,制定适合乡村教师实际需求的专业发展支持政策,促进乡村教师整体素质的提升,带动乡村教育繁荣发展。

(一)优质教师教育资源向乡村倾斜,实施教师教育公平均衡发展

目前优质教师教育资源集聚于城市,因城市教师的各种条件都远远优于乡村教师,骨干教师、特级教师、学科带头人等的评选对象和"百千万工程"培养对象多集中于城市教师。相应地,各省市的"骨干教师"培训和"百千万工程"的培养机会较少光顾乡村教师。这些优质教师教育资源一直培养的就是这一小撮优秀拔尖人才,造成重复学习与培养、公平失衡、资源浪费的情形,而不能影响到更多偏远地方的乡村教师。从乡村教师成长的情况来看,他们不是不愿意学习,而是缺乏机会。我们迫切需要激活乡村教师这一群体,在政策上要让乡村教师感受到实质性的关心,不要继续做一些"锦上添花"的工作,要多在"雪中送炭"上下功夫,在乡村教师中多增加骨干教师、特级教师、学科带头人等的名额,以及"百千万工程"培养对象的名额,给乡村教师更多的机会,使优质专业发展资源向乡村教师倾斜,实现教师教育公平均衡发展。

(二)启动乡村教师素质提升专项计划,提升乡村教师核心素养

21 世纪培养学生的核心素养,提升未来人才的竞争力,关键靠教师。广大农村 4 000 多万名学生的培养要靠 300 多万名教师。乡村教师专业素质的提升是任务的重中之重。教育管理者要根据采用认真倾听、频繁交往与对话、深入研究等方式了解到的乡村教师专业发展实际需求,实施分层分类的乡村教师素质提升专项计划。每年从国家级、省级到市级培训,教育管理者都要单独将乡村教师作为培养对象,制定乡村教师专项培训计划。其中,尤其要提升乡村教师使用现代教育信息技术水平的能力。教育部要实施乡村教师信息技术能力提升专项学习活动,通过 3~5 年时间内对 300 多万乡村教师实现轮训一轮的计划目标,让乡村教师打破地域界限,能够初步适应"互联网+教学"的需要,充分运用现代信息技术手段进行教学设计,实施教学过程,进行教学评价,提高教学效率,有效提升乡村学生的核心素养。

(三) 实施乡村教师管理专项通道,增强乡村教师职业竞争力

建立灵活的乡村教师补充机制,下放招聘教师权力至各县(区),让各县(区)根据本区域的实际需要,招聘急需的乡村教师,缓解目前有些县(区)难以招聘到想要的优秀毕业生的困境。制定激励政策吸引更多优秀人才到乡村学校从教,如实施绿色通道简化优秀毕业生到乡村任教的审批过程;制定奖励措施,规定优秀毕业生到乡村任教,每年可获得 1 万元的奖励津贴,奖励津贴可连续领取 5 年。对于乡村教师而言,他们大多工作在偏远落后的教学点,所教对象以义务教育阶段的低年级学生为主体,因此在职称评定方面不具有任何优势,也缺乏积极向上的竞争氛围。在教师管理方面,可以设立特殊通道,规定乡村教师不用与城市教师在同一条线上激烈角逐,而是可以像公务员一样,工作一定年限就转高一级职称,直接认定,无须通过严格的评定。以上种种灵活有效的激励措施可刺激、增强乡村教师职业的竞争力和吸引力,给乡村教师更加宽广的空间和平台,让乡村教师真切体会到教育管理者给予的贴心关照。

(四) 实施"差异补偿"的工资待遇机制,实现分配公平正义

教育管理者需要"对教师的日常生活、专业生活与专业发展关系予以充分的关注,对教师自身的需要予以充分的关怀"[1]。工资待遇是乡村教师专业发展的重要制约因素,有研究人员对全国 11 省的 5 900 名乡村教师的调研显示,教师认为工作待遇偏低的高达 74.2%。[2] 东北师范大学农村教育研究所的调查结果显示:工资水平是影响乡村教师工作稳定性的最大因素,当月薪达到 4 000 元时会有 79.4%的师范生愿意直接去农村任教,月薪达到 5 000 元时会有 88.1%的师范生愿意直接到农村任教。[3] 以广东省为例,自实施乡村教师支持计划以来,落实每月 700 元的乡村教师津贴对稳定乡村教师起到了积极作用,但因与当地城市教师工资没有差别,对促进乡村教师的专业内涵发展、激发教师活力还是不够的。与城市教师相比,乡村教师生存环境较差,学校基础设施不足,精神文化建设缺乏,根据公平理论的差异补偿原则,在制定政策时可以明确规定乡村教师工资待遇水平高于城市教师,至少每月高出当地城市教师收入 800 元以上,让所有从业教师知悉选择乡村就可以享受工资福利上的补偿,享受远远优于城市教师的待遇。在这种情况下,

---

[1] 叶澜,等. 教师角色与教师发展新探〔M〕. 北京:北京教育科学出版社,2001:220.

[2] 李新玲. 乡村教师支持计划恰逢其时〔J〕. 基础教育论坛,2015(4):10-11.

[3] 刘奕湛,等. 给光辉的职业一个坚实支点:聚焦乡村教师支持计划(2015—2020年)〔J〕. 当代广西. 2015(14):46-47.

给教师自由选择的权利，无论是城市教师还是乡村教师，都可以自主选择选择城市的优越生活条件或乡村教师的艰苦条件和高工资。虽然城市教师可能会有所怨言，认为自己的工作负荷重于乡村教师，但收入却比乡村教师低，但这种心理恰恰有助于凭借这种待遇机制将教师整体的专业发展积极性调动起来。如果城市教师因此选择去农村从教，就在一定程度上稳定与补充了乡村学校的优质教师资源，有利于支持、振兴乡村教育。

（五）启动"关爱乡村教师生命行动"，让乡村教师体会到尊严感

在教师专业发展中，在注重引导乡村教师职业道德提升的基础上，要关注乡村教师的心灵和精神层面，关注乡村教师个人的情感历程，关注乡村教师个人情感、价值的变化，增强情感因素的作用，提高自我价值的存在感，最大限度地发挥教师发展的自为性。教育管理者要引导全社会行动起来，开展"关爱乡村教师生命行动"，让乡村教师真正体会到作为乡村教师的尊严感和荣誉感；严格按照《乡村教师支持计划（2015—2020年）》提出的要求，对乡村教师的日常生活、专业生活与专业发展关系予以充分的关注，大力改善乡村教师住宿、食堂、办公条件，努力满足乡村教师的基本生活需求；开展乡村教师身心健康状况研究，了解乡村教师身心健康存在的问题，以乡为单位建立乡村教师活动中心，设立教师心理健康教育室，解决其精神及心理方面的问题及困惑；从精神层面引导乡村教师，对乡村教师职业理想、心灵和精神层面给予关照，关注他们作为"人"的个体在职业生涯中持续的生命成长；鼓励乡村教师学会关心自我，能够理解和接受自己的潜力和局限，学会关心自我的精神生活和情感需要，能够从知识传递的工具性价值中解放出来，关注自我建设，关注本体生命的存在。"你的行动要把你自己人身中的人性，和其他人身中的人性，同样看作是目的，永远不能只是看作为手段。"① 在关怀伦理学的观念中，将教师职业和个体存在充分融合，为自己的专业发展谋求自主空间，使个体成长成为一种"直面人的生命、通过人的生命、为了人的生命质量的提高而进行的社会活动"②。

---

① 康德. 道德形而上学原理 [M]. 苗力田,译. 上海：上海人民出版社,2010：48.
② 叶澜. 教育理论与学校实践 [M]. 北京：高等教育出版社,2000：136.

国际典型的教师专业发展探索

教师专业发展是世界各国普遍关注的问题,培养高素质的教师队伍成为世界各国教师教育改革的目标。建构教师专业发展指导体系,需要具有国际化视野,从经济合作与发展组织(Organization for Economic Co-operation and Development,OECD)开展的教师"教与学的国际调查"(Teaching and Learning International Survey,TALIS)、美国的教师教育激励政策和芬兰卓越教师培养策略中借鉴宝贵的专业发展经验。

第一节 从"教与学的国际调查"审视国际化教师专业发展

自20世纪90年代后期以来,各国均把教师专业发展作为教育事业的重中之重。OECD继国际学生评估项目(Program for International Student Assessment,PISA)之后,于2007年开始策划与实施了另一项以中小学教师为主体的跨国"教与学的国际调查",即TALIS。TALIS自开展以来,已实施两次。第一次是在2008年,全球有24个国家参与,主要包括澳大利亚、墨西哥等国;第二次是2013年,参与国增至34个,美国、英国、法国、日本和加拿大等也参与其中。TALIS的调查对象为初中低年级教师和校长,在每个参与国抽取200所学校,每所学校抽取20名教师和1名校长。上海市于2015年1月参与了TALIS 2013年开始的第二轮调查(称为TALIS 2013+)。

一、TALIS 显现的前瞻性与进步性

TALIS是一项在全球范围内首次以教师专业发展为主题的跨国调查,聚焦教师专业发展,关注全球教师的专业成长,凸显出较强的前瞻性和进步性。

(一) 内容聚焦教师专业发展

TALIS 将教师专业发展放置在全球化、国际化的背景之上，明确地将"教师专业发展"定义为旨在发展作为教师个人的技能、知识、专长以及其他特征的活动。TALIS 调查内容以教师专业发展为中心，丰富而全面。其问卷除教师专业发展板块之外，还包括教师背景信息、教师教学实践情况、对教师的评价和反馈、学校氛围及学校领导力、教学效能感和工作满意度等，所有内容均为教师专业发展服务。如果说"教师专业发展"是教师作为个体的"输入"，后面的内容则反映了教师经历了"专业发展"之后的"输出"，而教师得到的评价和反馈以及学校领导力和自身工作满意度则是支持性条件或者手段，使得"输入"之后的"输出"更高效、更让人满意，[①] 同时也更好地促进专业发展。TALIS 调查回归到教育教学实践与专业成长的具体情境中，倾听身处其中的教师如何评价"教育决策者和活动组织者做了什么"、有什么更合理的期望，探求实践中教师专业发展面临的具体问题。关于教师专业发展的调查数据和研究结论丰富、全面和具体，通过不同国家、不同文化背景教与学的信息库提供科学的教师专业发展"数据库"信息，避开对国家、具体教学实践有效性的主观判断，用调查大数据澄清事实与问题，让教师专业发展置于全球化背景之下，给教师本体提供机会认识自身成长与发展的全过程，以及自身成长中遇到的困境，为政策制定者提供实证依据，建立可持续的国际化教师专业发展路径。

(二) 价值取向敬畏教师生命成长

TALIS 调查在价值取向上尊重教师，在理念上努力为教师赋权增能。TALIS 调查由 OECD 通过科学的方式在全球范围内探究教师自身的培养、成长与发展。OECD 邀请了包括一线教师在内，"组织了一大批专家队伍，十分谨慎地确定和选择了两次跨国性调查的主要内容和关键指标，且尽量突出针对性问题的调研"[②]。教师积极参与调查设计的整个过程，完全成为专业发展的主人，体现出对教师职业和教师生命成长的尊重与重视。在 TALIS 的设计者看来，保证教师专业发展活动的有效性是倾听教师自己的声音，让教师参与设计调查过程，增加教师的个人选择、自主空间和参与决策的权利和机会。调查内容不看重"教育决策者和活动组织者做了什么"，而聚焦于校长

[①] 王洁，张民选. TALIS 教师专业发展评价框架的实践与思考：基于 TALIS 2013 上海调查结果分析 [J]. 全球教育展望，2016 (6)：86-98.

[②] 殷玉新. TALIS：一种教师专业发展水平的测量框架：基于 2013 年国际性教与学的大数据调查 [J]. 外国中小学教育，2015 (2)：11-17.

和教师是如何看待和理解"教育决策者和活动组织者做了什么"。[1] 参与测试的是教师及其校长，了解的是教师自身的教与学的实际情况和问题，通过数据反映的是他们自己的呼声和自身成长中存在的实际问题。调查方式多为在线回答，问卷不记名，个人信息保密，关注教师心理，消除教师的心理顾虑。调查目的是在全球化背景下探求更具成效的、可持续的教师专业发展途径，通过跨国调查，帮助各国分析教师专业发展面临的共同挑战，各国互相借鉴经验、互通有无，制定科学的教师专业发展指导文件和政策，提升全球教师队伍素质，以更高水平迎接21世纪的挑战。

（三）关注教师生命本体的主观感受

我们在促进教师专业发展的过程中经常会忽视教师的主观感受。TALIS 在尊重教师的基础上，特别关注教师本体的主观感受，将教师的工作满意度和自我效能感作为重要调查内容之一。教师的工作满意度和自我效能感直接影响到教师个体的专业成长。以新西兰为例，OCED 调查显示，新西兰教师的专业化程度名列前茅。新西兰教师质量非常高，教师更能体会到自身价值，也相信自己能帮助学生建立良好的价值观，培养敏锐的判断力。[2] 教师的工作满意度和自我效能感将决定教师的从业和专业发展的态度。越来越多的研究表明，教师自我效能感与工作满意度之间存在着高相关性。教师自我效能感对教师工作满意度有很大影响[3]，反过来，教师工作满意度对教师自我效能感也有很大影响。TALIS 结果显示，教学经验丰富的教师可能会很自信，但幸福感却不高，这或许是导致许多学校经验丰富的优秀教师流失不可不考虑的因素之一。[4] OCED 在设计调查项目时非常关注教师个体的主观感受，制定了测量教师自我效能感与工作满意度的框架指标，具体包括课堂管理的效能感、教学的效能感、鼓励学生参与的效能感、工作环境的满意度和职业满意度等五个维度，希望通过调查教师本体的工作效能感和满意度，引起教育行政部门的重视，从而调整对教师专业发展政策的顶层设计。

---

[1] 张倩，李子建. 国际比较视域下的教师专业发展：以 TALIS 2010 教师专业发展主题报告为基础 [J]. 教育发展研究，2011（6）：39-46.

[2] 邓静. TALIS 调查：新西兰教师质量全球领先 [J]. 世界教育信息，2016（8）：75.

[3] CLASSEN, CHIU. Effect on teachers' self-efficacy and job satisfaction: teachers gender, years of experience and job stress [J]. Journal of Education Psychology, 2010, 102（3）: 741.

[4] CROSSMAN A, HARRIS P. Job satisfaction of secondary school teachers [J]. Education Management Administration and Leadership, 2006, 34（1）: 29-46.

二、TALIS 揭示的教师专业发展的国际化机遇

TALIS 调查报告的大数据揭示了全球教师专业发展的一些共性问题，这些成为教师专业发展的国际化机遇。

（一）教师专业发展需求未能满足

判断教师专业发展有效性的一个关键指标为是否能够满足教师的实际需求。世界各国向教师提供丰富的教师专业发展活动，教师是否愿意参加，是否满足了教师的实际需求呢？TALIS 将教师的学习需求与实际所参加的教师专业发展活动相比较，发现专业发展活动满足教师实际需求的程度并不高。参与调查的近一半教师认为他们所参加的专业发展活动与自己的教学实践无关，未能满足他们的发展需求，其中墨西哥、巴西和马来西亚几乎有超过80%的教师表示他们的专业发展需求未能获得满足。[①] 教师被要求参与各种不同的专业发展活动，组织的活动在量与质方面和教师需求之间都存在差距，教师不愿参加，只能通过政策手段强制教师参与，[②] 一些教师认为这些强制推进的专业发展活动与他们的实际工作相差甚远。一项对我国北京教师的调研显示，44.9%的教师表示他们不参加教师专业发展的主要原因就是"培训内容与他们的教学无关"。[③] 教师专业发展活动组织在矛盾中开展，所设计的教师专业发展活动与教师履行的专业职责其实是不匹配的。以课程或工作坊为例，参与教师最多，有71%教师参加了这种活动，参与的天数也最多，不过这种方式教师比较被动，参与程度有限。[④]还有，教师认为"教育会议和研讨会"有效性相对较低，但是这些活动却经常在现实中开展。

（二）教育教学研究重视不够

教师是教育教学活动的实施者，开展教育教学研究优于任何其他人。教师有参与合作研究的愿望和需求，教育教学合作研究可以营造团结协作的氛围，引导教师聚焦现实问题、探究学生特点，促进自身专业成长。TALIS 的数据显示，对教师专业发展最有效的是"个人和合作的研究"，有接近90%

[①] 张倩，李子建. 国际比较视域下的教师专业发展：以 TALIS 2010 教师专业发展主题报告为基础［J］. 教育发展研究，2011（6）：39-46.

[②④] KENNEDY A. Collaborative continuing professional development (CPD) for teachers in Scotland: aspiration, opportunity and barriers［J］. European Journal of Teacher Education, 2011, 34 (1): 25-41.

[③] 李琼，等. 中小学教师专业发展：结构与特点研究［J］. 教师教育研究，2008（9）.

的受访教师表示其对他们的专业发展有中等程度及以上的影响。① 理查森等人通过文献分析发现,长期的、合作的和探究取向的在职教育看起来对于改变教师的信念和实践是比较成功的。② 教师之间合作对于教师专业发展效能具有重要作用,教师合作能够非常显著地促进教师自我效能感和工作满意度。③ 然而,现实与"期待"相距甚远,从 TALIS 所有参与国教师的反映来看,教师认为虽与同事和领导关系融洽,但学校里教师间合作文化淡薄,大多数教师是在孤立状态中工作。超过一半的教师很少或从不与同事进行合作教学。④ 教师对开展教育研究本身就有看法。以我国上海为例,有 44.07%的教师认为"教育科研活动增加了我的工作负担",37.50% 的教师认为"教育科研占用了我大量的工作时间",⑤ 在合作的基础上开展研究更是难上加难,教师参与合作研究的状况非常不理想。

(三) 教师的教育信息技术素养需要进一步提升

教师的信息技术水平与学生的信息素养息息相关,尤其是在现代社会,更加强调对学生核心素养的培养,这对教师的信息技术素养提出了更高要求。在 TALIS 的调查中,各国教师反映的需求中居于第二位的就是提升教育教学的信息化水平。在 OCED 组织的 PISA 测试中,一些国家的学生"机考"成绩低于用纸笔测试的成绩,以计算机为基础的问题解决能力较差,这与该国教师的信息技术水平相关,与教师平时是否要求学生运用现代信息技术手段完成作业有关。以上海教师为例,TALIS 国际调查显示:教师在回答"每周是否让学生用信息技术完成一项学习任务或做作业"时,肯定回答的国际平均值为 38.2%,而上海教师给出的肯定回答只有 15%,与国际水平存在较大差距。⑥ 如今现代教育信息技术设备越来越完善和高端,对教师使用这些先进的技术手段实施教学目标的能力提出更高要求。各国都需要加强对教师使用现代技术手段的指导,培养教师在课堂中运用信息技术支持学生学习

---

① 张倩,李子建. 国际比较视域下的教师专业发展:以 TALIS 2010 教师专业发展主题报告为基础 [J]. 教育发展研究,2011 (6):39 - 46.
②④ 赵明仁. 国际视野中教师专业发展状况及对我国启示:基于 TALIS 2013 报告的分析 [J]. 教师教育研究,2015 (3):100 - 106.
③ DUYAR I, GUMUS S, BELLIBAS M S. Multilevel analysis of teacher work attitudes: the influence of principal leadership and teacher collaboration [J]. International Journal of Education Management,2013,27 (7):700 - 719.
⑤ 王洁,张民选. TALIS 教师专业发展评价框架的实践与思考:基于 TALIS 2013 上海调查结果分析 [J]. 全球教育展望,2016 (6):86 - 98.
⑥ 广东省教育研究院. 南方教育评论:2016 中国南方教育高峰年会思想盛宴 [M]. 广州:广东高等教育出版社,2016:92.

的策略和方法，提升教师在教学中运用信息技术的能力。

（四）教师专业发展工学矛盾突出

有充足的时间是保证教师参与教师专业发展活动的先决条件。以芬兰为例，芬兰教师在专业发展上的障碍相对较少，时间充足，教师专业发展的条件良好。芬兰教师每周总工作时长为 31 小时，低于国际平均值 37 小时。① 然而，工学矛盾突出成为各个国家教师专业发展中共存的严峻问题。TALIS 调查显示，教师参与专业发展主要障碍中排在第一位的是专业发展活动与教学工作计划之间存在冲突，教师缺乏时间，有超过一半的教师认为参与专业发展活动与工作时间冲突，② 上海有 59.6% 的教师报告 "专业发展和工作时间冲突" 是参加专业发展活动的障碍。③ OECD 的一些成员国为解决教师培训中的 "工学矛盾" 采取了积极措施，规定教师在休息日参与教师专业发展活动可以获得同等时间的休假、进修假或减少工作量、经济补助等相关鼓励性补偿。尽管如此，解决教师专业发展面临的工学矛盾仍是一个国际化挑战。

（五）教师专业发展缺少指导和支持

教师专业发展需要外界创设有利条件、提供激励措施，并进行持续的专业引导。目前的一些专业发展活动因缺乏指导和支持，没有科学规划，开展比较盲目，挫伤了一些教师的专业发展动机和热情。TALIS 调查显示，有近一半的教师认为专业发展活动中缺乏激励，有 32% 的教师认为得不到校长的支持也影响了他们参与专业发展活动。④ 在调查教师评价其曾经参与的专业发展活动的实际影响力时，有 39.7% 的教师表示，不愿意参加教师专业发展活动的原因在于，缺乏后续指导与跟进。⑤ 在我国，多数教师不愿意参加或被动参加教师专业发展活动也是因为缺乏激励和跟进措施。一些教师专业发展活动对教师缺乏吸引力，没有后续的跟踪或评价或不能及时对实际效果进行评价反馈，导致教师专业发展活动的 "碎片化" 和 "一过性"。

---

① 王钰巧，方征. 芬兰基础教育教师高满意度的外在因素：基于 TALIS 2013 的数据探索 [J]. 教师教育论坛，2016 (3)：86-91.
②④ 赵明仁. 国际视野中教师专业发展状况及对我国启示：基于 TALIS 2013 报告的分析 [J]. 教师教育研究，2015 (3)：100-106.
③ 王洁，张民选. TALIS 教师专业发展评价框架的实践与思考：基于 TALIS 2013 上海调查结果分析 [J]. 全球教育展望，2016 (6)：86-98.
⑤ 李琼，曾晓东，杜亮. 北京市中小学教师专业发展：结构与特点研究 [J]. 教师教育研究，2008 (6)：56-61.

三、国际化背景下预设教师专业发展的未来走向

TALIS 调查为教师专业发展创设了良好的机遇,各国需要抢抓机遇,拓宽视野,在国际化背景下预设教师专业发展的未来走向。

(一) 变问题为契机,建立对教师专业发展问题的快速反应机制

TALIS 测试结果在参加国(地区)的公众、媒体与政府中产生较大的影响,为世界各国提供了反映世界教师专业发展现实状况的大数据,尤其是凸现一些教师专业发展存在的共性问题。这些问题不是某一个国家独有的,而是世界各国在开展教师专业发展中遇到的普遍性问题。从发展的角度上来看,发现问题才是关键,有问题存在证明有发展的空间,问题便是发展的机遇,各国教师专业发展共同面对的问题即是共同的发展机遇。世界各国应在 OECD 的协作下联合起来,建立友好合作关系,共同分析问题产生的原因,将测评结果反馈的教师专业发展问题作为良好机遇,协调各国研究优势和资源,建立对问题的快速反应机制,共同探究应对机遇的有效策略,有针对性地制定适切的教师专业发展支持政策,解决共同面对的问题,提高全球教师专业发展水平,提升各国教师队伍的综合素质,以更高的水平迎接 21 世纪的挑战。

(二) 尊重教师本位,重视教师专业内涵发展

教师的发展关系到未来教育质量的提升。要跨越从量的要求到质的提升,教育系统的质量不可能超越教师的质量而存在,优质的教师教育体系是高质量教育体系的核心组成部分,加强教师教育就成为世界各国提高教育质量的重要政策工具。[①] 我国《国家中长期教育改革和发展规划纲要(2010—2020 年)》明确提出"提高中小学教师队伍整体素质",造就一支"高素质专业化教师队伍"。教师专业发展应尊重教师本位,在形式上可以是正式的也可以是非正式的,非正式的专业发展活动未必比正式的效果差。调查数据显示,"关于教学的非正式对话"有接近90%的受访教师表示这种活动对他们的专业发展有中等程度及以上的影响。[②] 我们应尊重教师,关注一些非正式的、教师认为对他们的专业成长有较大影响的专业发展活动,尽管这些活动非正式,但能够较好地促进教师的成长,我们的目的就达到了。教师专业

---

① DARLING HAMMOND L, LIEBERMAN A. Teacher education around the world: changing policies and practices [M]. London and New York: Routledge, 2012: 151 – 172.

② 张倩,李子建. 国际比较视域下的教师专业发展:以 TALIS 2010 教师专业发展主题报告为基础 [J]. 教育发展研究, 2011 (6): 39 – 46.

发展活动的组织不应本末倒置。教师发展是本，无论什么时候都要以此为目标，根据教师满意度和自我效能感之间的关系，通过活动创设促进教师专业内涵发展，提高教师的工作满意度，激发教师的工作效能感，使教师进行有效的班级管理和教学，提高教育教学质量和21世纪创新人才素质。

（三）关注教师实践需求，建立持续发展的教师专业发展机制

教师专业发展政策与措施需要尽可能地针对教师的需求而设计，不能"拍脑袋"设计孤立的、片面性的活动，不能有"长官意识"，也不能仅以完成"继续教育学时量"来约束教师。教师的专业学习需求具有情境性的特征，如果不深入了解教师学习的这种特征，就不能真正理解教师的学习需求及其相应的学习方式。① 在组织设计教师专业发展活动时，应从理解和支持教师参与学习的角度出发，以实践教学情境为依托，充分了解一线教师的需求。TALIS显示，我们平时很少关注的教师生活中持续性的、情境性的非正式专业对话是参与率最高的教师专业发展活动（超过90%的参与率），而且其对教学实践的影响力也得到86.7%的受访教师认可。② 它之所以如此广泛地得到教师的认可，是因为发生在专业实践情境中，有问题导向和及时反馈的特征，最大限度地回应了教师个体和情境的需要。教师专业发展活动要能够激发教师的潜力，帮助教师重新建构学习和发展的内涵，让教师将教学实践看作"浩瀚的宇宙"，不但辛勤耕耘，而且作为研究对象努力探索，不断挖掘新的问题，生成新的教学智慧，从本体的角度规划、实现自身专业成长。

（四）建立理解关系，尊重教师的生命成长

从国际范围来看，现今进行的大规模教师培训项目，大多是采用上位供给的应然模式，依据行政部门和教育专家对教育实践的一般性认识来判断应该加强教师哪些方面的知识和能力，缺乏对教师专业发展需求的调查和研究。教师专业发展不是逼着教师去参与一些活动，而是要考察、考虑这些活动对教师所产生的效果。假如没有任何作用，这种浪费时间和精力的事应该尽量少做，甚至不做。以我国为例，目前，教师每年按照规定的72学时完成继续教育任务，这种评价模式促使教师形成对量的追求，而无暇顾及质的改变。多数情况下教师认为这种学习因为缺乏针对性和引导性，浪费了他们

---

① 王鉴，毛建梅. 论教师自主学习的特点与途径[J]. 当代教育与文化，2011（3）：24-28.
② 张倩，李子建. 国际比较视域下的教师专业发展：以TALIS 2010教师专业发展主题报告为基础[J]. 教育发展研究，2011（6）：39-46.

的时间。在一项调研中,教师谈到"把我们很多宝贵的时间浪费在没有意义的与教学无关的表表册册上","不能潜心教学,各种干扰太多"。① 各国应该从 TALIS 的调查报告中获得启示,从教师本体的角度出发,走近教师,与教师建立一种深层的理解关系,频繁地与教师开展深度对话,深入探究他们的工作环境和发展状况,了解教师在实践中面临的困境,在充分理解教师的基础上建构适合教师需求的教师专业发展活动,引领教师专业成长。

(五)立足本国实际,建立本土的教师专业发展评价体系

TALIS 关于教师专业发展的跨国调查,一方面为我们展示了一幅全球范围内教师专业发展活动及其效能的图景,为我们把握当前教师专业发展的国际趋势提供了参考;另一方面也为反思我国教师专业发展的现状指引了方向。② 但是,跨国调查有其局限性,它反映的只是普遍性问题,而不能透视各国所具有的特殊性问题。各国有必要多关注欧洲和 OECD 的一些成员国的教师专业发展的成功经验,立足于本土实际,积极探索适合本国教师教育健康发展和不断跨越的大规模教师专业发展评价体系,成立专家研究团队,选择教师专业发展的关键问题及广大教师都关心的教与学的问题,编制本土"教与学调查问卷",在全国范围内每三年开展一次调研,通过严谨的数据采集技术,积累教师专业发展研究数据,为科学制定教师专业发展政策提供决策依据。通过对数据进行系统分析、总结,反思当下正在运行的教师专业发展政策,对其修改完善,建立健全的、激发教师成长的机制,为教师量身定做一个长期在职培训计划,激发教师追求专业成长的动力,促进教师专业水平提升。调查应强调参与式评价,不仅重结果,更加重过程,"教师评价制度设计中强调教师有参与制定评价标准的权力,在标准制定中要有发言权,这一评价理念基本上已成为国际共识"③。同时,在设计评价体系时考虑选用现代化技术手段做支撑,可逐步采用计算机测试模式。从国际大型教育评价项目发展趋势来看,计算机测试将是未来教育质量测评的发展方向。通过计算机测评可以缩短整体测评时间,节约人力,提高效率,同时还可从一定程度上提高教师的信息化技术水平。

---

① 赵明仁. 西部农村教师专业性分析 [J]. 当代教育与文化,2009 (3):92 - 97.
② 张倩,李子建. 国际比较视域下的教师专业发展:以 TALIS 2010 教师专业发展主题报告为基础 [J]. 教育发展研究,2011 (6):39 - 46.
③ INGVARSON L, WRIGHT J. Science teachers are developing their own standards [J]. Australian Science Teacher's Journal,1999,45 (4):27 - 34.

第二节 美国教师专业发展激励机制探析

美国非常重视教师教育。他们认为，经济进步和教育成就紧密相连，教师质量关系着教育质量，关系着民族的前途和未来。为了培养适应学生发展需求、适应美国民族振兴的优秀教师，美国通过一系列行之有效的激励机制，激发教师专业发展积极性，诱发教师自我提升内在需求，培养高质量的教师队伍。我国通过大力推进教师教育，使教师继续教育体系不断完善，水平显著提高，但也存在着"教师培养的适应性和针对性不强、课程教学内容和教学方法相对陈旧、教育实践质量不高、教师教育师资队伍薄弱等突出问题"[①]。综观美国教师教育，他们激发教师积极参与专业提升的激励措施值得我们关注。

一、美国教师教育激励机制

美国的教师教育在国家政策引导、激发教师参与专业发展的管理体制、人文激励及环境创设等方面，都有一些典型经验可供我们借鉴。

（一）以政府主导、强有力的政策激励机制

美国将教师培养作为政府的重要工作之一，在国家主导下，采取一套高效运转的政策支持机制，保证教师继续教育工作的顺利推进。

1. 教师教育作为政策问题

20世纪90年代，在美国"经过许多讨论，人们逐步认识到教师教育是一个政策问题"[②]，教师教育成为关注的焦点。为了提高教师教育质量，解决教师培养存在的实际问题，美国政府先后出台了"为美国而教""新教师计划""教师驻校项目""新时代教师计划"等教师教育改革和行动计划，改进新教师培养方案，培养高质量的新教师，留住优秀教师。21世纪，为使美国学生具有21世纪的新技能并居于全球领先水平，在政府推行的教育革新中，教师教育作为政策问题受到更多关注，教师培养成为一项核心议题。布什政府时期，为解决教育问题，政府介入教育改革，2002年布什政府颁布

---

① 教育部关于实施卓越教师培养计划的意见［Z］. 2014：9.
② 许洁英，苏丹兰. 美国教师教育改革的重心转移及其对我国的启示［J］. 教育科学研究，2009（5）：76-78.

《不让一个孩子落伍法案》，其中对高质量的教师做了明确的界定。① 奥巴马政府时期，奥巴马签署《2009年美国复苏与再投资计划》，划拨1 000多亿美元资金用于教育改善，其中利用43.5亿美元来推动"力争上游"教育革新，奖励优秀教师，逐步淘汰低效能教师，建设一支强大的、分布均衡的师资队伍。② "力争上游计划"，被视为奥巴马教育改革的行动方案，是教育改革从理念层面向实践层面推进的重要一步。③

2. 坚实的经费支持政策

美国政府特别注重教育投资，如奥巴马所言："自从我上任的那一天开始，对教育投资就是我的首要任务。"④ 教育投资的一部分被专门用于教师教育，支持教师的专业成长。为向新教师提供充足的经费援助，美国政府每年提供2亿美元，启动市区实习教师计划，确保参与该计划的教师求职者可以得到最优秀教师的指导，并且可以到与之合作的大学进行学习。⑤ 美国教师教育项目任何一个环节都有经费保证，用经费刺激其有效推动。如"波士顿驻校教师计划"，以2007—2008年为例，该计划总共花费340万美元，其中12%用于招生，76%用于培训，12%用于入职支持。平均下来，2007—2008年培养一名驻校教师总共花费3 800美元。⑥ 只要有意愿加入教师行列，将被提供相应的助学金、工资及生活费用等，帮助解决生活的困扰，让个体专心于工作或学习。"2001—2003年华盛顿州为第一年参与选择性教师教育项目的教师发放22 654美元的助学金；美国军转教师项目，政府为退伍军人提供了5 000美元的奖学金，让他们以选择性的方式获得教师资格。另外，美国国防部还将提供1万美元的奖金奖励留在高需要学区的合格教师。"⑦ 为了提高实践指导教师参与指导新教师的积极性，他们的工作同样会被相应地给

---

① 陈蕊，刘晖. 近十年来美国教师教育研究热点述评：以美国《教师教育杂志》为例[J]. 教师教育研究，2009（3）：71-74.
②⑤ 方增泉，李进忠. 美国教师教育改革新趋势对中国的启示[J]. 北京师范大学学报：社会科学版，2010（5）：28-37.
③ 吴慧平. 力争上游，美国展开全国性教改竞赛[N]. 中国教育报，2009-09-22.
④ 奥巴马在2014年"国家年度教师"颁奖仪式上的讲话[EB/OL]. http://club.jledu.gov.cn/? uid-104538-action-viewspace-itemid-512996
⑥ 徐今雅，刘玉. 美国第三种教师培养模式研究：以波士顿驻校教师计划为例[J]. 教师教育研究，2011（6）：67-71.
⑦ 徐来群. 美国选择性教师教育模式的类型及特点[J]. 教育理论与实践，2013（23）：29-31.

予丰厚报酬。另外，还设立专门的奖励性经费资助项目①，奥巴马计划将教师奖励基金从 2009 年的 9 700 万美元增加到 2010 年的 4.873 亿美元，并从《美国复苏和再投资法》中增加 2 亿美元。政府每年提供 10 亿美元设立服务性奖学金，用于奖励愿意到高需求领域或地区从事 4 年以上教学工作的在读或已毕业大学生；增加佩尔助学金、改革联邦家庭教育贷款，制定美国机会税收抵免政策，保证有志于从事教师职业的学生不至于由于经济原因而放弃未来从教。

（二）激发内驱力的管理激励机制

美国教师教育尊重人的发展，重在激发教师的内在发展动力，通过调动教师自我的纵向比较，促进自我不断提升。

1. 实施雇用制度

美国教师工作不像中国那么稳定，获得教师资格以后，不存在"铁饭碗"。他们无法预测自己以后的生活，更无法预测是否一直从事教师职业。美国教师管理实施雇用制度，教师属于雇员，受雇期限一般在签约时以合同形式规定。由于没有法定的就业保障，因而会随时受到校方的考核，以决定续聘或解雇。② 在雇用体制下，教师为了能够留任，需要不断学习，不断提升自我，否则可能面临被解聘的风险。从另一种角度来说，假如教师珍惜这份工作，则会主动寻求提升，无须利用外在机制强制其参加培训。

2. 实施教师资格制度

同我国一样，美国教师也实施教师资格制度，所不同的是他们制定了多层级教师资格证书制度。各州发放的教师资格证书种类很多：有初等学校教师证书和中等学校教师证书之分，有短期证书、永久性证书之分，也有临时（预备）证书与普通（专门）证书之分。③ 他们的证书多数没有贴上"终身有效"的标签，终身有效的教师资格证书极少，而且难以拿到。在这种机制的引导下，每个教师为了更好地生存、生活，都会把获得终身教师资格证书作为自己奋斗的目标，自觉地提升学历、加强学习。"获得终身资格证书的教师在经历层层递升后都经历了职业生涯的大部分光阴，也就是说只有崇尚终身学习并付诸行动的教师才能获得该证书，从而为教师这个职业谋得一个相对稳定的饭碗。"④ 但是，为了调动教师自我发展的积极性，永久性教师证书逐渐被取消，代之以教师证书有效期制。"教师证书有效期一般为 5~7

---

① 方增泉，李进忠. 美国教师教育改革新趋势对中国的启示［J］. 北京师范大学学报：社会科学版，2010（5）：28 - 37.
②③④ 宗颖. 美国初高中历史教师教育的模式与管理体制［J］. 世纪桥，2009（4）：113 - 115.

年。这就要求想继续从教的教师在证书期满之前参加专门的培训,修完特定的培训课程并通过考核,获得新的教师许可证。"①

3. 实施在职研修与证书更新、提薪、晋级挂钩

为了促进教师自觉、积极、主动地接受在职继续教育,美国将接受在职培训与教师职务晋级、工资提升等联系起来,其中最有激励作用的是他们将参加继续教育与教师资格证书更新紧密结合起来。因此,美国教师接受在职培训的积极性比较高。"美国加强教师的在职进修,并把教师的提薪、晋级、资格评定等与在职进修挂钩,这就促使教师为继续胜任这个职业不得不躬身学习。"②

(三) 人性化的人文激励机制

美国教师教育尊重教师的存在,设置人性化的激励机制,激励教师积极参与学习,提升自身的专业素质。

1. 公平的工资制度

我国的《论语》中有"不患寡而患不均"的妙语。人的劳动分配体制不平均则容易引发内部矛盾与竞争,使人自身产生不必要的心理负担。美国教师工资制度充分体现了人性化的一面。为了从根本上调动教师进修的积极性,美国建立了无竞争、公平的工资制度,采用教师进修与获学位、加工资相结合的激励制度。同级别个体之间无竞争,若个体希望实现工资提升,需要自我努力,获得高一级学历。美国中小学教师是"学士""硕士""博士"学位实行"单一工资制",③即同级学位的教师拿相同的工资,而不是按中小学或职务划分档次。已获学士学位的教师只要自己坚持不懈进修,取得相应的学分,就能取得硕士乃至博士学位,工资也能随之提高。

2. 各取所需的教师培养平台

美国教师教育通过各取所需的教师培养平台,创设各取所需的共赢机制,实现教师培养可能的最大化。其突出表现在新教师培养中。在新教师的入职指导环节,新教师需要通过经验丰富的指导教师提供入职指导,积累教学经验,成功走上教学岗位。指导教师一般属于在职教师,他们需要通过新教师培养平台促进专业发展,而且还可获得相应酬金。另外,新教师培养一方面解决了师资短缺问题,另一方面满足了新教师择业需求。如城市住校教

---

①③ 上海师资培训中心课题组. 面向21世纪中小学教师继续教育的比较研究(上)[J]. 外国中小学教育,1998 (5): 4 - 7.

② 宗颖. 美国初高中历史教师教育的模式与管理体制 [J]. 世纪桥,2009 (4): 113 - 115.

师项目,为亟需师资的学校提供 3 万名出色教师。每年提供 2 亿美元,启动市区实习教师计划,确保参与该计划的教师求职者可以得到最优秀教师的指导,作为交换条件,求职者至少要在市区学校任教 4 年。① 而且,在一些紧缺学科的教师培养中,制度更向新教师倾斜,"为了保证充足的优秀生源,许多州在中小学紧缺的数学、化学、物理等学科领域,向有资格的学生提供低息贷款和全额奖学金。如果学生毕业后在本州任教,可以免于偿还贷款"②。

3. 鼓励专业人做专业事

美国教师教育注重专业培养,提倡专业人做专业事,发挥各自的专业优势。不同阶段的教师支持方式不同,获得的薪酬也不同。在奥巴马提出的职业阶梯计划中,一些能够为教师职业发展创造机会的学区将会得到政府的资助,经验丰富的优秀教师可以当顾问,还可以指导教学、专业学习和学校改革,并获得额外收入。③ 在新教师培养中,专设实践指导教师,对新教师提供专业指导。每位实践指导教师带一个实习生,进行手把手的辅导。区别于实践指导教师,有些项目还专设临床指导教授,他们的主要任务不是从事研究、发表论文,而是经常回到中小学当一位任课教师,不断更新教学经验,主要职责是连接学科教育和教学实践,负责评价新教师的教学实习,指导新教师把所学的知识应用于教学实践。④ 为了保证新教师所学知识的广泛性和专业性,对于教师教育的专业知识传递,还有学者提倡"由哲学、历史、社会学和心理学教授传授学生教育哲学、教育史、教育社会学、教育心理学知识"⑤。

(四) 开放的环境激励机制

美国教师教育为教师设置广阔而自由的空间,创设宽松的教育环境,激励教师积极进取。

1. 开放的教师准入机制

为了缓和师资紧张的局面,美国兴起选择性教师教育项目,将教师任用的权力直接下放给中小学,"强调教学岗位面向所有具有教学潜力而又愿意当教师的人,取消传统教师教育的各种规则和标准,赋予中小学校更多的自

---

①③ 方增泉,李进忠. 美国教师教育改革新趋势对中国的启示 [J]. 北京师范大学学报:社会科学版,2010 (5):28-37.

② 郭志明,美国开放式教师教育模式的形成机制研究 [J]. 天津师范大学学报:社会科学版,2007 (2):71-75.

④⑤ 郭志明. 科学主义视野中的教师教育理念:科南特的教师教育思想 [J]. 外国教育研究,2004 (4):41-45.

治权，他们可以直接决定教师任用与否，对于具有大学文凭又愿意从教的人不设门槛，让他们无障碍或低障碍地进入教师职业"[1]。难以想象，美国有那么多教师来源于选择性教师教育项目，"2007 年，美国有 50 个州和哥伦比亚特区认定的选择性教师教育项目有 600 个，每年培养教师约 62 000 人。在新泽西州有 40% 的教师、加利福尼亚州有 33% 的教师、得克萨斯州有将近 50% 的教师是通过选择性教师教育项目进入教师职业的"[2]。

2. 重心在学校的专业发展氛围

美国充分认识到教师职业的发展不可能在大学的课堂里完成，而需要在真实的中小学教育实践中切身体验，不断提高。因此，美国鼓励新教师大胆实践，"如果我和我的合作教师（学校教学的教师）说，'在课堂上学过这个东西，让我们试试吧？'她会说'好，让我们开始吧'。"[3]《明天的教师》报告提出：我们应将未来教师的培养由大学引入到从事实际工作的学校，学校和大学一样也是教师们学习的场所。教师教育应当像培养医生那样注重临床经验，中小学就像医学教育中的教学医院，应当在教师教育中发挥更大的作用。[4] 教师培养重点在中小学校，建立教师专业发展学校，通过教育教学实践促进专业成长。教师以实践问题为着眼点，在实践中及时发现问题，与同事开展讨论、研究，寻找解决问题的办法。教师的专业发展与个人工作需求紧密联系起来，随着工作的推进，设计下一步的发展方案。教师成为自身专业成长的主人，自我设计与实施自身的专业发展规划。

3. 发挥自主权的专业发展规划

为了提升美国学生的创造力，美国兴起了以学校教育团队素质提升为支点的学校教师全员培训，制定"学校全员培训方案"，强调教师实践胜任力以及规划自身发展能力。[5] 学校全员培训"以'供血'为途径，培养'生血'能力"，而且重点在"生血"能力的培养上，通过为在职教师拓宽知识领域、培养 21 世纪所需技能的基础上，紧密联系教学实践，将所学运用于

---

[1] 洪明. 美国教师质量保障体系历史演进研究 [M]. 北京：北京师范大学出版社，2010：236.

[2] BROWN C G. Non-traditionally certified school leaders' self-perceptions of background knowledge and needs [J]. International Journal of Business and Social Science，2011，2 (23)：1.

[3] 戴伟芬. 美国教师教育合作伙伴关系的路径分析 [J]. 教育研究与实验，2011 (4)：50-54.

[4] 赵华兰. 美国教师教育模式的嬗变 [J]. 当代教育科学，2010 (15)：44-46.

[5] 罗生全，张莉. 美国"学校全员培训"述评 [J]. 外国中小学教育，2010 (8)：56-60.

实践中。帮助新教师在教学实践的最初几年顺利过渡,帮助在职教师实现自身专业成长,促进教师在工作中不断提升自我认识、自我规划的能力,根据不同阶段的实际个性化地设计自身专业发展计划,发现自我、发展自我,实现自我的人生价值。

二、美国教师教育存在的显著问题

尽管美国政府重视教师教育,而且提供了良好的教师教育环境,为教师的专业发展创造开放自由的环境,但是其教师整体还是存在一些显著问题。

第一,师资短缺。美国层级制的教师资格制度也带来了一些负面影响,将一些有意向做教师的人隔离在大门之外。他们觉得获得教师资格的标准不但高而且太麻烦,所以在中途转向一些待遇好又不需要太多标准要求的职业,因而造成教师数量短缺。"在美国的教师教育中,一直都存在着师资数量不足这一问题。一是城市和农村的公立学校优秀教师短缺、教师留任率低和部分学科师资不足。二是美国城市学区对师资的需求多样化,各个学区都希望能够招聘到符合本学区特定需求的教师,解决本学区具体师资需求的问题。"[1] 而且在一些亟需教师的市区和乡村学校,师资短缺状况越来越严重,科学、数学等学科教师的结构性短缺现象更为严重。

第二,离职率高。美国教师的工作不具有稳定性,离职率极高。特别是新任教师或初入职教师工作的1—5年内,离职率最高。2005年7月31日的《纽约时报》发表了题为《谁还需要教育学院?》的文章,透露出当前美国民众对大学化教师教育的不信任:14%的新教师会在任职一年后离职,近一半的教师会在5年后离职。[2] 也有统计数据表明,"全美新教师前三年离职率为30%,贫困地区达到了50%以上"[3]。其中,新任教师在第一年流失问题就比较突出,他们在踏上教学岗位后,感觉对新工作不适应,或工作现实与自己心理预期差距较远,问题又不能得到及时疏导及解决,他们就会放弃这个职业,另觅新的职业。有数据显示,"美国有15%的新教师在从事完教学工作的第一年后离开教师行业,在规模相对小的农村和贫困地区的教师教完

---

[1][3] 彭苏三. 美国教师教育的新发展:"城市教师驻校模式"及其对我国的启示[J]. 外国教育研究,2012(8):122-128.

[2] 钟秉林,宋萑. 专业化与去专业化:美国教师教育改革悖论——中美教师教育比较研究之一[J]. 高等教育研究,2011(4):56-61.

第一年后的流失率高达 19%"④。

第三，培养重返技术型。在美国的教师培养上，一直存在技术型教师教育和反思性教师教育两种观念的博弈。20 世纪 90 年代，人们对教师教育大学化提出质疑，导致教师培养倾向技术路线的选择性教师教育项目诞生，使教师教育重返技术型而轻理论素养的培养。技术路线符合大众需求，花费时间多，投入少，见效快。"这类项目实际上是把教学工作当成一种技艺，这种技艺的掌握只需通过短期入门培训即可。所以，当专业知识失去专业色彩，当专业训练退化成为入职短训时，教师作为一种专业人员的两大基石已被解制。"⑤

第四，理论与实践脱节。尽管美国教师教育投入大，尤其重视新教师入职指导与实习环节，但是他们的教师教育仍然存在着严重的理论与实践脱节的现象。"2006 年的统计数据表明，美国 60% 的教育学院毕业生认为，大学教育学院针对未来教师的训练并不成功，而这些学院所培育出来的教师占全美教师人数的 80%。"⑥ 他们认为大学教育学院忽视了对未来教师教学能力、课堂调控能力、运用统计数据辅助教学等教学实践能力的培养与训练。

第五，大中小学合作研究缺乏动力。尽管美国有相应完善的合作环境，创造有利条件促进大学和中小学教员之间开展合作研究，促进专业成长，但是其合作动力仍然不足。他们各自都表现出对改变自己角色和参与合作的犹豫。⑦ 大中小学教师之间的合作交流在一定程度上验证了萨特的"他人就是地狱"理论，彼此的对立使交流难以深入进行。对大学教员来说，他们认为自己是被强迫而不是自愿参加；对中小学教师来说，他们认为与职前教师一起工作不是他们职责范围内的事，而且对大学怀着根深蒂固的不友好看法。两者彼此都认为开展合作研究增加了自己的工作负荷，需要额外投入大量工作时间，在资金得不到很好的保证、中小学校长支持不力的情况下，双方的合作更是陷入一种窘境。

---

④ 陈蕊，刘晖. 近十年来美国教师教育研究热点述评：以美国《教师教育杂志》为例 [J]. 教师教育研究，2009（3）：71-74.

⑤ 钟秉林，宋萑. 专业化与去专业化：美国教师教育改革悖论——中美教师教育比较研究之一 [J]. 高等教育研究，2011（4）：56-61.

⑥ 方增泉，李进忠. 美国教师教育改革新趋势对中国的启示 [J]. 北京师范大学学报：社会科学版，2010（5）：28-37.

⑦ 谢艺泉，邓达. 美国专业发展学校的成效及问题 [J]. 教师教育研究，2005（3）：71-76.

三、美国激励政策对我国教师继续教育的启示

通过研究美国教师教育的支持机制，辩证地看待其举措，我们可以从中获得启示，借鉴其可行性经验，建立适合我国国情的教师继续教育政策或支持机制。

（一）制定教师继续教育课程标准，加强教师继续教育的专业指导性

在我国，中小学教师在职培训一直很受重视，但是重视的程度仍显不足。在现行的《教师教育课程标准（试行）》中，在职教师教育课程设置框架建议仅占很小的篇幅。从个体的发展来看，教师职前培训的时间还不到就职后工作时间的1/8。宽泛的在职教师教育课程设置框架无法对教师近半生的职业发展提供指导。而且这一课程设置建议落实到地方，在教师培训的具体实施过程中，因缺乏指导环节，会导致一系列问题产生。因此，我国政府亟须将在职教师继续教育的课程设置标准从《教师教育课程标准（试行）》中分离出来。首先加强教师专业发展研究，委托有资质、有实力的研究机构或团体，在我国中、东、西部地区选择样本区域，开展全国性的教师专业发展现状或教师继续教育需求研究，形成系列系统的教师研究报告，为进行有效的顶层决策提供基础参考。在系统的研究基础之上，出台全国统一的、有指导意义的、可以操作的教师继续教育课程标准，对课程结构、课程内容范围、课程名称、课程纲要、课程学时安排等给予清晰的指向，并规定必修、选修的课程范畴，为全国教师继续教育提供方向性指导，减少资源浪费。

（二）建立科学的管理体制，激发教师追求专业发展的自主性

我们应该充分借鉴美国激发教师内在发展动力的机制，为教师的发展设置适宜的土壤和环境，通过科学有效的管理，激发教师的本源性动力，强化其自主发展的能力，让教师的自然成长成为一种时尚。

1. 加快推进《中小学教师资格定期注册暂行办法》

2013年教育部颁发的《中小学教师资格定期注册暂行办法》，明确要求教师在"每个注册有效期内完成不少于国家规定的360个培训学时"，为教师继续教育注入了新活力，指明了新方向，有效促进教师专业发展。政策出台后，重要的是看具体落实情况。如果规定5年一个注册周期，要求全员注册，而持有教师资格证书的教师在注册周期更替时全部都能有效通过，那么可能起不到促进作用。为了有效激发教师学习的内在动力，在执行定期注册时可以适当考虑规定千分之一或千分之二的不通过率，既不损伤多数教师的

利益,又能充分引起教师重视。

2. 将每个注册有效期内360个培训学时的规划权交给教师个人

各地管理机构应规定每5年验证教师继续教育学时一次,打破目前一些省份规定教师每年必须完成72学时的规定,做好教师自主专业发展规划的引导,给教师充分的学习自主权。人生来就有超越自我、发展自我的强烈愿望。将教师"必须完成"360学时转变为教师自主分配、规划360学时的学习,让教师有一种主人翁感,充分体会到自我规划自身发展的自由和幸福,激发自我发展内源性动力,自主设定、自主完善学习目标,确定学习内容、学习方式、学习进度,自主选择学习资源,自己为学习结果负责。

3. 创造宽松的专业提升环境

"一个学者的成长就像鱼在水中游泳,鸟在空中飞翔,树在林中长大一样,受到周边环境的影响。"① 我们应该努力创设有包容度、民主的开放环境,让教师在教学实践中持续地保持强烈的求知欲和探究的热情,获得个性化发展。鼓励教师参加学历提升,将学历研修折算为教师继续教育学时。有调查显示,学历层次对通过教学方法所呈现的教学素养具有正相关的影响:学历越高,教师自备资料与藏书的比例就越高;而学历越低,教师对教师用教学参考书的依赖就越大。② 应鼓励教师积极从事教学研究,开展教育教学叙事研究、教学反思等,根据研究撰写、发表研究论文。为教师创设环境,鼓励教师参与带薪研修,如在学校层面,10年组织一轮全员教师参与时间不等的带薪研修。鼓励专家型教师指导新教师,将其工作视作为继续教育履责,并提供相应的报酬。同时,建立相应完善的学时管理制度,规定只要教师从事与自身专业提升紧密相关的研究或工作,均可折算学时。学时折算要能够顺延,如一年内参与海外培训1个月,折算为180学时,3年内有效,也可以分别计入2~3年的继续教育学时。学习项目要少设上限规定,如为防止一些网络课程质量低的问题出现,某市规定"教师远程培训每年不能超过18学时",这是不合理的。我们在质疑网络课程质量的同时,就能够保证面授课程的质量吗?组织者认为好的课,学习者不一定也这么认为。教师是成人,应该给他选择的自由。尽管专业发展进程中可能存在少数投机取巧的现象,但我们应该充分相信大多数教师是积极自觉的,这是对他们的一种尊重。

---

① 丘成桐. 学问、文化与美:在北京师范大学附属中学的演讲 [J]. 人民教育,2011 (24):34-37.
② "全国中小学教师专业发展状况调查"项目组. 中国中小学教师专业发展状况调查与政策分析报告 [J]. 教育研究,2011 (3):3-12.

（三）建立由国家到地方的多层级教师继续教育专家库，为教师专业发展提供专业师资团队

由"谁来培训"的问题是实现教师培训有效性必须解决的七个基本问题之一，优秀的培训教师是有效培训的重要保障。[①] 为组建高水平培训专家团队，确保"国培计划"培训质量，2010年教育部下发了《教育部办公厅关于遴选推荐"国培计划"专家库人选的通知》，启动了"国培计划"专家库人选的遴选推荐工作。截至目前，我国已开展了三批"国培计划"专家库人选的遴选推荐工作，共产生1500名国培专家。这项工作非常有意义，解决了"国培"教师资源问题。但是，"国培"每年辐射到的教师为数不多，只意味着100万教师的"国培"有了人力资源保证，但是要完成"对全国1 000多万教师进行每人不少于360学时的全员培训"，又由哪些人来做培训者呢？我们需要以"国培计划"专家库遴选推荐工作为指引，在全国开展从国家、省市、地区，甚至到县市的层级教师培训专家库建设工作，严格选拔教育教学、培训经验丰富的人才，组建各级教师继续教育专家库，优化师资资源，服务于各级教师继续教育工作，使教师继续教育专家团队建设体系化。

（四）建立各有侧重的梯级培养机制，为教师终身专业发展做好阶段性衔接

教师继续教育应该是为教师的终身发展而谋划的，我们应对不同的群体设置各有侧重的培训内容，通过新教师、中青年骨干教师、专家型教师的梯级培养，为教师的一生的发展做好衔接。

1. 对于新教师，重在创设环境关怀引导其顺利入职

在我国多数地区，新教师的入职培训工作相对薄弱。各地教师继续教育组织机构应将新教师的培养作为教师培养工作的重中之重，因为"初任教师在教学初期面临的强烈的职业焦虑和无助感，导致初任教师怀疑自己专业选择的正确性、从而影响他们对教师职业的认同，最终影响教师队伍的稳定和教师的士气"[②]。我们应制定周密的培养方案，给新教师3～5年的成长时间，让他们有充足的时间在教学中体验、总结，顺利成长为一名成熟型教师。

2. 对于中青年骨干教师，重在创设环境促进其教育智慧提升

中青年教师经验逐渐丰富，而且对职业的钻研兴趣更浓。我们应将培训

---

① 余新.有效教师培训的七个关键环节：以"国培计划：培训者研修项目"培训管理者研修班为例［J］.教育研究，2010（2）：77－83.

② 陈蕊，刘晖.近十年来美国教师教育研究热点述评：以美国《教师教育杂志》为例［J］.教师教育研究，2009（3）：71－74.

与研究结合起来,以研究为培训起点和手段,以实践丰富研究,有效促进其教育教学智慧的提升。如开展教学叙事研究、教学反思等,"让广大教师在实践中创造性地运用教育理论解决不断变化的教育实践情境中的具体问题,强调教师对自身课堂经验的不断反思及同事间的合作与交流,使教育实践具有较强的理论吸纳能力,有效地促进教育理论与教育实践的循环、转化与发展"[①]。

3. 对于专家型教师,重在创设环境引导其教育智慧输出

专家型教师几乎花费了大半生的精力耕耘在教育一线,他们积累了丰富的教育教学智慧。我们应创设条件,尊重他们在教学岗位上辛苦耕耘积累下的丰硕智慧成果,引导他们输出智慧资源,并转化为集体共享的教育教学智慧。如建立"临床指导教师"队伍,让他们承担新教师入职指导任务。地方教师培训管理机构应制订相关配套文件,规定专家型教师承担指导新教师的工作不但可以折算继续教育学时,作为自己履行教师继续教育的任务,还应给予相应报酬,鼓励他们积极参与此项工作。另外,各地可以充分挖掘地方优秀师资资源,将专家型教师作为本地的教师培训者资源,鼓励他们开发教师继续教育课程,在教师专业发展基地学校开课、开设专题讲座等,将自己积累的智慧资源传播出去,让更多的教师受益,实现自己的人生价值。

(五)以优势学科引领建立教师专业发展基地学校,鼓励教师在实践中实现专业成长

学校是教师专业发展的主要场所,具有促进教师持续发展的功能。从全国范围来看,各地的教师培训机构已无法满足实施教师全员培训的任务需求,质量更是难以保证。美国教师专业发展学校的实践证明,专业发展学校能够有效整合大学的理论资源与中小学的实践资源,能够有效促使在职教师的发展。[②] 我们可以在借鉴美国专业发展学校经验的同时,避开美国教师专业发展学校发展中合作缺乏动力的问题。我国高校相对少,中小学校数量多,合作起来会更加困难。我们可以不在合作研究中下大功夫,创造条件发挥学校实践优势,以学校的优势学科为引领,建立适合本国国情的教师专业发展基地学校。可以让学校聘请大学的专家教授给予指导,保证教师专业发展的方向性,而让学校自身承担起提升教师专业发展的任务,缓解地方全员教师培训的压力。

---

① 秦初生. 美国教师教育制度的变革及其启示[J]. 高等教育研究,2005(4):15-20.

② 叶文梓. 教师专业化制度建设的进展、问题与策略[J]. 教育研究,2006(8):78-82.

第三节 芬兰教师教育经验借鉴

一、芬兰教师教育背景介绍

进入21世纪以来,在OECD国家举行的世界广泛关注的学生综合素质的国际测试(PISA)中,芬兰学生在多方面表现都比较出色。伴随芬兰学生在OECD举办的PISA测试中连续取得好成绩,一个人口只有500多万的小国发展成为教育领域中的"超级大国"[1],引起国际社会的广泛关注和研究者的浓厚兴趣。芬兰国家教育委员会在总结PISA测试时,认为取得好成绩的原因之一就是拥有高质量的教师。[2] 在芬兰,中小学教师主要包括两类:负责小学阶段的班级教师和负责中学阶段的学科教师。班级教师主要负责综合学校的低年级(1~6年级)教学;学科教师则主要负责综合学校7~9年级以及高中10~12年级的教学。芬兰在培养高质量的教师方面有其独特的经验,尤其是国家对培养培训高素质教师的重视及支持,努力将教师职业打造成为受人尊重、社会声誉较高、竞争力较强的职业。

二、芬兰增强教师职业吸引力的有力举措

在芬兰,教师社会地位比较高,职业吸引力强,这一特征通过培养培训的具体举措突出呈现出来。

(一)择优从师:严格筛选优质生源从事教师教育专业学习

教师在芬兰是很受尊敬的职业,与其他职业相比,教师职业享有很高的社会地位。调查显示,从事学校课堂教学被看作是独立的、有地位的工作,可以吸引很多优秀的高中毕业生报考大学教育学院。这意味着大学教师教育机构可以从众多的候选人中选择部分优秀毕业生来参加入学考试。师范生毕业之后,即使不从事教育工作,也很容易在行政管理机构或公司找到工作。[3] 因此,报考师范专业的升学竞争就比较激烈。芬兰教师专业招生制度非常严

---

[1] UUSIAUTTI S, MAATTA K. Significant trends in the development of Finnish teacher training from the 1860s to 2010 [J]. Education Policy Analysis Archives,2013,21 (59):1-19.

[2] 周琳. 芬兰教师教育对中国小学英语教师职前培养的启示 [J] 首都师范大学学报:社会科学版,2011(2):55-59.

[3] 陈永刚. 教育政策促进学生学习 [J]. 外国中小学教育,2013(3):11-14.

格，力图选拔出最优秀的人才做教师。高三学生向大学申请，申请者必须经过笔试和面试。大学根据学生入学考试的成绩、笔试和面试的成绩进行两轮的筛选，最后确定名单。笔试通常用来评估学生的学术能力和教师职业的资质，面试主要考查学生对教育问题的看法和选择师范专业的动机。[①] 提交申请的学生通过率通常只有25%，其中申请班级教师的竞争力更大，一般只有15%的通过率。有些大学的录取率仅为10%。教师职业备受尊重，有一批最优秀的高中毕业生选择了师范专业，保证了良好的师范生生源。[②] 芬兰教师教育的基本理念是培养出最合适的基础教育教师。《芬兰教师教育法》中明确规定，中小学教师都要接受研究生教育，必须具有硕士学位，[③] 因此规定中小学教师必须具有硕士学位，完成三年的学士学位课程（180学分）和两年的硕士学位课程（120学分）。随着社会的进一步发展，一些学校甚至提出中小学教师应该具有博士学位。《基础教育法》还规定，师范生不但要具备硕士及以上学历，还要通过教师资格考试，才能申请基础教育的教师职位。芬兰通过这样一系列严格的过程，筛选出最优秀和最适合的学生成为师范生，他们具有"优秀教师"的特质，为入学后的教师教育打下了良好基础。[④]

（二）践以养师：注重通过教学实习积累实践经验

根据2013年TALIS报告显示，TALIS调查了教师现任科目与其所受正规教育时所学习的不同的学科知识、教学法和教学实践这三方面的相关情况。在所有这些被调查的国家中，超过三分之二的教师称他们所受的正规教育中包含了学科知识、教学法和实践三方面内容。[⑤] 而芬兰教师在这三项的得分均高于国际平均水平，这点充分说明芬兰的教师教育重在满足教师的实际需求。师范生的实习强调对实践技能和研究方法的掌握，通过参与实践，发现问题，并利用科学的研究方法得出研究结论。在芬兰，教学实习通常是一个从初级到高级的连续过程，分为初级实习、中级实习及高级实习三个阶段，

---

① OECD (2010). Finland: slow and steady reform for consistently high results [R]. OECD Publishing, 2010: 125.
② 周琳. 芬兰教师教育对中国小学英语教师职前培养的启示 [J]. 首都师范大学学报：社会科学版，2011 (2): 55-59.
③ KANSANEN P. Teacher education in Finland: current models and new developments // MOON M, Vlasceanu L, Barrows C. Institutional approaches to teacher education within higher education in Europe: current models and new developments [C]. Bucharest: Unesco-Cepes, 2003: 85-108.
④⑤ 王钰巧，方征. 从TALIS (2013) 解密芬兰教师教育一体化的经验与启示 [J]. 外国中小学教育，2016 (5): 44-48.

贯穿教师教育的全过程。初级实习是在大学一年级，中级实习是在大学二、三年级，都在大学的附属中学进行。初级实习由大学教师指导，主要强调观察与训练师范生的能力，使之熟悉不同学科的教学过程；中级实习由附中教师指导，让师范生尝试具体学科的教学，形成自己的教学风格。高级实习安排在两年硕士学习期间，在地方性的综合学校进行，由当地学校的教师指导，强调通过不同的方式来发展教学专长，并从中找到可能的硕士论文研究的问题。师范生通过教学实习获得研究、发展及评价教学和学习过程的能力，以及在教学和学习的情境中批判性地反思自己的教学实践和沟通能力。[①]教师培养力图将理论与实践紧密融合，更好地促进教师专业发展。培训与教师的实际需求相联系，芬兰为教师量身定做长期在职培训计划（In-service Training for Teachers Project，ITT），旨在丰富教师的教学主题和教育学学科知识，加强教师的合作与反思，促进教师的专业发展。[②]在培训过程中，每一位被培训教师都会拥有咨询指导师，双方根据被培训教师的需求和先前的学习成果，共同商定个人发展计划。个人发展计划不是一成不变的，会根据被培训教师的期望和新的学习成果相应地修改。被培训教师会与咨询指导师讨论，共同商定展示其能力的方法，以此确定适合的教学活动。

（三）研以优师：重视培养教师科研素养和思维品质

芬兰教师教育最大的特点是以研究为基础，重视师范生的思维品质和科研能力的培养，将研究融入日常教学中，引导师范生实施有效的项目和职业计划以及帮助他们实现个人目标。芬兰教师教育以研究为本，重点培养师范生批判性的科学素养以及使用研究方法的能力。师范生培养的专业性和研究性相结合，在硕士学习5年共300学分的课程安排中有140学分为教育主修课程，而在教育主修课程中，教育研究课程共计70学分，占教育主修课程的50%，充分体现出芬兰教师教育的研究取向。[③]师范生对研究方法的学习是通过项目驱动的形式，参与很多真实的项目，通过独立查找和收集相关信息和数据，在该领域最新的研究背景下详细地解释这些信息，并且用论文的形式总结研究结果。在这一过程中，师范生潜移默化地形成主动学习和自主研究的态度，掌握所教学科最新发展研究的前沿知识，熟悉关于如何教与学

[①][③] 赵士果. 培养研究型教师：芬兰以研究为基础的教师教育探析[J]. 全球教育展望，2011（11）：31-36.

[②] 汪波. ITT：芬兰教师在职培训计划述评：以物理教师为例[J]. 外国中小学教育，2013（5）：37-41.

的最新研究,以研究的态度开展学习,在学习中理性分析并保持开放态度。[①]这样培养出来的教师不仅具有扎实的教育学、教学法和学科课程的知识,而且能够将理论与实践紧密地联系起来,熟练地运用理论知识解决日常教学问题。在基础水平的研究实践中,师范生主要学习一些基础教育研究方法,运用所学习的研究方法开展一些与专业有关的小规模调查研究。研究实践遵循螺旋式安排,最终达到综合水平的研究实践阶段。硕士学位论文作为在指导教师指导下独立进行的课题研究,是整个学习的集大成者,安排在培养的最终阶段。[②] 在学习过程中,师范生主动地构建知识,以参与者的身份积极主动地加工和学习。以研究为基础的教师教育分基本水平和一般水平两个层次(如图8-1所示)。研究发现,师范生经过了教师教育的基本阶段后,进一步的教师职前教育对其教学水平的提高影响不显著。因此,师范生在达到教师教育的基本水平后,还需达到更高层次的一般水平。一般水平与基本水平紧密相连,与教师的日常教学实践并没有直接的联系,指向反思、思考、讨论及其他与研究相关的活动。在此水平上,教师不再仅仅基于自己的直觉经验进行教学,而是通过反思、元认知与自己的教学思考从事教学,角色内涵也发生了改变,不仅是教育科学知识的消费者,也是教育科学知识的生产者。[③]

一般水平	元认知 反思 教学思考	生产 专长
基本水平	日常思考 基于能力的教学 教学方法、教学常规、提示	适应 消费 基于知识的
	做教育决定	探究自己的教学

图 8-1　以研究为基础的教师教育[④]

---

① 杨春红,郑友奇. 博洛尼亚进程中的芬兰教师教育改革及其启示 [J]. 高教探索,2011 (1):79-83.

② 饶从满,李广平. 芬兰研究本位教师教育模式:历史考察与特征解析 [J]. 外国教育研究,2016 (12):3-20.

③ 赵士果. 培养研究型教师:芬兰以研究为基础的教师教育探析 [J]. 全球教育展望,2011 (11):31-36.

④ TOOM A, KROKFORS L, KYNASLAHTI H, etc. Exploring the essential characteristics of research-based teacher education from the viewpoint of teacher educators [EB/OL]. http://193.2.74.2/tepe2008/papers/Toom_etal.pdf.

(四) 尊以待师：创设良好的专业发展生态环境

芬兰教师教育关注教师职后培训，把职前、入职和职后的教育作为一个持续的过程。芬兰教师的专业发展条件良好，在专业发展上的障碍相对较少。TALIS 2013 报告显示，在"缺少雇主支持""专业发展与教学工作冲突""照顾家庭导致专业发展时间不足""没有提供相关的专业发展机会"和"参与专业发展相关的活动没有相关的激励"五项教师专业发展障碍中，芬兰得分为 22.7%、48.8%、26.9%、34.6%、39.6%，远远低于国际平均水平的 31.1%、52.9%、32.7%、38.2%、47.9%。芬兰充分保障教师有充足的时间开展学习。芬兰小学教师每周总工作时长为 31 小时，这与被调查国中工作时长最长的比利时的 41 个小时相差整整 10 个小时，且低于 37 个小时这一国际平均值。在对初中教师的工作时长的调查中，芬兰与学校相关的各项工作的时长也比其他一些国家要短。芬兰为教师创设良好的专业发展生态环境，让教师专心从教，因此，芬兰教师的满意度位居国际前列。在"我认为教师职业被社会所重视"这个选项中，芬兰初中教师以 69.3% 的绝对优势超过了参加本项调查的其他国家，远远高于 39.3% 这一国际平均水平。在"成为教师的优势明显比其劣势多"这一选项中，芬兰初中教师以 96.2% 的绝对优势在被调查的六国中位居第一，且远高于 83.85% 这一国际平均水平。而在"我后悔成为教师"这一项中，芬兰初中教师 2.5% 的比例在被调查的 6 国中最低。[①]

三、芬兰教师教育的经验借鉴

芬兰教师职业吸引力强，其教师培养有很多宝贵的经验，但芬兰的教师教育也存在一些特定的问题。例如，与我国相似，芬兰也存在着高校与中小学校之间联系不足的问题。虽然以研究为基础的师资培养强调教育理论与实践的统合，但学科学院、教育学院、教师培训学校及地方性学校之间的沟通与合作并不充分，组织也不是很严密，从而在一定程度上降低了教师教育的质量。[②] 因此，我们要辩证地分析芬兰教师教育的现状，吸收其教师教育的成功经验和做法，获得相关启示，采取有效措施，推进我国的教师教育专业发展，提升教师职业的吸引力。

---

① 王钰巧，方征. 芬兰基础教育教师高满意度的外在因素——基于 TALIS2013 的数据探索 [J]. 教师教育论坛，2016 (3)：86-91.
② OSTINELLI G. Teacher education in Italy, Germany, England, Sweden and Finland [J]. European Journal of Education, 2009, 44 (2)：304.

（一）提前做好高中学生的职业生涯规划引导，培养职业认同感

教师教育要让教师有机会进行认真选择，创设条件帮助教师做选择，而不是仅靠考试成绩来决定高中学生的职业去向，理想的学校和专业读不了，才勉强选择师范院校或师范专业。师范专业是培养引导未来人才成长的专业，责任重大，需要慎重再慎重。我们应该充分吸纳芬兰教师培养的经验，创设途径吸纳优秀生源、有志于做教师的学生从事师范学习。在高中阶段，通过职业生涯规划引导，宣传教师职业的伟大使命和历史责任，让学生对教师职业有清晰的认识，建立职业认同感，指导学生主动选择做教师，增强教师的吸引力，使响应祖国新时代的召唤与自我职业选择意向统一起来，实现与内心世界的和谐统一。自觉选择做教师的优秀师范生，提前对教师职业有清晰的认识，认同自己的选择，认同教师身份，在未来岗位中将能够自觉维护教师权益，自觉履行教师义务，热爱教师职业，善于积累教学实践智慧，能够树立做好教师的坚定信念和职业信仰，立志为民族振兴奉献才智，产生为实现中华民族伟大复兴的中国梦而不懈奋斗的积极行动。

（二）提高教师的工资标准，增强教师岗位自信

我国教师教育有努力的方向和空间，应该想办法增强教师的岗位自信。在我国，从事教师职业有很多"难言之隐"。传统社会将教师职业神圣化，为了承载这种职业责任与使命，教师不得不在现实中忍受一些"虚"的声誉，实际上却没有享有那么高的社会地位。我国目前在政策上规定中小学教师工资福利"两相当"（县域内教师平均工资水平与当地公务员平均工资水平大体相当，县域内农村教师平均工资水平与城镇教师平均工资水平大体相当）。在我国，公务员的社会地位较高，将教师工资待遇参照公务员工资水平，看似提高了教师待遇，而事实上，教师却没有享有与公务员相等的权利。我们在致力于提升教育质量的同时，还要想办法提高教师的岗位自信，让教师不要产生从事教师职业是卑微的、不太受人尊重的感觉。我们需要通过政策指引，让教师真正有职业自豪感。随着经济快速发展，我们要想办法真正改善教师的工作环境，增强教师的岗位自信力，在经济条件许可的情况下，从国家层面统一规定教师的工资待遇标准，并且将教师的工资待遇标准提升到一定的高度，至少要高于当地公务员的工资水平。教师工资待遇与教师的生活息息相关，能够解决教师生活上的后顾之忧，让教师专心从教，吸引更多的优秀人才从事教师职业。这样，教师的素质及组成结构将会有一定水平的提升。

（三）通过培养思考习惯促进研究品质提升，训练教师必备的科研素养

教师职业的核心素养之一是擅长思考。教师不但要学会思考，而且要善

于思考，养成良好的思维品质，需要将成为敏于思考的教师作为永远的职业追求。教师培养要让师范生拥有过硬的本领，不只是教他们掌握系统的学科知识，更重要的是培养他们的科研素养及敏锐的思维品质，训练他们在教育教学岗位中发现问题的敏感度或问题意识，改变未来教师对教育教学研究重要性认识不够、不愿思考和不善思考的状况。跟中小学教师谈思考远比谈研究更适合、更容易，中小学教师谈起研究就心存戒备，害怕触及研究，对研究望而生畏，将研究看成高深、遥不可及的事。事实上，教师积极思考，发现问题，搜集相关材料，对材料进行加工处理直至问题解决，这样的过程实际上就是行动研究的过程。从思考自然过渡到研究，使研究成为水到渠成的事，让教师对工作变得更加自信，主动解决自己遇到的教育教学实际问题，其专业技能也得到较快提升。

（四）建立完善的教师专业发展体系，提升教师自我生命实现力

习近平总书记提出"实现中华民族伟大复兴的中国梦"，为国人指明了奋斗的方向。教师是生命成长的个体，教育管理部门要为教师建立完善的专业发展体系，让教师有梦，有方向，提高自我生命的实现力。与芬兰教师相比较，我们会获得一些启发。芬兰教师的工资不像他们所享有的社会地位那样高，仅仅略高于社会平均收入。① 但是，芬兰教师无论在过去还是当下，都享有很高的社会地位。芬兰教育部顾问布瑞吉塔女士说："芬兰法律规定，学生在六年级之前，都不能以等级或分数来评断他们。进而推之，我们对学校和老师也没有教育质量考核。"没有考核，芬兰如何保证学校的教育质量或者教师本人的教育水平呢？他们给出的答案是："我们对教师和学校的工作抱以完全的信任。我们相信他们可以提供高质量的教育。"② 因此，我们应该给教师发展与成长的空间，充分信任并支持教师，减少对教师的束缚。政府应该努力改革考试招生制度，借鉴芬兰"从小学一直到高中毕业之前，仅有一次高利害相关的高中毕业考试"③，减少人为造成的考试压力。我们应该为教师的成长创设更为宽广的平台，为教师专业发展创设和谐的生态环境，赋予教师浓厚的价值感和存在感，为教师提供衣食住无忧的工资福利条件，让教师不再为生计发愁，不为生存担忧，让教师真正过上体面的、有尊严的生活，进而寻求心灵的内在平和，追求自我生命的成长与价值的实现。

---

①③ 滕珺. 工资不高，芬兰人为什么还向往教师职业［J］. 中国教师，2015（5）：77 - 79.

② 高毅哲. 芬兰教育为啥这么强，看看他们教师你就明白了［N］. 中国教育报，2015 - 01 - 30.

参 考 文 献

[1] 北京师范大学中国教育政策研究院. 《国家中长期教育改革和发展规划纲要（2010—2020 年）》中期评估：教师队伍建设专题评估报告［EB/OL］. http://www.moe.edu.cn/jyb_xwfb/xw_fbh/moe_2069/xwfbh_2015n/xwfb_151207/151207_sfcl/201512/t20151207_223264.html.

[2] 管培俊. 我国教师队伍建设的历程与展望［J］. 北京教育学院学报，2010（1）.

[3] 赵慧. 论教研员的专业发展［J］. 现代教育，2012（18）.

[4] 邹强. 近十年我国基础教育师资均衡配置研究回顾与思考［J］. 教学与管理，2013（12）.

[5] 李潇晓，邹海瑞，杜学元. 我国农村义务教育教师队伍建设的对策研究述评［J］. 教育学术月刊，2011（8）.

[6] 惠中，韩苏曼. 论我国中小学教师队伍建设中的性别结构失衡问题［J］. 全球教育展望，2011（10）.

[7] 张继平. 农村中小学教师结构性缺编的政策性思考：以宜昌地区教育为例［J］. 中国教育学刊，2012（10）.

[8] 李怡霖. 民族地区义务教育师资队伍建设政策的有效性研究［D］. 重庆：西南大学，2014.

[9] 李泽宇，冯丽. 中小学教师培训中存在的问题与对策探究［J］. 中小学教师培训，2008（11）.

[10] 胡艳. 影响我国当前中小学教师培训质量的因素分析［J］. 教师教育研究，2004（6）.

[11] 金美芳，肖化，张军朋. 新课程教师培训存在的问题及对策［J］. 当代教育科学，2009（19）.

[12] 徐士强. 教师培训券：构建一种新的教师培训制度［J］. 中小学教师培训，2005（5）.

[13] 褚宏启. 论教育发展方式的转变［J］. 教育研究，2011（10）.

[14] 王传毅，熊英武. 公平与效率：中小学教师培训资源配置的实证分析：基于武汉市汉口区的教师问卷调查［J］. 教育理论与实践，2011（1）.

[15] 徐今雅. 论新时期中国教师培训政策体系的构建 [J]. 教育探索, 2005 (5).

[16] 杨启亮. 在职教师继续教育的价值取向 [J]. 教育研究, 2000 (4).

[17] 胡红梅, 周波, 黄恩亮. 近十年中小学教师继续教育研究述评 [J]. 中国成人教育, 2010 (23).

[18] 谭兆敏, 段作章. 国外教师在职培训模式的比较研究与启示 [J]. 继续教育研究, 2006 (1).

[19] RAYMOND M. NAKAMURA. 健康课堂管理 [M]. 王建平, 等译. 北京: 中国轻工业出版社, 2002.

[20] 易斌. 诺尔茨成人学习理论对中国成人教学的启示 [J]. 中国成人教育, 2008 (12).

[21] 杜小真. 萨特引论 [M]. 北京: 商务印书馆, 2009.

[22] 第斯多惠. 德国教师培养指南 [M]. 袁一安, 译. 北京: 人民教育出版社, 2001.

[23] 马克思. 1844年经济学哲学手稿 [M]. 中共中央马克思恩格斯列宁斯大林著作编译局, 编译. 北京: 人民出版社, 2000.

[24] 杜吉泽. 萨特: 人的能动性思想析评 [M]. 东营: 石油大学出版社, 1993.

[25] 杨大春. 沉沦与拯救: 克尔凯戈尔的精神哲学研究 [M]. 北京: 人民出版社, 1995.

[26] 梅新林. 聚焦中国教师教育 [M]. 北京: 中国社会科学出版社, 2008.

[27] 王攀峰, 张天宝. 论教师"日常生活"的批判与改造 [J]. 江西教育科研, 2004 (6).

[28] 陈向明. 优秀教师在教学中的思维和行动特征探究 [J]. 教育研究, 2014 (5).

[29] 王嘉毅, 程岭. 哈贝马斯交往理论对促进教师职业发展的启示 [J]. 教育理论和实践, 2014 (13).

[30] 钟启泉. "教师专业化"的误区及其批判 [J]. 教育发展研究, 2003 (4).

[31] 柳夕浪. 从"素质"到"核心素养": 关于"培养什么样的人"的进一步追问 [J]. 教育科学研究, 2014 (3).

[32] 魏书生. 班主任工作漫谈: 献给年轻班主任 [M]. 桂林: 漓江出版社, 1993.

[33] 李润洲. 定义自己的教育: 教师专业成长的原点诉求 [J]. 教育科学研究, 2014 (3).

[34] 邓友超. 教师实践智慧及其养成 [M]. 北京: 教育科学出版社, 2007.

[35] 朱小曼, 梅仲荪. 儿童情感发展与教育 [M]. 南京: 江苏教育出版社, 1998.

[36] 魏书生. 自强不息 [J]. 人民教育, 2006 (1).

[37] 朱晓宏. 重新理解教师的境域与习惯: 基于生活世界现象学的理论视域 [J]. 教育研究, 2014 (5).

[38] 哈格里夫斯. 知识社会中的教学 [M]. 熊建辉, 等译. 上海: 华东师范大学出版社, 2007.

[39] 黄白. 教师专业发展的视角: 美国教师培训新态势 [J]. 中小学教师培训, 2006 (11).

[40] 教育部师范教育司. 教师专业化的理论与实践 [M]. 北京：人民教育出版社，2003.

[41] 刘红斌. 从教师专业化到教师专业发展 [J]. 教育探索，2005 (12).

[42] 李骏骑. 关于教师专业发展中的主体性思考 [J]. 教育理论与实践，2005 (9).

[43] 孙芳明. 教师需要与教师专业发展 [J]. 当代教育科学，2003 (2).

[44] 陈向明. 实践性知识：教师专业发展的知识基础 [J]. 北京大学教育评论，2003 (1).

[45] 朱旭东，周钧. 教师专业发展研究述评 [J]. 中国教育学刊，2007 (1).

[46] 李志厚. 西方国家教师学习研究动态及其启示 [J]. 外国教育研究，2005 (8).

[47] 周萍. 谈教师的自我意识与教师的专业发展 [J]. 教师与职业，2005 (10).

[48] 李新翠. 教师真的需要这样工作吗？[N]. 中国教育报，2014-09-16.

[49] 王钰巧，方征. 芬兰基础教育教师高满意度的外在因素：基于 TALIS 2013 的数据探索 [J]. 教师教育论坛，2016 (3).

[50] 赵明仁. 国际视野中教师专业发展状况及对我国启示：基于 TALIS 2013 报告的分析 [J]. 教师教育研究，2015 (3).

[51] 王洁，张民选. TALIS 教师专业发展评价框架的实践与思考：基于 TALIS 2013 上海调查结果分析 [J]. 全球教育展望，2016 (6).

[52] 柳士彬，胡振京. 论"减负"背景下教师负担的减轻及其素质的提高 [J]. 继续教育研究，2002 (1).

[53] 周密. 教师自主专业发展问题探索 [J]. 青海社会科学，2004 (5).

[54] 宋宏福，方成智. 论教师自我专业发展的有效途径 [J]. 湖南师范大学教育科学学报，2003 (6).

[55] 施秋奕，张肖琴. 教师的专业自我与教师专业发展 [J]. 浙江教育学报，2004 (3).

[56] 卢乃桂，钟亚妮. 国际视野中的教师专业发展 [J]. 比较教育研究，2006 (2).

[57] 石中英. 知识转型与教育改革 [M]. 北京：教育科学出版社，2001.

[58] 姜勇. 论教师的个人知识：教师专业发展的新转向 [J]. 教育理论与实践，2004 (6).

[59] 刘剑玲. 追求卓越：教师专业发展的生命关照 [J]. 课程·教材·教法，2005 (1).

[60] 刘曙峰. 教师专业发展：从技术兴趣到解放兴趣 [J]. 教师教育研究，2005 (6).

[61] 孟宪宾，鲍传友. 变革中的教师焦虑与教师专业发展 [J]. 外国教育研究，2004 (11).

[62] 林一钢. 教师专业发展：知识与动机理论的启示 [J]. 江西教育科研，2004 (11).

[63] 李金钊. 论教师专业发展的社会支持系统 [J]. 思想理论教育，2005 (9).

[64] 庄锦英. 从个性特点看教师的专业发展 [J]. 当代教育科学，2005 (19).

[65] 刘捷. 专业化：挑战21世纪的教师 [M]. 北京：教育科学出版社，2002.

[66] 石鸥，段发明. 课程改革：教师专业发展的新契机 [J]. 中国教育学刊，2004 (8).

[67] 张凤琴. 教师文化及其对教师专业发展的影响［J］. 内蒙古师范大学学报：教育科学版，2004（11）.

[68] 张云洁，唐玉光. 以合作为基础的教师专业发展［J］. 济南教育学院学报，2004（4）.

[69] 古立新. 教师专业发展的生态学思考［J］. 当代教育科学，2004（11）.

[70] 王铁军，方健华. 名师成功：教师专业发展的多维解读［J］. 课程·教材·教法，2005（12）.

[71] 张兆芹，罗玉云. 学习型组织理论视角下的教师专业发展［J］. 课程·教材·教法，2005（11）.

[72] 叶澜. 教师角色与教师发展新探［M］. 北京：教育科学出版社，2001.

[73] 肖丽萍. 国内外教师专业发展研究述评［J］. 中国教育学刊，2002（5）.

[74] 郑开玲，汤智. 教师专业发展：历程、内涵与趋向［J］. 教育探索，2005（10）.

[75] 王观凤. 现代中小学教师管理的比较研究［J］. 外国教育资料，1999（1）.

[76] 石少岩，丁邦平. 试论英国教师专业发展的理念、现状与变革［J］. 外国教育研究，2007（7）.

[77] 张学民，申继亮. 国外教师教学专长及发展理论述评［J］. 比较教育研究，2001（3）.

[78] 周钧. 阻碍小学教师专业发展的因素研究［J］. 教师教育研究，2013（4）.

[79] 黄绍裘，黄露丝玛丽. 如何成为高效能教师［M］. 美国伊仑奈克斯翻译公司，译. 北京：中国青年出版社，2011.

[80] 桑代克. 人类的学习［M］. 李维，译. 北京：北京大学出版社，2010.

[81] 特纳. 自我归类论［M］. 杨宜音，王兵，林含章，译. 北京：中国人民大学出版社，2010.

[82] 陈霞. 教师专业发展的实效性研究［M］. 北京：北京大学出版社，2012.

[83] 麦克布莱德. 教师教育政策：来自研究和实践的反思［M］. 洪成文，等译. 北京：北京师范大学出版社，2009.

[84] 吴卫东. 教师专业发展与培训［M］. 杭州：浙江大学出版社，2005.

[85] 李文泉. 教育科研与教师专业发展［M］. 杭州：浙江大学出版社，2013.

[86] 赵丽，李妍. 中外教师专业发展研究：热点、问题与对策［M］. 上海：华东师范大学出版社，2012.

[87] 富隆，巴顿，等. 重塑教师专业化［M］. 牛志奎，马忠虎，等译. 北京：北京师范大学出版社，2010.

[88] 崔允漷，柯政. 学校本位教师专业发展［M］. 上海：华东师范大学出版社，2013.

[89] 李政涛. 重建教师的精神宇宙［M］. 上海：华东师范大学出版社，2014.

[90] 朱旭东. 教师专业发展理论研究［M］. 北京：北京师范大学出版社，2011.

[91] 单中惠. 教师专业发展的国际比较［M］. 北京：教育科学出版社，2010.

[92] 席梅红. 教学实践智慧发展论［M］. 长春：吉林出版集团有限责任公司，2014.

后　　记

　　我深深感知，人的经历就是一笔宝贵的财富！

　　1997年中师毕业后，我成了一名光荣的人民教师，与"教师"这一崇高职业开始结下不解之缘。

　　2003年，怀着对教育事业诚挚的爱，年轻的我离开一线教学岗位，到上海求学深造。直至2009年，六年时间内，我先后在上海师范大学教育科学学院和华东师范大学教育学系完成硕士和博士阶段的深造，为从事教育科学研究奠定了一定的理论基础。

　　我坚信，博士毕业是一个全新的开始，理论积淀为自己向上攀登创设了更为有利的条件，把握好机遇，将能够更好地促进自我的成长。

　　2009年，我满怀着教育理想及对经济特区的憧憬，到达改革开放的前沿城市——深圳，入职深圳市宝安区教育科学研究培训中心，开启教师教育研究的新征程，致力于教师专业发展理论与实践紧密结合的研究与探索。我一直认为，在改革开放的前沿，什么都应该是好的。但在与广大一线教师的频繁接触中，我发现特区教师的专业发展现状并不乐观，缺乏系统理论体系的搭建和引领。在此基础上，我开始一边思考问题，一边提炼经验，并及时梳理。

　　2012年，我从宝安区考调到深圳市教科院，参与高端的深圳教育论坛的策划和组织，能够有机会从市级层面探究教师的专业发展问题，在为全市教师做好专业发展的顶层设计的同时，积极积累为全市教师的专业成长建言献策的经验和思考。

　　2015年，我幸运地被选调至广东省教育研究院，这里给了我一个更为宽广、高端的研究平台，让我可以从全省的层面了解教师队伍建设，探究教师专业发展问题，拓宽对教师专业发展问题思考的角度和层面。其间，更有幸的是，我于2017年借调到广东省教育厅师资处工作一年，对全省的教师状况有了全面接触和了解的机会，能够从全省层面思考教师队伍建设的问题，开展教师专业发展研究。

  这些经历对我来说都是尤为珍贵的。非常感谢每到一处工作，领导和同事在实际工作中给予我的专业指导和帮助，无论是对工作经验的积累还是对自身专业发展水平的提升都是良好机遇。可以说，这些年的实践成就与丰富了我的研究专长，让我迅速成长起来。我时常提醒自己，要用坚持和执着做自己热衷的教师专业发展研究。

  在教师专业发展探究的过程中，我边工作、边实践、边思考、边总结、边梳理，并且结合前辈的研究，立志在教师专业发展方面做一点力所能及的事，试着搭建一种教师专业发展的指导体系，做到能够在引领一线教师发展的基础上也成就自身的成长。出版这本书，是本着一种思想，不管建构的教师专业发展体系是否完备，只要能够对教师专业发展给予适当的引导或帮助，也就足够了。因本人能力和视野有限，书中难免会有疏漏，希望读者给予批评指正。

  本书为广东省教育科学"十三五"规划2017年度中小学教师教育科研能力提升计划项目"教师专业发展指导实践体系的建构研究"的研究成果，一部分文章已先期在《继续教育》《继续教育研究》《现代中小学教育》《上海教育科研》《中国教育学刊》《现代基础教育研究》《高教探索》《现代教育论丛》等刊物刊载，感谢它们为我的专业成长提供了发展的平台。同时也感谢广东高等教育出版社为此书的出版做了大量的工作。

  一路走来，收获导师精心、悉心的指导，感人至深的师恩的馈赠，亲人、朋友给予的爱的支持和力量的支撑，每到一处领导、同事给予的指导和支持，在此一并表示感谢！没有你们的引导，我的研究将是缺乏方向的；没有你们的支持，我的奋斗将是缺乏动力的。探索之途无止境，内心的感激难以言表，唯有将此转化为前行的动力。我将继续努力，为加强教师队伍建设建言献策，以新时代为发展机遇，继续勇往直前！

席梅红

2018年3月于羊城